愛知大学国研叢書
第3期 第5冊

シュムペーターと東アジア経済のダイナミズム

理論と実証

愛知大学東アジア研究会……編

創土社

目　次

第二編　アジア経済危機にいたる過程と将来の社会編成――実証――

はしがき

この研究の経緯

本書に収められた諸論文は、「シュムペーターと東アジアの経済発展」というテーマで共同研究を行ってきた、愛知大学の東アジア研究会のメンバーの報告論文、および、ブレーメン大学経済学部世界経済国際経営研究所の若干のスタッフの論文である。このテーマそのものは、ブレーメン大学経済学部世界経済国際経営研究所（学科）の所長カール・ボールムート氏により、同研究所と本学経済学研究科との国際共同研究のテーマとして、提案されたものであった。

ブレーメン大学のボールムート教授は、一九九七年三月に、同大学経済学部世界経済国際経営研究所と本学経済学研究科との学術教育交流協定（一九九六年一月締結）に基づく、最初の交換教授として愛知大学へ来学し、当時の通産省北西アジア課を訪問して、日本の東北アジアとの関係について係官に質問し、一橋大学のシュムペーター文庫、津市立図書館東畑文庫中のシュムペーターの原稿、京都大学経済学部のビュッヒャー文庫等を探索した。その折り、ブレーメン大学と愛知大学との国際共同研究を提案され、「シュムペーターと東アジアの経済発展」というテーマを示された。われわれの側のスタッフには、シュムペーターについて造詣の深いものはいなかったが、アジア経済については、若干の研究者が存在した。そこで、われわれは、このテーマでのブレーメン大学同研究所との国際共同研究を行うために、本学の専任教員および兼担教員の数名に呼びかけ、このテーマでの研究を開始した。また、愛知大学の学内研究助成制度により、学内の共同研究助成を申請した。その結果、一九九七年度から一九九九年度までの三年間にわたる助成を得ることとなった。

本書の内容に触れる前に、まず、簡単に、一九九七年に始まる学内共同研究の経過について言及しておこう。共同研究の活動としては、初年度には、研究会において、本多健吉氏や平川均氏からアジア経済について、また塩野谷祐一氏からシュムペーターについて特別報告をして頂き、われわれのこの分野での基礎知識を充実することからはじめた。また、一九九七年一二月には、佐藤元彦氏の組織化により、タイ、ベトナムなどを訪問し、各地の企業や大学や政府機関を訪問し、アジア諸国の経済の実情に触れようとした。すなわち、タイのバンコクに所在する「三菱電機タイ工場」、ホーチミン市に所在する「トヨタ自動車ホーチミン工場」、タイの「海外投資局」やベトナムの「外国貿易局」、ベトナム大学経済学部などを訪問し、意見を交換するとともに、チェンライのナイト・バザールやゴールデン・トライアングル（黄金の三角地帯）などの視察をおこなった。また、一九九八年九月には、ドイツ連邦共和国ブレーメン市において、ブレーメン大学との第一回ワークショップを行い、その後、一年間、その報告論文集への投稿の準備を行った。一九九九年三月には、再度、佐藤元彦氏の組織化により、東アジア諸国、とりわけ、マレーシア、ブルネイ、シンガポール、インドネシアのバターン島等を訪問し、同じく、政府機関と大学を訪問した。この際には、マレーシア政府の広報部とブルネイ政府の広報部から両国の経済事情の説明を受け、ブルネイ大学経済学部スタッフと意見交換し、インドネシアのバターン政庁の長官からの同島の工業団地についてのヒアリング等を行った。さらに、マレーシアのマラッカ海峡やブルネイとタイのウォーター・ヴィレッジを視察した。これら二度にわたるアジア諸国訪問は、われわれの東南アジアについてのイメージづくりに役立った。さらに、二〇〇〇年九月には、愛知大学において、ブレーメン大学との第二回ワークショップを開催し、二〇〇一年度一杯は、その報告論文の準備を行った。

ついで、ブレーメン大学との国際共同研究について詳しく述べると、一九九八年九月にブレーメン大学で開催された第一回のワークショップのテーマは、「シュムペーターとアジア発展のダイナミズム」というもので、ドイツ側六名、日本側六名が報告を行い、討論した。その報告論文集は、Hozumi/Wohlmuth (ed.), Schumpeter and the Dynamics of Asian Development (LIT Verlag, 2000) として、刊行された。さらに、二〇〇〇年九月に、愛知大学豊橋校舎において開催された第二回ワークショップは、「アジア経済危機後の新動向と進化経済学」というテーマで、ドイツ側五名、日本側一〇名が報告し、三日間会議を行った。その成果は、"After the Asian Crisis. Schumpeter and Reconstruction" (LIT Verlag, 2002) という書名で、二〇〇二年中に刊行される予定である。

ところで、本書は、前記の愛知大学学内研究助成の成果報告論文集であり、本学国際問題研究所の第三期研究叢書の一冊として刊行されるものである。したがって、ここに収められた論文の多くは、その共同研究会の正式メンバーであった七名の本学関係者のものである。しかし、本書の論題にあるシュムペーターの学説に言及する論文が、わずかであったので、ブレーメン大学教授のボールムート氏の第一回ワークショップでの報告論文と、ブレーメン州立経済工科大学教授のハンス・H・バス教授の本学での特別講義とを加えた。これらの論文を、その内容にしたがって、「第一部　アジア経済を見る視角と方法――理論と方法――」、「第二部　アジア経済危機にいたる過程と将来の社会の編成――実証――」という二部に配列し、二部編成の書物とした。

今回、発表する本報告論文集は、こうした国際共同研究と関連を持ちつつも、直接的には、前記の愛知大学学内共同研究助成（B―16）班の成果の報告書である。ここでは、当初から、この東アジア研究会に参加していた七名のメンバーの論文が収められている。参加者の中には、国際ワークショップには参加されなかった方もいるが、共同研究の当初からのメンバーとして、この間の自己の研究の成果を発表されるものである。したがって、本書の書名とは必ずしも一致しない論文も含まれているが、広い意味で、東アジア研究についての方法論・理論研究あるいは実証研究を行っているので、本書に収録し、アジア経済について関心のある方々に、われわれの見解を知っていただきたいとおもう。

では、次に、各論文について、簡単にその内容を紹介しよう。なお、煩雑さを避けるために、論文からの引用に引用符をふさず、要約しながら、各論文の要旨を紹介したい。

まず、第一部の第一章「経済的『離陸』の前提条件と東アジアの経験」（武田信照）は、ケネーとスミスの経済理論において、工業化の成功する前提として、農業革命等による大規模な農業の生産力の発展があることが指摘されていたことを明らかにする。ついで、こうした理論的見解が、ここ三〇年の東アジアの経済発展について妥当するかどうかという問題に関して、東アジアとりわけ、台湾・韓国および中国について検討し、この東アジア経済の発展においても、工業発展に先立って、農業発展が見られたことを検証している。東アジアの経済発展という場合、工業生産力の発展が一般に想定され、産業企業の発展のメカニズムが問題になりがちであるが、そうした工業発展の前提として、農業生産力の発展が必要であり、東アジアの場合も、それが妥当することを論じている。

第二論文「グローバルな競争とアジアの経済発展――ネオ・シュムペーター的アプローチとアジアの経済発展――」（カール・ボールムート）は、シュムペーター的およびネオ・シュムペーター的見解に基づいてアジア危機を研究しようとする。このため、まず、シュムペーター理論の基礎的概念を説明し、それをグローバルな競争と発展に関連づける。ついで、国家的革新システム（NIS）というネオ・シュムペーター的概念の妥当性を論じ、NISと地域革新システム（RIS）がアジアの発展においてどのような役割を果たしたか論じる。最後に、世界経済秩序にたいするインプリケーションを論じている。興味深い論点としては、シュムペーターの競争が、「学習、革新、模倣に基づいた創造的破壊という過程」であると指摘し、国際化や追い上げや後退などの現象についても、この進化的動態的概念によって分析できるとしている点がある。また、ＮＩＳがある国の技術蓄積と国家の技術競争力を決定するので、アジア経済危機も、アジアにおけるＮＩＳの事情と関係していると示唆している点である。さらに、アジアの経済発展におけるＮＩＳとＲＩＳの役割に関連して、いわゆる雁行形態モデルは今日のアジアの発展を説明するうえで妥当でないと批判している。また、日本のＮＩＳについて、基礎研究の強化、特許制度の改革、革新的小企業の助成などの、変化が必要だと論じている。最後に、アジア危機について、社会経済的な変化の速度に対するＮＩＳの対応の遅れや、一国の金融制度とＮＩＳとの結びつきの不十分さなどに、原因を求めている。このように、本書において、ただ一つ本格的に、シュムペーター理論、ネオ・シュムペーター理論から、アジア経済危機を分析している。本論は、元来、一九九八年九月にブレーメンで開催された第一回ワークショップにおいて、同教授が発表した報告に基づいて執筆されたものであり、ブレーメン大学の世界経済国際経営研究所（ＩＷＩＭ）のワーキングペーパーとして刊行され、さらに、前記の報告論文集にも掲載されたものである。佐藤元彦氏と四倉和子さんによって訳出され、本学経済学部紀要『愛知大学経済論集』に掲載されたものである。シュムペーター理論に基づくアジア経済分析として、わが国では見られないような内容を含んでいるので、本書に収録した。

第三論文「進化経済学および世界システム論から見た東アジア経済危機」（保住敏彦）は、まず、方法論について、シュムペーターの進化経済学とウォーラステインの世界システム論の理論的特徴と視角について説明し、ついで、アジア経済危機の発生の原因とその後の経過、各国政府の危機への対応について従来の研究を整理する。さらに、東アジアにおける制度進化の状況と将来について、各国の制度進化の必要性と、アジアの地域的な経済制度とりわけ金融制度の制度進化の必要性を論じる。最後に、アジア危機の原因と進展を理論的に分析する枠組みとして、制度進化の分析のためにはシュムペーター進化経済学の視点が有効であるが、アジア危機の原因の説明としてはシュムペーター理論よりは世界システム論のほうが有効なのではないかという見方が示されている。

第四論文、「シュムペーター入門」（Ｈ・Ｈ・バス）は、現今のシュムペーター理論の研究状況や、それが経済発展を分析する理論としてどのように有効であるか論じている。シュムペーターの経済発展論や景気循環論を概説し、現代のアジア経済を研究する上で有用な概念について解説している。たんに、シュムペーターそのひとの理論のみならず、ネオ・シュムペーテリアンの理論にも言及しており、今日における欧米のシュムペーター研究の動向をもうかがわせるものである。本論は、当時ブレーメン大学のスタッフで交換教授として来学した、Ｈ・Ｈ・バス氏が、愛知大学経済学研究科の特別講義として行った講義にもとづいて執筆され、ブレーメン大学のワーキング・ペーパーとして発表されたものである。これは、保住敏彦により邦訳され、『愛知大学経済論集』に掲載されたものである。

第二部の第一論文、「東アジア経済における持続的発展の可能性——韓国およびタイの経済発展と日本の高度経済成長期との比較——」（奥野博幸）は、高度経済成長期の日本の金融制度と東アジアのそれとを比較することによって、東アジアの持続的経済成長の可能性を検討しようとする。筆者の主張の一つは、「一九五六年から一九七〇年までの日本の高度経済成長は、日本銀行と大蔵省の監視下にあった規制の多い金融制度に支援されてきたことは否定できない」ということにある。ところで、タイの銀行の特徴は、第一に、銀行業務の中核を独立採算・自助努力の中国系銀行が握っていること、第二に、国民の貯蓄が増大しながら、国民の零細な貯蓄を吸収する金融機関が存在しないこと、企業と国家との利益相反のために、経済政策と金融政策の運営が難しいことにあるという。また、韓国の金融制度の問題は、銀行の歴史が短いこと、政府が銀行を政治的に抑圧していること、国民のための貯蓄機関が存在しなかったこと、最後に、アングロ・アメリカン型の金融自由化の影響を大きく受けたことなどである。韓国、タイでは、銀行は「所属するグループや人脈との取引を重視し、政府の経済政策に協力し、支援する組織になっていなかった」という。筆者は、国内資金の流れを大蔵省が管理するシステムは日本の金融システムの特長であり、「政府による資金管理は、開発途上国にとって学ぶべき点は多々ある」と結論づけている。日本のメインバンク制や銀行による企業への経営コンサルティングについても、日本型システムのメリットとして、高く評価している。アジア経済危機においては、各国の金融システムの脆弱性がその原因の一つであったので、こうした比較は必要な作業であるといえる。

第二論文「中国経済高度成長の要因と今後の課題」(嶋倉民生)は、改革開放以来の中国経済が、いまや工業製品輸出国に変貌した事情を、近年の貿易統計などを用いて証明しようとするものである。中国経済は、対外貿易依存度が四〇%近い貿易国となり、産業構成中の第二次産業が五〇%近くなっているが、これは外資の利用によるところが大きく、中国貿易に占める外資企業の割合は五〇%近いものになっている。この高度成長の結果、一九九九年には、一人当たりのGNPは、外貨準備高は一五四七億ドルになっている。この中国経済変貌の要因には、経済中心・開放堅持・独裁堅持の基本路線があり、また農業先行政策の成功があるとみている。ついで、筆者は、中ソ経済改革の比較や、アジア・ニーズとの比較を行っている。さらに、中国国際交流の今後の課題について論じ、対米過大依存と日本の地位の低下を指摘した後、日本の対中ODA供与問題について、「中国に対しODAの謝意を求めるような姿勢は、既に時代後れの感を否めない」と批判している。中国経済の発展について実証的に解明した上で、日中関係の今後についても論じるスケールの大きい論文になっている。

第三論文「アジアの経済発展は何によるか?——イノベーションと世界労働移動——」(大西威人)は、近年顕著になっている国際労働力移動の実態とそれに対する世界システムの対応について論じている。このため、まず、情報通信ネットワーク社会のイノベーションの労働力移動への作用について論じ、ついで、EU、USAなどの先進国共通の問題状況、さらに、アジア地域の労働移動について論じている。第一の論点については、情報通信のイノベーションによって、労働力移動が促進されるようになった一例として、二〇〇〇年に合衆国が技術専門家向けに毎年一万九五〇〇人の労働許可を認めることを立法化したことを挙げている。第二の論点について、二〇〇一年のヨーロッパ委員会の報告では、もし労働の自由移動が認められれば、二〇〇二年には中東欧一〇カ国から現在のEU加盟国へ向けて年間で三三万五〇〇〇人の移動が見込まれることを中心に、EU内での労働力移動について論じている。第三の論点については、アメリカ合衆国の状況について、「移入民の多い地域を中心に経済的繁栄がみられ、現在でも依然最大の労働力移動受入国である」と特徴づけている。さらに、シンガポールはフィリピンから安価な労働力を移入していることなどが、指摘されている。台湾は、フィリピンから家事労働者として女性を受け入れており、韓国は、中国およびバングラデシュから非熟練単純労働者を受け入れている。最後に、アジアの人の移動が、永住移民ではなく、一時的移動（出稼ぎ）であるという特徴を持つことを、指摘している。

第四論文「『危機』後の東アジア経済における制度構築——社会的セーフティーネットを中心に——」（佐藤元彦）は、アジア経済危機が、伝統的な組織・制度による社会保障に大きく依存してきた東アジア諸国にとって、そうした社会保障が有効ではなくなってきているという認識から、東アジア諸国における社会的セーフティ・ネットの再構築について考察しようとする。まず、タイとインドネシアのこれまでの社会保障の状況と問題点を明らかにする。ついで、先進国の経験を考慮しながら、社会保障の整備の今後の方向性を考察する。第一の論点については、東アジアでは中央政府の社会保障関係費の水準が低く、失業手当も制度化されていない状況があるが、伝統的でインフォーマルな組織・制度が社会保護の点で大きな役割を果たしてきたことが述べられている。第二の論点については、まず、先進国の社会保障の充実のなかで提起されてきた「福祉国家の危機」について、中欧政府の財政負担の増大と企業者精神や労働意欲の減退という問題があることがまず指摘される。これに対して新自由主義的構造改革が提起されているが、それとは異なる「第三の道」として、ワークフェア（Workfare：work+Welfare）の考え方が提起されているという。これは働くことへの動機づけと公的扶助を結合したもので、社会保障を負担としてではなく投資として位置づけるという。最後に、今後の社会保障の方向性を考察するための出発点として、社会保障のニーズは何かの確定、社会保障の対象を労働者よりは市民とする観点からの再構成の必要などが指摘されている。アジア経済危機後の重要問題の一つが、ここに示されていると言えるだろう。

第五論文「キャッチアップ型工業化の限界。グローバル商品連鎖の視点から」（原田太津男）は、技術移転のメカニズムの事例に注目しつつ、ＡＳＥＡＮとＮＩＥｓを比較し、アジアの経済発展のプロセスを探求しようとする。第二節では、グローバル商品連鎖アプローチからの考察がなされる。第三節では、韓国半導体産業および台湾コンピューター産業におけるＯＥＭ、ＯＤＭ、ＯＢＭ戦略を検討する。第四節では、ＡＳＥＡＮは、ＮＩＥｓと同じ道をたどるかどうかという問題を検討する。第五節では、将来の政策的方向について論じている。第二節の主張点は、ＯＥＭ、ＯＤＭ、ＯＢＭなどの、東アジアにおける技術移転のメカニズムを説明できる理論的枠組みとしては、ゲレフィの提唱するグローバル商品連鎖論が有益だということである。第三節では、韓国の電子産業とアメリカの電子産業との間の技術移転の問題が分析され、また、台湾のコンピューター産業の特徴が、多様性のある会社であること、技術開発が優れていること、輸出への集中が顕著であることなどにあり、今後は世界市場において競争力を改善する必要があることなどが、指摘されているが、韓国と台湾との比較という当初の課題は果たされていない。第四節では、マレーシアの輸出主導型成長の問題点が追求され、マレーシアが、アジア・ニーズ諸国に比べて、国内市場の育成に力を入れなかった点を指摘している。

以上のように、本書は、第一部において、東アジア経済を分析するための視角、概念、理論などについて論じる。そこでは、ケネー、スミスなどの古典的経済学説でしめされた、工業化の前提としての農業革命の重要性という視点が、アジア経済発展についても妥当するということが解明される。また、シュムペーター学説から取り入れられた、国家的革新システム（NIS）や地域的革新システム（RIS）の概念が、アジアの経済発展とアジア危機を説明する上で有効であることが示される。また、シュムペーター経済発展論の進化経済学としての性格が奈辺にあるかが論じられ、アジア経済危機の過程と対応策の分析に基づき、東アジア経済の問題を説明する上での世界システム論の有効性が主張される。さらに、現代資本主義とりわけアジア経済の分析に役立つように、シュムペーター理論およびネオ・シュムペーテリアンの理論の理論装置が解明される。第二部においては、アジア危機において問題になったタイや韓国の金融制度とわが国の高度成長期の金融制度との比較により後者の意義が強調される。また、改革開放後の中国がいまや工業製品輸出国になった事情が解明された。また、アジア経済発展を支えた国境を越えた労働力移動の現状とその特徴が明らかにされる。また、アジア危機に際して重要となった、社会的セーフティー・ネットに関して、欧米とは異なり、アジアにおいては伝統的でインフォーマルな組織・制度が社会保護の点で大きな役割を果したことが指摘される。さらに、アジア経済発展を支えた技術移転のメカニズムが、グローバル商品連鎖アプローチにより説明できるという視点から、韓国と台湾への技術移転についてのケース・スタデーがなされる。

最後になるが、本書の刊行に当たって、多くの機関と人々の助力を得た。まず、愛知大学にはその研究助成制度により、「シュムペーターと東アジアの経済発展」というテーマでのわれわれの共同研究にたいして、一九九七年から一九九九年までの三年間にわたり、研究助成を供与して頂いた。このことにより、前述のような、研究会活動、アジアの企業・政府機関その他の視察とヒアリング、およびブレーメン大学世界経済国際経営研究所とのワークショップ開催などの活動を行うことができた。また、愛知大学国際問題研究所には、その研究叢書刊行事業のうち、第三期の研究叢書の一冊として、本書を刊行することを認めて頂いた。このように、愛知大学およびその一機関としての国際問題研究所は、その共同研究助成制度および刊行助成制度によって、本書の発表に、不可欠の貢献を果したのであり、愛知大学東アジア研究会のメンバーを代表して、わたしはこのことに感謝したい。

また、本書に収められた諸論文のいくつかは、ブレーメン大学世界経済国際経営研究所と愛知大学経済学研究科との第二回ワークショップで発表された報告に基づいている。この第二回ワークショップの開催に当たっては、豊橋市、大幸財団、愛知大学、愛知大学同窓会などにより、国際学会開催のための助成金を得た。これらの諸機関に感謝したい。さらに、野村財団学術振興会は、二〇〇〇年一〇月から二〇〇一年九月までの期間を対象に、本研究会の研究活動に研究助成金を提供された。さらに、日本私立学校振興・事業団は、「東アジアにおける経済社会システムの再構築――経済危機後の新動向をふまえて――」という、本書のテーマを引き継ぐテーマに対してではあるが、研究助成金を提供された。これらの助成によって、二〇〇〇年度以後も、研究を継続することができ、本書の発表に至ることができた。これらの諸機関に感謝したい。

最後に、本研究のための資料の収集にあたり、愛知大学図書館および経済学会・法経学会・経営学会などを利用することができた。関係者に感謝したい。また、東アジア研究会の案内や資料収集に関してお世話いただいた元本学職員の村田佳世さん、第二回ワークショップの際に協力していただいた学部および大学院の学生にも感謝したい。

二〇〇二年一月七日

愛知大学東アジア研究会　保住　敏彦

第一編　アジア経済を見る視角と方法

——理論——

第一章　経済的「離陸」の前提条件と東アジアの経験
——覚え書き——

武田　信照

はしがき

農業支配的な経済が工業を推進力とする経済構造に推転し、経済発展が軌道にのるいわゆる経済的「離陸」のために必要な最も重要な条件は何であろうか。このことは、工業が工業として自立しうる前提条件が何であるかを問うことを意味する。本稿の第一の目的は、この「離陸」の始動を可能にする前提条件をケネーとスミスの経済学説の検討を通じて浮かび上がらせることにある。あらかじめ結論だけを提示すれば、それは工業化に先立つ農業生産力の向上の必要性であり、その重要性である。いわば「産業革命」に先行して「農業革命」が実現されなければならないのである。

いま一つの目的は、東アジア（ここでは、この範囲にいわゆる東南アジアをも含める大野の定義［大野・桜井、一九九七、二］に従う）の経済発展の歴史的経験を瞥見することで、以上の理論上の見地の妥当性を大筋で確認することである。工業化を基軸とする台湾・韓国・タイ・中国等の経済発展に際して、国・地域によってその発展パターンは必ずしも同じではないが、しかし共通して工業化の進展に先行して農業生産力の上昇が見られた。この共通性は、従うべき一つの法則的方向性を指し示めしているといってよい。逆にいえば、「農業革命」なしに工業化を何らかの強行的手段によって推進すれば、政治・経済構造に無理と歪みを生み出して、それが社会体制のアキレス腱となりかねないことを意味する。この点を示唆するものとして、旧ソ連の初期に行われたスターリンによる農業集団化の強行という歴史的経験にも、付論の形で関説しておきたい。

第一節　ケネーとスミス

（1）ケネー

ケネー経済学の核心はその「経済表」のなかに凝縮されている。この「経済表」は、「資本の生産過程全体を再生産過程として説明しようとする試み」であり、収入の起源、資本と収入の間の交換、再生産的消費と最終消費との関係等々の複雑な内容を含むこの再生産過程を「六つの出発点または復帰点を結ぶ五本の線だけからなる一つの『表』で説明しようとする試み」として、マルクスによって「実に天才的な、疑いもなく最も天才的な着想」として評価された（マルクス②、一九六三、八三―四）ものである。またシュムペーターもこの「経済表」について、極めて高い評価を与えている。彼は先ず、それが「驚くべき単純化」を果たし、「数量的理論に対する大きな可能性」を開いたものである点を評価する。しかし「経済表」は、何よりも「経済過程をもって、それぞれの期間に再び自己に立ち戻るところの経済循環に他ならないことを看取したもの」であると同時に、「経済的均衡の本質の明示的な観念を伝えるために工夫された史上最初の方法」であった。それは図表という表現方法によって、「同時方程式の体系においては、このように見事に浮き彫りされない経済過程の特質を伝える」ことに成功している（シュムペーター、一九七一、五〇二―七）のである。このケネーの業績は、マルクスの再生産表式とレオンチェフの産業連関表の先駆をなすものであった。

しかしここでは「経済表」の経済学史上のこの功績の側面については触れない。ここではこの表で社会階級が生産的階級、地主階級、不生産的階級の三階級に区分けされていること、中でも生産的階級と不生産的階級との区分の意味について言及するにとどめる。ケネーによれば、生産的階級は農業に従事する階級であり、不生産的階級とは商工業に従事する階級である。この区分けがなされるのは、彼が前者では「純生産高」が生み出され後者ではそれが生み出されないと見ているからにほかならない。「純生産高」とは「再生産高のうちから、年前払いの償還と経営的富の維持に必要な富とを控除」した後になお残る剰余のことである（ケネー（二）、一九五二、二二八）。つまり農業ではこのような投入を超える産出＝剰余が産出され、それが地代として地主階級に支払われる。しかし商工業ではこのような剰余の産出は否定される。というのも、彼は農業の主要生産手段である土地＝自然こそ、労働がそれと協働して純生産高＝剰余を生み出しうる「富の唯一の源泉」（ケネー（三）、一九五二、四）として捉えられているからである。地代は自然のたまものであった。いいかえれば彼にあっては、自然が労働と協働しない商工業分野では剰余の形成は認められていない。つまり独占に基づく利潤とか売買の差額としての譲渡利潤とかといった特殊なもの以外には、利潤の形成は一般的、原理的には認められていないのであった。

この見地に従えば、経済規模の拡大＝経済発展は究極のところ農業生産力の上昇に基礎を置かざるを得ない。経済規模の拡大は、投入＜産出の結果としての剰余の形成とその蓄積をまってはじめて可能となるが、農業のみがよくそれをなしうるからである。スミスがケネー経済学を「農業の体系」＝重農主義と名付けたのはもっともなことといってよい。もちろん、農業分野でどれだけの剰余が生み出されるかは、農業自体の技術や経営のあり方＝農業生産力の水準に左右される。当時フランス版重商主義としてのコルベール主義的経済政策の重圧に苦しんでいたフランス農村の苦境を直視し、その再生を希求していたケネーにとって、農業生産力を高めることは喫緊の課題であった。彼は穀物取引への規制の廃止＝取引の自由を主張する一方、農業自体についてはその生産力を高めるために二圃式牛耕から三圃式馬耕への転換と大規模農業の推進を呼びかけた。このことの実現によってはじめて、農業生産力の向上が達成され、したがって全体としての経済規模の拡大も可能となると考えていたからである。

利潤が剰余の基本的形態である今日から見れば、農業だけが剰余を地代として生み出しうるとするケネーの経済理論上の問題性は明らかである。このような農業の評価とそれに連接する土地所有の意義の強調とが彼の経済学に封建的外観を与えるもととなっている。にもかかわらず、彼が農業という狭い領域に限られるとはいえ、重商主義の場合とは違って剰余の形成を直接的生産の場面に求め、その後の経済学に新たな方向性を与えた点が忘れられてはならない。またその経済学の封建的外観にもかかわらず、土地所有者としての貴族の利害と対立する土地＝地代への単一課税（＝農工業への免税）と取引の自由（＝国家干渉の排除）という政策を提言し、農業そのものについても大規模化による資本主義的経営の推進を提唱していることを見れば、その内実が近代的・資本主義的性格をもっていることは明らかである。しかしここではこれらの点については詳言しないことにしよう。ここでは彼が経済発展の推進力として農業生産力の上昇を強調したことの歴史的・社会的意義についてやや詳しく触れておきたい。

単純化を恐れずに農業だけからなる経済を想定し、その中から工業が自立する条件を考えて見よう。農業生産力が農業に従事する人々を扶養する水準にとどまっているとすれば、この場合農業はそれ以外の分野に従事する人々に生活資料を供給することはできないのであるから、そこからいかなる産業であれ分岐・自立することは不可能である。工業についていえば、農業生産力のこの段階では工業労働者の生活を支える経済的条件が欠けていることになる。それだけではない。工業化が農業生産物の加工から始まる—それが工業化の最も自然で安定的なコースであろう—とすれば、農業は農業および工業従事者を扶養する段階を超えてさらに工業用原材料を余剰として供給できる生産力水準に達していなければならない。このように考えれば、マルクスがケネーを中心とする重農主義者の見解に関連して、「製造業などに従事している、自立の、農業から分離された労働者の数が、農業労働者の彼ら自身の消費をこえて生産する農産物の量によって規定されることは明らかである」といい、だから「農業労働は、それ自身の部面における剰余労働にたいしてだけでなく、ほかのすべての労働部面の自立化にたいしても、したがってまたそれらの部面でつくりだされる剰余価値にたいしても、自然的基礎をなす」、「農業の一定の発展段階は、それが自国内であろうと外国であろうと、資本が発展するための基礎として現れる」という(マルクス①、一九六三、八〇—三)のは理にかなったことといってよい。逆説的ともいえるが、農業生産力の水準いかんが、従って「農業革命」の展開いかんが、農業支配的経済構造からの「離陸」にとって決定的役割を果たすのである。農業のもつこの役割を、農業重視の形で理論の上に反映し代弁したものがケネー経済学であったといってよい。この点で彼の経済学の歴史的・社会的意義は明らかである。

ケネーが農業生産力の上昇を強調する場合、彼はそのことが工業の、さらには他の諸経済分野の自立化にとって「自然的基礎」をなすということを明瞭に自覚していたわけではない。それは暗黙裡の直感というべきであろう。たしかに当時のフランスでは農業を賛美することが一般的風潮であり、サロンですら農業技術の改革なども話題とされた。この面だけからみれば、ケネーの分析的図式と政策的主張との両面において農業が中枢的地位を占めている点を指して、「この彼の教義の特徴もまた時の流行と一致していた」（シュムペーター、一九六七、四九六）ということが強調されることになる。もちろん彼の経済学のこのような歴史的背景を理解することは重要ではある。しかしこれをたんにこのような時代的風潮の中に解消してはならない。その点の留意が欠ければ、ガルブレイスのように彼の改革の主張が絶対王政の枠内で構想されていた面を指して、それは「伝統的な体制が生き残るのに必要不可欠」だと考えられた結果であって、「巻き起こりつつある台風に逆らうささやかな一陣の風」にすぎなかったと評される（ガルブレイス、一九八八、六九、八〇）ことにもなる。彼の経済理論と経済政策とが、理論上の自覚に欠けるとはいえ歴史的直感に支えられて含意している、「農業革命」の先行の必要という今日の開発理論にも示唆を与える射程の長い重要な内容を含んでいること忘れるべきではない。

(2) スミス

ケネーとは違ってスミスは、工業化に先立って農業生産力の発展がなければならないことをはっきり自覚している。それは彼の資本投下の自然的順序論の中で展開されている。ただその点に直接触れる前に、彼の重農主義体系に対する評価を簡単に見ておこう。

スミスは、重農主義が「貨幣という消費不可能な富」に固執する重商主義的観念を否定し、「完全な自由」こそ再生産を最大限にする有効な方法だと見た点で、「この体系の教義は、そのあらゆる点において正当である」と評価する（スミス③、一九六七、四八六―七）。反重商主義という点で両者は共通の土俵にたっているのである。しかし他方で彼はこの重農主義が「土地に充当される労働だけが生産的だとする点において、この体系が説くもろもろの見解はあまりに狭隘であり、局限されている」（スミス③、一九六七、四八六）として、その理論体系の核心部にある「誤謬」を指摘する。というのも彼はあらゆる労働が富の源泉であると見ており、従ってまた剰余は農業に限らずあらゆる産業分野で生み出されうると見ていたからである。スミス経済学の基礎に据えられたこの見地こそ、彼によってなし遂げられた経済学の「偉大な進歩」であった。こうして利潤は地代と並ぶ剰余の形態として、自立的範疇の地位を確立する。

しかし興味深いのは、スミスがこのように重農主義的限界を乗り越えながら、富裕の「自然的進歩」を、従って資本投下の「自然的順序」を論じる場合には、ある面で重農主義見解に逆戻りしている点である。彼は「事物の自然的運行によれば、あらゆる発展的な社会の資本の大部分は、まず第一に農業にふりむけられ、つぎに製造業にふりむけられ、そして最後に外国商業にふりむけられる」（スミス②、一九六七、四二六）という。ヨーロッパの近代諸国家では、この順序はしばしば転倒されてきたが、このように不自然で逆行的な順序で資本が投下されれば、生産力の発展が阻まれ経済構造に歪みが生み出されることになる。ではなぜ、資本はまず農業で、次いで製造業で、最後に外国商業へといった順序で投下されなければならないのであろうか。この理論的根拠づけに際してスミスに重農主義的見解の再生がみられるのであるが、しかしまたそれと交錯しつつ経済発展の道筋について彼は鋭い洞察力と深い歴史認識を示しもするのである。

資本投下の自然的順序を考察する際、スミスには二つの視点があるように思われる。一つは価値の視点からの考察である。彼は農業に使用される資本は、製造業に使用される資本にもたらされるものと同等の利潤をもたらすだけでなく、「それよりもはるかに多くの価値の再生産をもひきおこす」という。というのも、農業では利潤をこえてなおそれ以上に地代が再生産されるからである。この意味で農業に使用される資本は、製造業に使用される資本よりも「はるかに多くの価値を付加する」のであり、従って資本の使用方法のなかで「この上もなく有利なもの」である（スミス②、一九六七、三九七）。社会に存在する資本に限度がある限り、この不十分な資本は最も有利な方法で使用されなければならない。その場合に資本は最大の貯蓄を、したがって最も急速な蓄積を実現することができる。スミスはその例証としてアメリカの諸植民地をあげ、そこでは「ほとんど全資本が従来農業に使用されてきた」のであるが、これが「それらの植民地が富および偉大にむかって迅速に進歩した主要な原因である」という（スミス②、一九六七、四〇二）。このような議論には明らかに重農主義的見解への逆戻りが見られる。確かに商工業分野における利潤の形成が認められている点では、重農主義とは認識を異にする。しかし農業が他の分野以上に付加する価値＝地代は、「自然の諸力の生産物」「自然の所産」（スミス②、一九六七、三九七）とみられており、それが農業への先行的投資の理論的根拠とされているのである。これは価値形成にかんする彼本来の見解とも一致していない。この意味で資本投下の自然的順序にかんする彼のこのような理論的根拠づけは自己破産しているといってよい。とはいえ、この理論上の破産についていえば、スミスが「大工業に先行する時期を重視し、それゆえ重農主義的見解を主張している」（マルクス①、一九六三、一〇四）という点、いいかえれば「農業革命」の先行の必要性という正当な認識を強調するあまり犯した勇み足というべきではなかろうか。

しかしスミスにはこれとは異なるいま一つの視点がある。それは素材的視点からの考察といってよい。彼は「生活資料は、事物の性質上、便益品や贅沢品に先立つものであるから、前者を調達する産業は、必然に、後者に奉仕する産業に先だたざるをえない。それゆえ、生活資料を提供する田舎の耕作や改良は、必然に、便益品や贅沢の手段しか提供しない都会の拡大に先だたざるをえないのである。田舎の余剰生産物だけが、つまり耕作者の生活維持以上のものだけが、都会の生活資料を構成するのであるから、都会は田舎の余剰生産物が増加してはじめて拡大しうる」（スミス②、一九六七、四七三）という。ここでは都会の工業は田舎の農業の提供する生活資料なしには存立しえないのであるから、農業への先行的投資によって耕作者を扶養しうる以上の余剰生産物が産出され、それが都会に提供される状態に達してはじめて、工業の自立的発展が可能であることが指摘されている。

重農主義の理論と政策のもつ歴史的意義に触れて、先にマルクスが論じていたものと同じ内容が論じられているといってよい。というよりこの点はマルクスがスミスから学び、継承したものというべきかもしれない。このようなスミス＝マルクスの議論は、何よりも農業がいかなる人間生活にも不可欠な生活資料を生産する分野であるという点に基礎をおいている。ここでは先に見たように農業が価値を付加するうえで最も有利であるかどうかとは無関係に、生活資料という素材の性質が、従ってそれを生産する農業の特質が重要な意味をもっている。付言すれば、事物の素材的側面は、経済学では単に前提されるだけだと安易に考えてはならないことが、ここに示されているといってよい。ことに環境問題の経済学的考察に際しては、素材的＝自然的関連と価値的連関とがつねに統一されていなければならない。重農主義の功績と限界もこの観点から再評価されるべきであろう。

以上のような視点から、スミスは近代ヨーロッパの経済史を概観している。そこではヨーロッパ諸都市の工業の発展が農村に起源をもっていること、「製造業は農業の子孫」、「製造業の拡張や改良は、農業の拡張や改良の結果」（スミス②、一九六七、四七三）であることが、いいかえれば「産業革命」に先行する「農業革命」の必要が析出されている。それは近代工業の成立史についての、鋭い直感に支えられた大筋で妥当な把握であったといってよい。こうして、彼の資本投下の自然的順序の理論は、「資本の理論の一分岐としてはほとんど破産しつつも、的確かつ鋭利な歴史認識をみちびき出すことに成功した」（小林、一九七六、二八五）のであった。

第二節　東アジアの経験

一九七〇年代以降、アジア・ニックス（NICs＝新興工業諸国・地域群）と呼ばれることになる台湾、韓国、香港、シンガポールが、経済の工業化を基軸にめざましい経済成長を遂げ始めた。タイ、マレーシアが、さらに大陸中国がこれに続く。もちろん、この間には停滞や危機（ことに一九九七年に生じた通貨・金融危機は深刻であった）の時期もあった。また経済成長にともなって、解決すべき構造上の問題も次々に発生する。しかしここではこれらの諸国・地域が、現在直面している問題、また今後に予想される課題については触れない。ここでは、これらの諸国・地域がときに「奇跡」と評される経済成長をなし遂げてきたこと、この事実を前提として、その経済的「離陸」の条件となったものについて、それが先にケネーとスミスの見解の検討によって抽出した見地と符合しているかどうかを、この領域の先学の業績に依りながら確かめることにしたいと思う。ただし、ここでは農業支配的経済からの「離陸」が問題であるから、「都市国家」ともいうべき香港、シンガポールの経験には触れない。

（1）台湾・韓国

台湾と韓国は東アジアの開発途上国のなかで、工業製品の輸出を成長のエンジンとして最も早く経済発展の軌道に乗った。その意味で両国は、輸出指向型工業化の道を辿ったといってよい。凃照彦によれば、台湾・韓国の経済発展（ニックス化）は一方では為替改革を契機に一国経済を世界市場に結合させ、また他方では、農地改革をもう一つの契機に、国内農業部門を「工業化」運動に連動させ、この両者の同時進行によって達成されてきた（凃、一九八八、七〇―一）。前者の為替改革についてはここではおこう。問題は後者、農地改革による農業生産性の向上のもつ意義の側面である。凃は、台湾と韓国の農地改革は、いずれも一九四〇年代後半から五〇年代初めにかけておこなわれ、とくに台湾ではそれが「成功」裡に遂行されたが、それこそが「ニックス化」の前提条件を準備することになったとして、主として台湾に即してそれを次のように指摘する。

「その一つは、農業生産性が『農地改革』を契機に大きく向上し、農業人口の離農を可能にしたこと。『農地改革』によって、農民の勤労意欲は一時的にせよ、かなり高揚し、その後の技術進歩・品種改良・商品作物の多様化等の誘因も加わって、農産物の増産に結びついた。この農業生産性の向上は、農業全体の生産物を増加しつつも、農業人口の離農を可能にした。

前者の農業生産の増加、とりわけ食糧の確保は『工業化』の初期において、貴重な外貨を食糧の輸入に費やすことなく、『工業化』のための資本財（機械設備）と原材料の輸入にあてることを可能にした。

一方後者の農業人口の離農は、『工業化』に必要な労働力を、大量かつ低い賃金で供出する条件を用意した。この両者の条件が整えられることによって、前章でみた『為替改革』は農業部門をもまき込んで、台湾国内経済を世界市場にうまく結びつけることを可能にした。」（凃、一九八八、七六―七）。

農地改革とそれを契機とする農業生産力の発展が、「ニックス化」の前提条件をなすという点では、台湾・韓国ともに同様である。農業部門を扶養する以上の余剰農産物の生産が、食糧輸入を不要にして工業化のための資本蓄積を助け、また工業労働力の農業部門からの遊離を可能にしたのである。しかし凃は、「ニックス化」をめぐる一九七〇～八〇年代の台湾と韓国の違いについて次のように指摘し、その違いを農地改革のあり方いかんに関連させている。この時期、韓国ウォンの対外レートは台湾元のそれに比べ不安定な動きを示しているが、それは韓国経済が台湾経済に比べて相対的に不安定であることを意味している。その原因の一つは農業部門の生産力に求められる。農家の所得の三九％は非農業部門に依存し（八三年現在）、農業所得だけでは生計が成り立たない。また台湾に比べて、韓国の農業は商品作物の多様化が遅れており、農村のゆたかさも遠くおよばない。それと関連するのが、農地改革の状態である。凃は台湾がそれを四九―五二年に遂行し、地主層をおおきく後退させたのに対し、韓国は朝鮮戦争（五〇―五三年）の影響で農地改革がかならずしも徹底せず、地主層の勢力のもり返しもあると見ている（凃、一九八八、六九）。彼は「ニックス化」に当たっての農地改革を契機とする農業生産性の向上＝「農業革命」の意義を強調し、従ってまたそのあり方いかんが、ことに「離陸」の初期の経済状態に看過できない差異をもたらしていることを指摘しているのである。

（2）タイ

タイの製造業は一九六〇～九〇年の三〇年の間、国内総生産（ＧＤＰ）の年成長率よりもはるかに速い速度で拡大し続け、その結果一九七九年には実質付加価値額で農業と製造業の逆転が生じている。これと関連して、その実質年成長率も高水準を維持し、ことに八〇年代後半には一〇％以上もの高い成長を達成している。ただこの順調な工業化は、末広によれば、その発展パターンが韓国・台湾のそれとは異なっている。韓国・台湾では、労働集約的工業製品の輸出に始まって、輸出向け工業製品の技術集約度を高め、さらに重化学工業化と金融自由化も進めている。しかしタイで一九七〇年代に伸びた輸出品は、繊維・電子製品ではなく、農産物・鉱産物やその加工品であり、それはいぜん輸出総額のなかで高い比率を占め続けている。また就業人口に占める農業の比率も七三％（八〇年）と他の東南アジア諸国と比べて突出していた。タイは「農業の国・農民の国」でありつつ、工業化を進めたことになる（末広、一九九五、一二三—一三〇）。このタイの工業化の特徴とその理由について、末広は次のように指摘する。

「第一は、農産物やその加工品が、絶えず主要輸出商品の地位を維持し続けてきた事実である」。六〇年代には、コメ、天然ゴム、スズといった戦前からの伝統的商品が輸出総額の七〇％を占めた。しかし七〇年代に入ると、ケナフ、キャッサバ、砂糖黍、トウモロコシなどが輸出を伸ばす。その後、これら新興農産物に加えて、ブロイラー、ツナ缶詰、パイナップル缶詰、養殖エビなどのアグロインダストリー関連品が、次々に主要輸出品の仲間入りを果たす。韓国・台湾と違って、輸出向け農水産物の加工度や付加価値を高めていったのである。基本食糧でさえ輸入にたよる途上国が多い中で、食糧の自給はもちろん農業を国際競争力ある輸出産業として維持してきた点でタイは希有な存在であった。「第二の特徴は、農産物やその加工品の輸出拡大による外貨獲得が、輸出代替産業に必要な原材料や機械類の輸入を可能にし、さらに同産業に対する国内市場をも拡大していった点である」。タイでは、繊維、家電、自動車組み立て、鉄鋼二次製品、化学肥料などが輸入代替産業として発展するのであるが、末広によれば、重要な点はこれら産業が米作地や輸出向け商品作物を導入した地方に、販路をみいだしたことである。輸出拡大が農家の購買力を高め、これが繊維製品や家電製品の購入に向かったのであった。

末広はさらに第三の特徴として、農産物の輸出が輸出税などの形で中央政府の財政収入、したがって工業開発資金の財源に貢献したこと、第四の特徴として、輸出向け農産物やアグロインダストリーの発展がタイ国内に新しい資本家層、つまりアグロビジネス・グループを生みだした点をあげている。彼は以上の特徴を総括して、「タイでは農業部門が、輸出、国内市場、財政、労働力、資本家形成のあらゆる分野をつうじて、工業部門の成長を助けてきた」という。そして彼はタイのこのような経験を特徴づける意味で、ニックスと対比してタイをナイク（NAIC＝新興農業関連工業国）と名付けている（末広、一九九五、一三〇―五）（末広・南原、一九九六、二二―四）。

このようなタイの工業化についての末広の研究は、農業生産力の向上を工業化の前提条件とみる見解の妥当性を確認するものだといってよい。ただタイの場合、農業部門のもつ意味は重層的であって、これに尽きない。この国は韓国・台湾のような農業生産力の発展を前提として、工業製品の輸出を基軸とする輸出志向型工業化の道はたどらなかった。むしろ、農業部門の生産力をさらに高め、それを国際競争力ある輸出向け産業として発展させることによって、輸入代替産業を中心とするタイ独自の工業化を可能にしたのである。つまり農業部門の成長は、たんに工業化を可能にする始動力としての役割を果たしただけではなかったのである。

（三）中国

改革開放政策が実施された一九七九年以来、大陸中国は急速な経済成長を実現した。一九七八～九六年までの一九年間にわたって、年平均成長率で九・四％という日本・台湾・韓国の高度成長期に並ぶ高度成長を記録している。この経済成長は、自力更生を基調とする重工業化から外資導入に積極的な輸出志向型工業化へと発展戦略の転換を伴っていた。

小島によれば、改革開放政策は今日まで三期に分けられる。第一期は七九年から八四年までで、人民公社の崩壊と農業生産の大発展期であり、計画と市場との関係でいえば、計画の枠内で市場が容認された時期である。第二期は八五年から九二年までで、改革の重点が都市に移され、国営企業を独立採算制の投資主体に変えていくことが模索された。計画と市場の結合とまとめられる時期である。第三期は九二年以降で、国営企業を国有企業に変え、株式会社化の条件を作ることに主眼がおかれた。明確に市場が計画よりも大きな比重を占め、改革の方向が社会主義市場経済と規定された時期である。この間達成された成果は、第一に外国技術の導入と消化を恒常化しえたこと、第二に長期にわたって悩み続けた商品化食糧不足を八四年に解決したことである。商品化食糧は農村で消費される以上の食糧で、都市人口の扶養力を示し、その量いかんが都市化の大きさを決める。成果の第三に貿易赤字を黒字に転化して外資不足の関門を克服し、第四は生活水準の大幅な向上を実現したことである（小島、一九九七、一七九―八〇）。

このような小島の指摘のうち、ここで注目したいのは農業生産の大発展期とされる第一期とこの農業発展による商品化食糧の不足の解決という第二の成果についてである。小島によれば、改革開放の農村政策では食糧の自由市場での販売を容認する強制供出制の緩和（→廃止）と土地使用権を個人に付与する農家請負制とがとられ、その結果二五年にわたって農村を支配してきた人民公社制度がその生命を終えた。人民公社の崩壊とともに個人農の生産意欲が高まり、また肥料などの増投により一九八〇年から連年の増産となった。食糧生産が最も伸びたのは八〇年代前半であった。八二、八四年の増産はとくに多く、その増産量は日本の米の年間生産量の二倍を超える。人々は十分胃の腑を充たすことが可能となった。この農業生産力の向上をもたらした農村改革と経済発展との関係について、彼は次のように適切な指摘をしている。

「経済発展の初期に遭遇する関門はいくつかある。商品化食糧の不足、外貨の不足、外国技術の導入の困難などがこれに入る。商品化食糧は農村から都市へ売り出された食糧であるから、外国貿易が存在しない閉鎖経済を想定した場合、理論的には農民の食糧生産性により決まる。いくら食糧増産が行われても農村で消費しつくせば、都市人口は維持することはできなくなる。都市労働力の数が工業やその他の非農業産業の大きさを決めるから、初期の経済発展の規模を決める」（小島、一九九七、一〇二）。

小島はここで、都市に十分食糧を供給できる水準にまで農業生産力が高まることの重要性を説いているのである。彼は二〇世紀中期以前に経済発展を開始した国々はどこもこの問題の解決に苦悶したという。しかしそれは二〇世紀中期以前に限った話ではない。工業人口を扶養し、工業に原材料を提供するに足る「農業革命」の必要は、今日なお「離陸」をめざして開発途上にある国々に共通の重要問題といってよい。実際、彼も指摘するように中国では「この関門は八五年に以上の経緯（八〇年代前半の食糧増産―引用者）で解決されることとなった」（小島、一九九七、一〇三）のである。

おわりに

以上のように、ケネーとスミスについての学説史的検討から得られた、工業化を軌道にのせる前提として農業生産力の向上＝「農業革命」が必要であるという見解は、東アジアの経験によってもその妥当性を確認することができる。農業支配的経済構造を変革するためには、逆説的だがいったんは農業部門に構造的改革と重点的投資を行い、農業生産力を高めなければならないのである。

ところで、この問題を改めて取り上げたのは、今なお経済的「離陸」を実現できない開発途上国が数多く存在するからである。これらの諸国にとって、この問題は過去の学説や過去の経験ではなく今後の経済発展を左右する戦略的課題として現実的意義を失わない。その点で、工業化の資金を農業生産力の上昇を媒介せずに、集団化によって農業部門から強行的に「搾取」し、その結果政治・経済に暴力と強制の方法が構造化され、究極にはそれが体制崩壊の遠因となった旧ソ連の経験は、これらの諸国にとって「反面教師」として教訓的な意味をもつであろう（付論参照）。

わが国における重農主義の代表的研究者であった平田は、その「ケネー紀行」の中で、リヨンの国際会議で出会ったフランスの経済学者ジルベルト・ボーの次のような言葉を紹介している。「ケネーがいたからこそスミスが育ったのでしょう。農業革命が先行することなしに産業革命は進展しえなかったでしょう。民主主義的な政治革命が宙に浮くことなく定着しうるには（土地革命を含む）農業革命があったからであり、この認識を欠くボルシェヴィキは自ら招いた事実によって崩壊しました」（平田、一九九二、一八）。会話での発言であり、細部の当否は度外視しよう。ここで指摘されていることはケネーとスミスの位置づけといい、「農業革命」と「産業革命」

の関係の把握といい、旧ソ連の崩壊にいたる歴史的経験の評価といい、大筋で妥当といってよい。それはまた本稿で論じた見地と基本的に通底するものということができる。

（付論）

渓内によれば、スターリンによる強行的な農業集団化は、それをもって旧ソ連の体制が根本的に前後の時期に分かたれる分水嶺をなしている。一九二九年末に発進した暴風雨のような集団化運動は、農民の自発的意思やトラクターなどの物的基礎を欠いたまま強行された。この集団化は、理論的にはいわゆる「社会主義的本源的蓄積論」を換骨奪胎して援用しつつ、急進的工業化に必要な資金調達の達成を動機として展開された。スターリン自身、工業化のために農民は「貢租」を支払わなければならないことを公言している。渓内は、しかし集団化について今一つ次のような現実的理由をあげている。工業化は都市と工業の穀物需要を増大させるが、一九二七年秋以降政府の穀物調達量は急減し、都市の穀物事情は危機的様相を呈することになった。スターリンがこの事態に対処するためにおこなった政治的選択は、穀価の引き上げなどの農民への譲歩ではなく、強権を行使して農民から穀物を取り上げることであった。強権の行使は反抗を生み、それが強権を再行使させるという悪循環を招く。農業集団化は、この状況の直接的帰結であった。小農経営よりも集団経営が政府が穀物を容易に確保しうる方法であるからであり、この「上からの革命」は内戦時の武装闘争と同じ緊張と手段をもって遂行された（渓内、一九七八、一三八―四〇）のであった。農民が圧倒的多数である国で農民にこのような暴力と強制の方法が行使されるとすれば、その方法は社会の全部面に浸透し、常態化・構造化することとなる。集団化を境に社会全体が一九二〇年代と三〇年代に分かたれる不可逆的な転換が生じた。そこで形成された社会体質が、ソ連崩壊を招く遠因となったといっても過言ではない。

このスターリン的集団化に対して、ブハーリンは「農民を自身の利害で繋ぎとめる」（ブハーリン、一九七〇、一二四）、つまり農民への譲歩政策としてのネップの継続を主張した。この主張の背後には、「工業の発展は農業の発展に依存する」、「長期の持続的な最高テンポは、急速に成長する農業を土台とする工業の高揚というような結合のもとで達成される」（ブハーリン、一九七〇、六四―五）という認識がある。たしかにネップの継続によって、農民の生産意欲を高めて農業生産力を向上させ、その結果として工業化が遂行されていたならば、事態は大きく変わっていたことが想定される。本稿の立場からいえば、ブハーリン的政策がより賢明な政治的選択であったということができる。たしかに資本主義世界による包囲という重圧は考慮されなければならない。しかし、旧ソ連はこの状況を突破するために、重工業を中心―この場合農民の負担は一層重い―とする社会主義的工業化をあまりに急ぎすぎたというべきであろう。急がば回れ、は今日の開発途上国にも妥当する。

文献目録

・イムラー、H（栗山純訳）（一九九三）『経済学は自然をどうとらえてきたか』農文協
・大野健一・桜井宏二郎（一九九七）『東アジアの開発経済学』有斐閣
・ガルブレイス、J・K（鈴木哲太郎訳）（一九八八）『経済学の歴史』ダイヤモンド社
・マルクス、K（大島清・時永淑訳）（一九六三）『剰余価値学説史』①、同②国民文庫
・小島麗逸（一九九七）『現代中国の経済』岩波新書
・小林昇（一九七六）『小林昇経済学史著作集―国富論研究（一）―』（Ⅰ）未來社
・ケネー、F（島津亮二・菱山泉訳）（一九五二）『ケネー全集』（二）、同（三）有斐閣

・スミス、Ａ（大内兵衛・松川七郎訳）（一九六七）『諸国民の富』②、同③岩波文庫
・シュムペーター、Ｊ・Ａ（東畑精一訳）（一九七一）『経済分析の歴史』（二）岩波書店
・末広昭（一九九五）『タイ―開発と民主主義―』岩波新書
・末広昭・南原真（一九九六）『タイの財閥―ファミリービジネスと経営改革―』同文舘
・渓内謙（一九七八）『現代社会主義の省察』岩波書店
・平田清明（一九九二）「フランソア・ケネーの歴史空間」（『図書』一九九二年二月号）岩波書店
・ブハーリン、Ｎ（和田敏雄・辻義晶訳）（一九七〇）『経済学者の手記』（ブハーリン著作集二）現代思潮社
・涂照彦（一九八八）『ＮＩＣＳ―工業化アジアを読む―』講談社現代新書

第二章　グローバルな競争とアジアの経済発展
――ネオ・シュムペーター的アプローチとその妥当性――

カール・ボールムート 著
四倉和子・佐藤元彦 訳

第一節　本論文の論点

本論文の課題は、グローバルな競争の動向と、特に近年のアジア経済発展の動向を説明するために、シュムペーターとネオ・シュムペーター派の理論を吟味することである。実際のところ、分析すべき領域は広範に及んでいるので、グローバルな発展とアジアの発展に関してのシュムペーター的およびネオ・シュムペーター的な思想の特徴を二、三述べるだけにとどめざるを得ない。近年のアジア経済危機は、いかなる危機も資本主義経済ダイナミクスの一つの要素としての創造的破壊の理論という文脈で考えられるべきであると述べたシュムペーターの重要な洞察を思い出させてくれるので、これらの動向に目をむけることは時宜にかなっている。

アジア経済危機の原因についての最近の議論においては、二つの主要な説明の仕方が見られる。危機の一つ目の主要な見解は、金融部門の問題とそれに関連した調整ギャップを重視しており、そこでは銀行、企業および政府は「バブル」経済期以後の金融危機を導いたという形で相互に作用し合っていたと議論されている。危機に関する二つ目の見解は、国際通貨制度の問題に焦点を当てている。そこでは、経済大国・日本が国際通貨を発展させることには全く成功せず、そのためほとんどのアジア諸国は、何らかの形でドルとリンクし続けてきたと議論されている。さらにドルと円の間の通貨混乱は、新たに出現しているアジアの地域的分業に関して歪みを生じさせた。平価切下げ競争、保護主義の増大と市場不安定性の蔓延といった現象が、特に金融市場にしわ寄せされる可能性があるということを、我々はヨーロッパやアメリカの戦間期から知っている。

こうしたアジア危機の金融／通貨という観点からの説明でさえ、世界経済におけるシュムペーター的な過程に間接的に関係しているということを我々は心得ている。というのもシュムペーターは著書の中で、信用と金融の役割を革新的過程や企業家的ダイナミクスのもう一つの重要な側面として常に考えてきたからである。創造的破壊は、投資の新しい領域に信用や金融を再配分する過程であり、そのため革新的過程は、金融システム上の変化を導くのである。この意味において、「構造的な創造的破壊」の過程としてアジアの金融危機を見ることができる。アジア危機を説明するためのシュムペーター的およびネオ・シュムペーター的アプローチは、従って原因と処方を説明する上でより直接的なものであろう。そしてアジアの危機は、革新の長期波動と循環、集積という文脈においてのみならず、革新的な追求活動および国家的革新システム（NIS）という文脈の中でも解釈されるであろう。より一般的には「追い上げ」や「後退」の過程は、この論文で言及するアプローチの中心的部分を成している。それ故、アジアの発展やアジア危機に関係している革新、グローバルな発展やグローバルな競争について、シュムペーター的およびネオ・シュムペーター的な識見を総合することは妥当である。

第二節では、我々がシュムペーター的およびネオ・シュムペーター的な競争について述べようとする際に重要になる、いくつかの基礎的な定義と概念について示し、その議論をグローバルな競争と発展に関連づけよう。ネオ・シュムペーター派の人々の目的は、シュムペーターが残した「ブラックボックス」の中身を明らかにすることであるため、彼らがいかにしてこれに取り組もうとしているのかということは興味深いことである。とはいえ、シュムペーター的、ネオ・シュムペーター的および進化〔経済〕学派の間に明確な区分をすることは、この導入部分の目的ではない。

第三節では、NISというネオ・シュムペーター的な概念の考え方と妥当性について議論する。このNISは、あらゆるシュムペーター的ルネッサンスの中心的な要素であり、国家の競争上の優位性とグローバルな競争の重要な要素としてNISを分析することは興味深いことである。グローバルな競争は、NISの競争という文脈において解釈されるであろう。つまりNIS間の相互作用が、この文脈において関係している。

第四節では、アジアの発展に関するNISと地域的革新システムの関連性が議論される。この文脈においては、日本のNISのその他アジアのNISとの関係、「三極」の競争相手であるアメリカとヨーロッパのNISとの関係が重要になってくる。アジアNISの決定要因に注目すること、およびいかに地域的な発展がNISによって形成されているのかを見ることは重要である。この文脈において、アジア内やアジアを超えた直接投資と生産再配置が議論されなければならなない。というのは、シュムペーター的およびネオ・シュムペーター的な文脈では、それらが立地上の革新を構成しているからである。またこれらの革新は、創造的破壊の過程の一部である。各国の投資および技術開発の道のりについての最近の分析は、このシュムペーター的な創造的破壊の過程と関連しているかもしれない。アジアのNISの状況とアジアの企業による地域的な、およびグローバルな革新の追求の一部としてのシュムペーター的な立地上の革新の役割は、アジア経済危機のいくつかの要因を説明するであろう。

最後の節では、世界経済秩序に対するいくつかのインプリケーションが議論される。進化的、ネオ・シュムペーター的アプローチに基づいた世界経済の分析は、世界貿易・投資・技術秩序に関して新古典派的な自由貿易パラダイムとは全く異なった政策上の処方箋を明らかにしている。ネオ・シュムペーター的なアプローチの仮定のもとで、GATTウルグアイ／WTOのアジェンダに向けてこれらの諸問題に関心を引きつけるということは、このような文脈の中では急務である。これまでネオ・シュムペーター的な枠組みでの二〇〇〇年以降の新しいアジェンダに関する議論は、実際には進められてこなかった。自由貿易とグローバルな効率モデルの新古典派的基礎は、進化的な思想やネオ・シュムペーター的な思想に基づいた枠組みにかなり矛盾しているため、この議論を始めることは重要である。

第二節　シュムペーター的競争とグローバルな発展

（1）　シュムペーター的競争とブラックボックス

競争に関するシュムペーターの見解は、彼の理論をグローバルな発展やグローバルな競争と関連づけようとするいかなる試みにおいても出発点となる。競争に関するシュムペーターの見解の発展について多くを述べることは、ここでの課題ではないが、彼が、競争は高潔な選別の過程であるというオーストリア学派の議論を拡張したことは、明白である。シュムペーターは、競争は「何よりも、敵対という条件のもとにある経済システム内での新しい知識の創造と普及の過程である。その過程は、重要な再配分上の効果を持ち、最近の分析手法をもって再解釈されているところによれば、市場の失敗という状況を想定している」と議論した（Egidi 1996, p. 36）。

競争は高潔な選別のメカニズムであるというハイエクの見解に対して、シュムペーターの競争者は、革新に対する広範な追求への取り組みを余儀なくされる。小企業や大企業、国家的な企業や国際的な企業による革新的活動には、適切に組織され、体系的に組み立てられなければならないような、費用と時間がかかる追求の過程がしばしば必要である。この革新的な追求の複雑性に対して、「生産者にとって必要な知識を徹底的に追求することは、必ずしも必要ではない。というのは、経済制度は、関係のある知識の追求だけを生産者に導くような信号を示すからである」とハイエクは主張した（Egidi 1996, p. 40）。

価格信号が生産者を導くが、シュムペーターの生産者（および革新者）は、新技術に適応するための新たな組織的、社会的な解決法をも含めて、新しい製法・製品・市場および立地を求める追求戦略を、積極的に策定しなければならない。この文脈において、シュムペーターの生産者（および革新者）は、何ら関連市場の参入障壁を持たない小さな革新企業であるか（シュムペーターⅠ型）、あるいはかなりの市場参入障壁を伴った内生的な発明／革新／模倣過程を持った国家的、あるいは国際的な大企業（シュムペーターⅡ型）であるか、である。いずれのタイプにとっても、革新的追求とその追求にとって適切な環境条件が重要である。革新的な追求が成功すれば、費用が削減され、品質および実績基準で先行するだけでなく、革新／模倣というサイクルの中に入るように、急速な調整を他の企業に対して強要することになる。この過程が「創造的破壊」と呼ばれるものである。シュムペーターとネオ・シュムペーター派の人々は、経済を形成するのは価格競争ではなく、新たな革新的解決に向けての具体的な追求である、と論じている。このようなタイプの競争こそが、決定的な費用ならびに品質の優位性をもたらし、各部門や各国民経済のみならず各企業の競争上の地位を形成する。

需要と供給の均衡に向けた価格の収斂に基づく新古典派（ワルラス、バローネ）の競争概念とも、また競争の基礎としてのハイエクの高潔な選別過程とも対照的に、シュムペーターの競争は学習・革新・模倣に基づいた創造的破壊という過程である。この過程が生まれるのは、企業の生き残りを可能にし、同時に資源の動態的な再配分をもたらす一時的な利潤が必要とされるためである。

近年のネオ・シュムペーター派の出版物は、対立する競争概念に基づいてさらに議論を発展させ、シュムペーターの競争概念に残された「ブラックボックス」を埋めようと努めてきた（Metcalfe 1998；Dopfer 1993；Magnusson 1993a, b；Kurz 1990；Freeman 1985, 1987, 1988, 1994；Freeman/Clark/Soete 1982；Dosi 1988, 1997 その他多数参照）。ネオ・シュムペーター的なアプローチと進化的なアプローチを批判的に評価してきた人もいる（Heertje 1988b, 1993参照）。最も重要なことは、ネオ・シュムペーター派の人々が、競争の概念内容はこの概念を用いる目的を説明する中から導かれなければならない、ということをはっきりと指摘したことである。「所与の目的に対する所与の資源の配分を明らかにしようと考えられた理論は、経済発展の本質と、長期にわたる資源と機会の創造を探求しようと考えられた理論とは、全く性格が異なるものとなろう」（Metcalfe 1998, p. 10）。こうして、国際化、追い上げ、後退という文脈におけるグローバルな競争のいかなる分析も、動態的で、進化的なこうした競争概念に基づいて進める必要がある、ということは明らかである。しかしながら、技術革新だけが問題なのではなく、社会的、立地上および組織上の革新も重要であるので、競争の動態的概念には、調和が取れた形で様々な形態の革新が含まれている。革新のこのような種類と形態は、高度に相互依存的で、相互に関係性があり、相互に補完的かつ分離不可能である、と見なされなければならない、ということは今や共通の基礎になっている（Metcalfe 1998, p. 11）。

これらの事実を考慮すると、どんな革新的な追求活動も革新にとっての環境からは切り離すことができない、ということが議論できる。この文脈で、世界市場競争という階段の中での各国の追い上げ、特にアジア諸国の追い上げについての研究は、新たな技術的な発明と革新を習熟するための「社会的能力」に焦点を当ててきた（Abramovitz 1986, 1988 参照）。進化学派の仮定のもとでの経済発展の近年の分析は、革新的な追求と革新に対する環境の間の密接な関係を取り上げている（Dosi/Freeman/Fabiani 1994 参照）。「社会的能力」という概念は、ネオ・シュムペーター的アプローチと進化的なアプローチにとって非常に中心的である。というのも「社会的能力の中の制度および人的資本という構成部分は、教育や組織が技術的機会の必要に反応するに従って、ゆっくりとしか発展しない」からである（Abramovitz 1988, p. 339）。

それ故、革新的な追求は、ＮＩＳの発展の質と速度による。というのも「社会的能力」はＮＩＳの発展の直接的関数であるからである。ＮＩＳは新たな技術機会を明らかにするための手助けをしたり、普及と模索を促進したり、革新的な追求において、シュムペーターのⅠ型およびⅡ型の企業を支援したりすることができる。この文脈において、追い上げの過程についての「型にはまった」事実（Dosi 他 1994 参照）は、発展過程についての必要条件ならびに十分条件を明らかにしている。（Dosi 他 1994, pp. 28–35）。アジアのみならずラテンアメリカに関して、追い上げの過程に対する、こういった「条件付けの」要因を明らかにすることは可能である。最も重要なことは、ある企業で技術習得のための基礎を内部的に創造することである。こういった学習の過程に基づいた企業内における技術蓄積や能力形成が進めば、今度は、積極的に、そして収益の増大に伴って、対外的および対内的な情報源を統合することが可能になる。この条件付けの要因を測定する代用変数は、企業・部門・国ごとの業務を通じて調達される研究開発費の量とそのシェアである。

しかしながら、こういった追い上げに関する必要条件に加えて、様々な十分条件が関係している。

*第一に、特に電子工学分野で資格のある技術者の人数
*第二に、教育、訓練、情報および技術サービスにおける十分な公的ならびに民間のインフラストラクチャー
*第三に、その国における適切な法人組織およびその他の機関による生産からの学習とマーケティング、特にコーポレートガバナンスのダイナミックな制度の構築による
*第四に、新たな技術を組み込み、それ故に経済システムにおいて新たな技術を普及させていくような物的投資
*第五に、通信やコンピューターなどの最もダイナミックな投資分野を優遇するような物的投資の構成、である。

企業内における技術と経営の習得過程が、最も重要な追い上げ要因であるのと同じように（Dosi他1994, p. 31参照）、企業内組織や革新のための資金調達は、非常に重要な競争要因である。業務を通じて調達される研究開発費は、この重要な要因の唯一の（おおざっぱな）代用変数であり、我々は特にアジアの発展により、その他の要素（技術契約・体化された技術・ライセンス・企業内技能蓄積・その他多くの技術習得形態）が、研究開発費が低い場合にその代わりとなりうる、ということを知っている。これはまた、いくつかのアジアの追い上げ経済が、「成長会計」において技術進歩についての残余が全くないという「クルーグマンの逆説」の説明でもある（Krugman 1996参照）。

シュムペーターは、全出版物の中で、技術的、社会的および組織上、経営上の学習過程を含めることによって、このような企業における学習についてのより幅広い見解を強調している。この企業内における学習過程と企業を超えた影響の非分離性は、企業・部門・国民経済という枠組みを超えて創造的破壊を機能させる側面である（創造的破壊過程に関して、Schumpeter 1946、うち第七章参照）。彼は、対内的な力によって、企業内から、また全経済

システムに対する影響を伴って、経済構造を形成する「革命」について議論している。したがって、創造的破壊は革命の継起的な展開と見なされなければならない（Schumpeter 1946, pp. 136–140 参照）。彼の革新理論において（Schumpeter 1935、第二章、および 1961, pp. 94–140 参照）、不均等な発展の道のりを導く調和を欠いた資本主義の発展という文脈において、革新の過程は分析されている。「革命」概念は、ネオ・シュムペーター派の人々が新技術パラダイム、新技術経済パラダイム、新技術体制といった概念を導入する際に、彼らによって引き継がれている。

シュムペーターの競争概念の中心には、企業内における革新的な追求がある、ということを見てきた。この追求の成功が、利潤と企業／企業家の生き残りを決定し、企業が成功すれば、いかにして部門および国家が交易相手に対する競争上の地位を維持することができるかが決まる。

ネオ・シュムペーター派の人々は、それ故、革新的追求・技術変化というアジェンダに作業を集中させてきたのである。シュムペーター自身は、世界中でこうした研究に何十年にもわたって刺激を与えてきた。けれども、博識な多くの著者によれば、革新的追求・技術変化について、彼から直接に多くを学ぶことはできないという（Rothschild 1988）。シュムペーターが主に焦点を当てたのは、革新の過程ではなく、革新の影響と効果についてであった（Heertje 1988、p. 87 参照）。

従って、ネオ・シュムペーター派の人々は、技術変化と革新の過程を考察するために「ブラックボックス」を埋めなければならなかった。つまり、第一に、革新が行われる機会、第二に、革新の誘因、第三に、革新を追求するための企業内外の能力、第四に、革新的な追求に対するメカニズム、組織的な枠組み（Dosi 1997、および初期の革新的追求理論に関して Dosi 1988）。学習組織としての企業は、継続的な学習過程に革新的活動の基礎を築く。つまり、企業は、その経験から（設計、開発、生産によって、およびマーケティングを通じて）学ぶのである。外部

（自国内外、また顧客、供給者および契約者）から様々な形で、またその他多くの独立した組織（大学および研究機関、政府系研究所、コンサルタント、ライセンス提供者）から学ぶだけではなく、その他多くの支持機関（教育および訓練機関、より高度な教育機関および情報サービス）が、こういった学習活動と関わっているのである。

このような技術上・経営上の学習過程および追求活動を組織化するための対内的な取り決めは、NISと相互関係にある。NISは、企業の革新的な追求を、その国の革新向けの環境に結びつけている（こういった学習過程、また革新的な追求や学習過程の理解に対するNISの妥当性については、Dosi 1997, p. 1532 による Freeman の引用文参照）。経済部門内・部門間で、企業の革新を追求するための能力や性質が異なるため、市場構造、部門の実績、輸出実績および国家の競争上の優位性は、最終的には、後に選別・革新・創造的破壊の過程を導くような特定企業の革新的な追求によって決まるということになろう。

それ故、ある国の部門毎および国全体としての競争上の達成は、これらの四つ（機会、誘因、能力、メカニズム）の革新的追求の構成要因によって形成されている、ということが分かる。

技術的機会は、部門ごとで異なっている。例えば、科学を基礎とした産業（製薬産業）や組み立てを基礎とした産業（自動車産業および航空機産業）の間で異なっている。技術的機会が異なるだけでなく、（外部や内部の情報へのアクセスおよび利用の仕方により）同一部門の異なる企業間でもこういった機会の受け止め方は様々であろう。技術的機会についての情報の利用の仕方は、今度は（蓄積された知識を活用するための）企業の能力、および革新に向けた誘因（革新レントの専有化の問題）によって決まる。

能力は、これまで企業が追求してきた技術蓄積の経路と、蓄積されてきた知識が内部的に利用される方法に関係している。革新に対する誘因は特定の専有化条件と選択肢によって決まり（特許、競争者に先んじた行動、秘密によって）、その企業で創造された知識の平準性の程度にも依存している（また、その企業の中で創造された暗黙の了解事項と、明示された知識の部分の間の関係にも依存している)。組織内の人的資本形成と知識蓄積は、革新的な追求過程において多くが相互補完関係にある。革新的な追求の仕組みとは、技術的な学習や革新を組織するために可能な、様々な取り決めのことである。技術的な企業間の協力、技術のグローバルなレベルでの商業的開発、直接投資、公式および非公式な技術提携、ならびに技術同盟は、革新的な追求を組織するために選択しうる可能性である。

ネオ・シュムペーター派の人々は、企業内における以上その他の極めて重要な技術蓄積要因の多様性を明らかにしてきた。革新は経路依存的であるので、企業の知識蓄積と技術的志向が、革新的な追求の方向を条件づける、ということが示されてきた。それ故、革新的な追求には特定の優位性があるが(たどってきた道のりがしばしば長期にわたるものであったゆえに)、しかしまた、企業には、新たな技術を根づかせることに失敗さえしかねない組み込まれたメカニズムに悩まされるという意味での危険性もある。革新的な追求は、また納入者、顧客、契約者、学会および多くの政府機関を含んだ、部門全体にわたる技術的システムとも関わりがある。製薬産業や国家の保健医療制度は、そういったシステムを確立させている。革新的な追求はまた、支配的なあるいは新興の技術経済パラダイムにも依存しており、技術体制と技術の発展軌道のあり方はそこで発展させられる。

こういった技術経済パラダイムへの依存性は、競争上の地位を説明する上で最も重要な要素である。というのも、経済におけるあらゆる部門およびあらゆる技術が影響を受けるからである。情報技術(IT)パラダイムに関する多くの研究(第五次コンドラチェフ循環と日本の役割についてのFreeman 1985, 1987, 1988を参照)は、革新的な追求のこの性格が、創造的破壊の全過程を最も完全に描いている、ということを明らかにしている。これに関しては、ネオ・シュムペーター派の人々は、技術変化や学習というブラックボックスの中身を見ることにかなりの成果を収めてきた。

（2）創造的破壊とグローバルな競争

ネオ・シュムペーター派の人々は、革新の集積や技術変化の長期波動に結びついた創造的破壊の過程に関する議論をさらに拡張してきた。最も重要なことは、革新の四つのタイプの次元の間における差異である（Freeman 1988参照）。第一に、革新は追加的かつ連続的でありうるので、長期にわたって多くの部門で、ほとんどの製品や工程に影響を及ぼし得る。第二に、革新はより根本的な形態をとりうるが、そういった大きな革新はコンピューター産業の例が示すように、非連続的で、普及するのにより多くの時間がかかる。第三に、合成物質の導入や、また近年ではバイオテクノロジーの革新のように、革新は、多くの製品や部門への影響を伴いつつ、技術システム全体に及び得る。そして第四に、全ての部門に多大な影響を及ぼすタイプの革新と普及の集積は、マイクロエレクトロニクス革命のように、新技術経済パラダイムとなる。

経済制度全体が根本的な影響を受けるので、最後の革新形態のみが、シュムペーター的な創造的破壊と考えることができる。従って、新しいパラダイムに対して早く、より効率的に調整できる地域、国家および企業は、他のアクターに対して比較／競争上の優位性を有するであろう。それ故、グローバルな競争に関する進化学派の見方は、新技術経済パラダイムがもたらす機会を利用する方法に焦点を当てている。

ネオ・シュムペーター派の人々は、情報技術パラダイムに含まれる技術の普及について、十分に議論してきた（Freeman 1985, 1987, 1988, 1994参照）。そして、アジアの奇跡に関する多くの研究は、アジアは追い上げに関する必要条件および十分条件を作り出しただけではなく、かなり早い時期に、新しいパラダイムの優位性や可能性を取り入れることに成功したのだ、という結論に達している（Dosi他1994、および一九八八年以降のFreemanによる研究の大部分を参照）。日本およびその近隣諸国はそれ故、単純な「雁行」発展過程におけるアクターではなく、多かれ少なかれ早い時期に、企業の戦略や政府政策における新しいパラダイムによる技術の経路を歩んでいたのである。不均衡な発展は、新しいパラダイムの技術的機会の受け止め方、国家の立地政策、特にＮＩＳがもたらす帰結であり、さらには、革新的な企業が新しいパラダイムに基づいて、グローバルに競争する結果である。ネオ・シュムペーター的な考えにおけるグローバルな競争は、企業や政府による新たなパラダイムの機会を不均衡に利用する過程である。

アジアの発展は、エネルギー集約的で、石油に基礎を置いた大量生産パラダイムから、情報集約的で、柔軟性のある生産パラダイムへのより急速な移行によって可能となった。そして、この移行は、技術的、社会的、制度的革新の結合により可能となった。それ故、移行の成功は、新しいパラダイムを特徴づけた技術的革新だけによるのではない（Freeman 1988, p. 60 参照）。この文脈において、アジア、特に日本におけるＮＩＳは、以下二つの目的のために重要であった。つまり、（a）追い上げの条件を促進するために、また（b）均整のとれた形での全てのレベルにおける新しいパラダイムの導入を加速するために。

多様な技術分野（新旧とも）の間の「技術融合」は、日本および他のアジア諸国では産業コングロマリットの内部および相互間で可能であった。そして、これは、主要な産業部門と経済全体において、情報技術の急速な普及を導いた。日本における「メカトロニクス革命」はしばしば言及されるが、しかしその他に多くの融合もまた見られた。通信技術とバイオテクノロジーの発展に伴った新たな技術の融合は、更なる機会として立ち現れている、と言えるかもしれない。こういった技術の融合は、創造的破壊過程を加速し、「構造的な創造的破壊」という形で、アジアでの構造的な高度化の全体過程に影響を及ぼしてきた（Ozawa 1996, 1992 参照）。この過程は、技術輸入、国内向けおよび外国向けの直接投資により強化された。

いかなるパラダイム先導型の経済的変化も、インフラストラクチャー、社会的能力、規則および革新システムが、タイミングよく適合した結果であるということ、さもなければ、社会的経済的問題がすぐに発生するであろうということを示しているのは明らかである。日本と他の諸国の比較に基づいた初期の警告（Freeman 1988, pp. 62-63 参照）は、日本及びアジア全般における新たなパラダイムに対する不適切な社会的、制度的適合を原因とするいくつかの危機要因を示している。社会政策のみならず、労働政策や教育・訓練政策のあり方が限界として指摘されたが、しかし、主要な限界は、日本の福祉制度の基本原理であるとされた。それは、スウェーデンのような国が新しい情報技術パラダイムに対応して政策や構造の移行を進めてきたやり方とは対照的である。

「技術的革新に基づいた成長は、緩やかに絶え間なく続く移行というよりは、爆発の連続のようなもの」というシュムペーターの重要な議論がここでは妥当する、と理解する必要がある（Freeman 1994, p. 79）。ネオ・シュムペーター派の人々は、資本主義システムにおけるこういった「爆発」というシュムペーターの説明を確認している。シュムペーターによれば、革新は、かなり主要な部門に集中し、経済システムに偏向と不調和を生み出している。さらに、先駆者による技術の導入と、後継者による技術の採用との間に、時間のずれが存在するという事実によって、普及の過程は、経済システム内で本質的に不均衡に進行する。そして、最終的には、革新の成熟（結果として起こるこういった分野での技術的機会の枯渇と、投資の収益性の減少）が、成長を減速させる重要な要因となる。

革新の集中、不均衡な普及、革新の成熟、という以上の三つの問題は、地域のみならず、世界経済においても循環的成長の説明となる（Freeman 1994 参照）。新しいパラダイムの波及効果は、国家や地域によって異なる。また経済システムに対してのこういった三つの要因の影響は、極めて特殊な危機現象や循環が発生しうる、ということを意味している。新しいパラダイムの波及効果は経済の支配的な構造によって決まる。そして最終的には、「技術的、経済的に相関関係にある一群の革新全体を包み込んで経済発展の全段階に影響を及ぼしている」（Freeman 1994, p. 87)。長期にわたる世界経済や地域における不均衡な発展は、こういった相関関係にある過程の結果である。

グローバルな競争や国家の競争上の優位性には、この意味において、貿易の要素比率理論や新技術ギャップ理論が想定しているものとは根本的に異なった分析上の基礎がある。リカードの短期の配分効率性とシュムペーターの長期の動態的効率性の間の違いはそれ故、ネオ・シュムペーター派の人々によって、繰り返し焦点が当てられている(Yoshitomi 1991, p. 23)。日本の発展の道のりは、シュムペーターの動態的な経済政策に基づいていると見なすことができる、とまで議論されている。しかしながら、また、革新的な追求に基づいた「創造された比較優位」というシュムペーターのアプローチは、「ひとたび企業と政府の双方における慎重な政策を通じて、国家の資源賦存のダイナミックで内生化された創造を認めるのであれば」というヘクシャー＝オリーンの貿易説と完全に矛盾する訳ではないとも議論されている(Yoshitomi 1991, p. 23)。さらに、シュムペーターの動態的効率性は、「リカードの比較優位を完全に無視することによっては得られない」とさえ議論されている(Yoshitomi 1991, p. 24)。今なお、外国貿易に関しての教科書には、シュムペーターとネオ・シュムペーター派の人々のアプローチを含めることが待たれている。

第二次世界大戦後の日本の産業構造や輸出入構造の高度化した形態は、シュムペーターの動態的な発展効率性と、ヘクシャー＝オリーンの静態的な配分効率性の収斂の証左として、様々な著者によって受け入れられている(Ozawa 1996；および特に Yoshitomi 1991 参照)。世界市場向けの非熟練の労働集約的な製品から資本集約的な製品へ、そして研究集約的な製品へと移行した道のりは、シュムペーター的な経済的ダイナミクスに基づいて解釈され得るが、同時にある一時点では、ヘクシャー＝オリーンの静態的な配分効率性に基づいても解釈可能である(そこでは、企業に特有の、また産業市場構造に特有のあらゆる効果が無視されているが)。

世界経済におけるシュムペーター的な過程の分析（Welfens 1989 a, b；Siebert 1991 参照）は、創造された比較優位の概念に基づいているが、このアプローチもまた、政府政策の内生化や、国内および外国向け投資の内生化を必要としている。このアプローチにおいて最も重要なことは、世界的に競争するますます多くの企業による革新的な追求である（Dunning 1997；Dunning/Narula 1996a, b 参照、Dunning 1997 は、新興の「同盟資本主義」に言及している）。動態的な競争上の優位性は、グローバル化された経済を背景とした革新的な追求によって、また革新的な活動を導くＮＩＳに基づいて創造されているが、しかしそれが可能になるのは、双方のシステム――企業内革新システムとＮＩＳが新しい技術経済パラダイムを先導する時だけである。

創造された動態的な比較優位という概念とは対照的に、世界経済はまた、比較優位の人工的な創造によっても影響を受けているが、こういった優位性は、シュムペーターの政策とは何の関係もない（Yoshitomi 1991 参照）。比較優位は、官僚が発議して取り組む貿易や産業の政策によって、人工的に創造され得る。官僚的な選択は、革新的な製品や工程、市場、組織および立地のシュムペーター的な選択とは全く異なる。革新的な追求を促進する政策としてのシュムペーター的な貿易・産業・技術政策は、それ故、今日議論されている戦略的貿易・産業・技術政策の大部分とは全く異なるのである。

この文脈において、日本およびアジアで起こった危機も議論されるべきである。問題となるのは次のようなことである。つまり、アジアおよび日本で起こった危機は、不適切な戦略的貿易・産業政策による人工的な比較優位の創造の反映なのかどうか？　これは特定の部門で起こったことであろうと議論する著者もいる。それとも、危機は、「バブル経済」、および「バブルの崩壊」の反映としてもたらされたものであるのかどうか？　バブル経済が出現して以来、日本における民間企業には研究開発の実質的な落ち込み（企業の研究集約度によって測定されるように）が見られる（Watanabe 1996 は、こうした問題について詳しい）。はたまた、危機はバブル期の不適当な貿易・産業政策および民間企業の研究集約度の落ち込みの双方を反映しているのだろうか？　財政上の負担をして創造された人工的な比較優位、および日本の産業や他のアジア諸国における産業の研究開発費の一九八〇年代半ば以降の実質的な停滞／減少は、従って、アジアにおける危機のいくつかの要因を説明するかもしれない。

しかしながら、この解釈は、一九七〇年代以降の日本、さらには韓国や台湾における、いわゆるシュムペーター的産業の比較優位についての実証的に測定された発展と矛盾するのかもしれない。研究集約的なシュムペーター的産業（可動性のあるシュムペーター的産業は、生産や研究開発が、ある程度まで分離可能な産業として定義されるのに対して、非可動的なシュムペーター的産業は、生産および研究開発の強力で体系的な相関性を示している）は、一九七〇年代以来、日本とその他のアジア諸国における比較優位を一貫して高めてきた。しかし、一九八〇年代には、転換点があったのかも知れず、それについては、さらに調査が必要である（シュムペーター的産業の概念の適用に関しては、Klodt/Schmidt 他 1989, pp. 27–40 参照）。ともあれ、シュムペーター的産業の概念に問題があるのは、たった一つの技術習得の側面だけに限定されていることである。産業は研究集約度に従って分類されているが、研究開発の集約性は、実行による習得、使用による習得、技術獲得・適応および変更、直接投資、内部的技能蓄積といった様々な経路があるなかで、技術習得の一つの要素であり、手段であるに過ぎないということを我々は心得ている。それ故、このような分析の道すじをたどることは妥当ではない。

ネオ・シュムペーター派の人々は、新技術的貿易理論によく言及するにもかかわらず、その理論の経路をたどろうとはしない（Freeman 1985, pp. 39–45）。しかし、両学派ともに、技術的要因は貿易の水準と構造にとって重要である、と議論している。貿易と革新と技術変化の間での関係についてのより最近の研究では、貿易の成果と革新の背景は、新技術的貿易理論によって想定されるよりも、さらに複雑であるということが再び示されている（Hughes 1992；Archibugi/Pianta 1993；Grupp 1997 参照）。経済の発展水準に対応した、輸出実績においての低水準技術から中間水準技術へ、中間水準技術から高水準技術への単純な高度化が見られる訳ではない。また、ある国が達成した技術水準に応じて、貿易の実績と特化とが、厳密に一致しているわけでもない。

低水準技術製品、中間水準技術製品、および高水準技術製品という三つのグループの相対的な地位にはしばしば何らかの変化が見られるにせよ、それら三つの製品グループのすべてについての貿易上の優位を、先進国は維持し続けている（Hughes 1992 参照）。しかしながら、貿易パターンについてのシュムペーター的な分析は、あらゆる部門での技術的蓄積・達成の進化的なパターンを織り込んでいる。また、低水準技術、中間水準技術、高水準技術部門で行われている技術習得のあらゆる形態が考察されている。低水準技術の部門における技術的高度化の革新、組織上の革新および立地上の革新は、しばしば中間水準技術の産業における技術的高度化の革新と同様に、あるいは、高水準技術部門における新たな技術的機会の利用と同様に、経済にとって重要である（Grupp 1997, pp. 257–258 参照）。

シュムペーター的な分析は、特定の部門や国におけるそれぞれの企業の成果を含めて、世界経済における技術内容に従って貿易される財の組み合わせをよりよく説明することができる。ＮＩＳは、低水準技術部門においても（また、特にこういった部門における小企業でも）技術習得過程を促進し、従って、世界市場における競争上の優位性に貢献することができる。技術上、組織上および立地上の革新はともに、グローバルな競争における低水準・中間水準および高水準の技術製品の位置を決定する。高水準技術製品だけに特に焦点を当てた競争上の優位性の人工的な創造は、（適切に高度化が進む低水準技術部門および中間水準技術部門での）革新的な追求を歪めることによって、また、最も利益を生み出す製品や技術に対する資源の動態的な再配分にマイナスの影響を与えることによって、反生産的になり得る。企業での技術蓄積に関するネオ・シュムペーター的な分析は、研究開発集約度の増大以外にも、技術習得の多くの方法はすでに入手可能であり、さらに今後入手可能になるものも多いので、

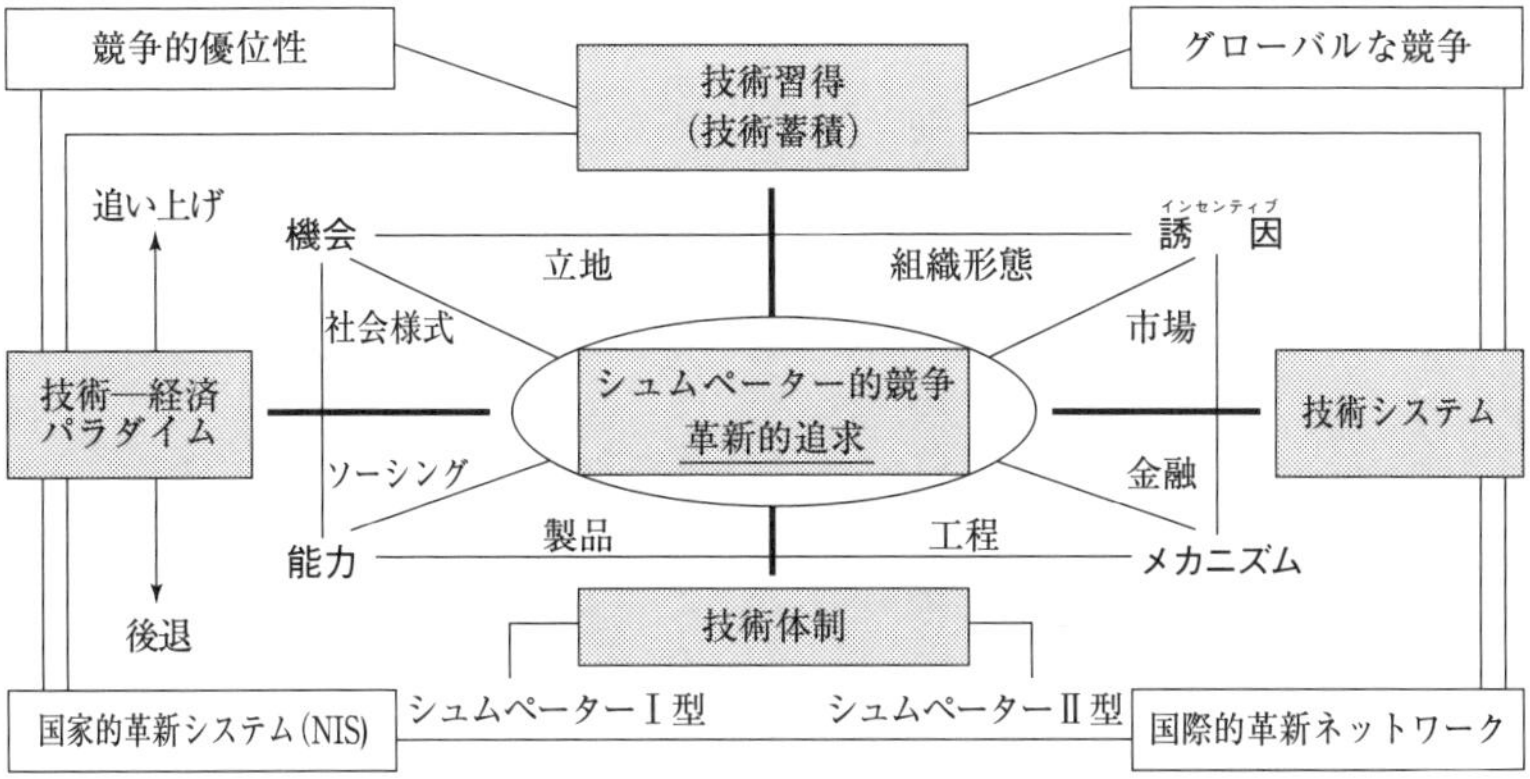

図1　シュムペーター的競争とグローバルな発展

そういったすべての選択がNISの促進に有益である、ということを明らかにしている。NISの支援は、この意味において、シュムペーター的な経済政策の最も重要な要素である。新たな情報技術パラダイムに沿ってNISを強化するため、そして企業が技術習得についてのより多くの選択肢をもてるよう、技術蓄積に対する多様な方法を開かれたものにし続けるという意味でも、これらは、競争上の優位性の創造のために現存する最も妥当な政策的処方箋である。この過程において、構造的変化は加速させられ（Dosi 他 1994 参照）、また「構造的な創造的破壊」（Ozawa 1996, p. 148 参照）の過程が始まるのである。

グローバルな競争の状況および国家の競争的優位性は、それ故、新興ながらも支配的な技術経済パラダイムに関係している。新パラダイムを取り入れることは、製品と工程のあらゆる革新、教育・訓練制度、コーポレートガバナンス制度や経営スタイル、NIS、そして最後に、ダイナミックな発展を遂げる主要部門に対する国の介入にとって重要な意味を有している（Freeman 1985, pp. 43–45、および Dose 他 1994 参照）。**図1**は、シュムペーター的な競争という背景における諸要因の相互関係をまとめている。

とはいえ、NISの重要な役割について触れるには、グローバリゼーション、グローバルな競争および国家の競争的優位性の文脈において、より詳細な議論が必要である。

第三節　国家的革新システム（NIS）とグローバルな競争

（1）NISと技術蓄積

ネオ・シュムペーター派の人々がNISの概念について熱心に取り組んできたのは、特定の国における技術蓄積の経路依存性を分析するためであり、また、国家の競争上の優位性を強化するにあたってのNISの役割を理解するためであった。NISは、「個々のいかなる経済においてもミクロレベルでの革新的な過程に影響を及ぼす、制度と政策の複合的な組み合わせ」として理解されよう（Freeman 1994, pp.86）。NISの概念は、『政治経済学の国民的体系』という表題のフリードッリッヒ・リストの研究（一八四一年）に非常に近似している。フリーマンによれば、リストの研究は、『革新の国民的体系』と表題を付け直すことも可能であった。というのも、リストは、技術蓄積、教育および訓練、基幹産業育成・貿易政策、選別的保護に関連したあらゆる問題、ならびにNISの政策アジェンダの一部であるその他の問題を考察している、という事実があるからである（Freeman 1994, p. 86）。リストの目的は、幼稚産業育成のみならずドイツの関税同盟の役割をも説明することであった。一方、ネオ・シュムペーター派の人々は、教育、研究開発、技術輸入および基幹産業育成に対する順向的な政策の役割をはっきりさせるために、特にアジアにおける国家的技術蓄積過程の説明にも、関心の焦点を向けてきた

（Freeman 1994, p. 86）。

ネオ・シュムペーター派の人々は、ＮＩＳを「経済発展の心臓」と見なしている。というもの、ＮＩＳは、「国家の技術的競争力を決定する」からである（STI Review, 1994, No. 14, Introduction, p. 7 参照）。ネオ・シュムペーター派の人々によれば、グローバルな競争や国家の競争的優位性は、ＮＩＳに言及しなければ分析できない。しかしながら、我々はＮＩＳを定義するするいかなる試みも困難であり、これまでに合意された定義はないと言う事実を認識している。それは、この概念に関する研究期間が短い結果でもある。この概念自体は、一〇年の歴史しかないものであり（Patel/Pavitt 1994b 参照）、様々な学者たちがそれを導入したのは自分であると主張している。ＮＩＳは、「ある国家において、技術習得の程度と方向性を決定する、（あるいは変化をもたらす活動の規模と構成を決定する）国家の制度、インセンティブ構造および能力」と定義されるであろう（Patel/Pavitt 1994b, p. 12 参照）。この定義は、諸国家で見られる技術変化に関連した不均衡な発展経路のみならず、技術蓄積、技術習得に関連したネットワークの決定要因についての、進化的で、ネオ・シュムペーター的な考え方によるものである。最近では、グローバル化している経済過程における概念の複雑性を理解できるよう、ＮＩＳ概念が発展させられている（Edquist 1994；および Archibugi/Michie 1997a 参照）。この概念は、アジアにおける革新のサブリージョナルな、および国家的な制度の相互作用を理解するために、ＡＰＥＣ等の地域でも適用されている（Barker/Goto 1998 参照）。革新システムの考え方は、サブリージョナルな地域レベルでますます用いられている。

重要なのは、ＮＩＳ間の相互の違いが、異なった国家政策に根ざすのみならず、各国で維持されたきた技術開発の形態、産業構造、制度パターンにも、また、制度と技術の独特の同時的進化にも原因があるのだ、という事実である（Barker/Goto 1998, p. 254 参照）。それ故ＮＩＳは、とりわけ政策、構造、制度、ネットワークおよび配置によって定義されるのである。

NISは、協調関係にある数多くの機関によって特徴づけられる。教育・訓練機関、民間および公的な研究科学機関、研究開発に投資している民間企業や、さらに技術習得や技術蓄積にも取り組んでいる民間企業、革新的活動への融資を積極的に行っている金融機関、企業と研究団体の合弁事業、技術水準を設定している専門組織、特許機構、技術・データ情報センター、ならびにその他多くの公的、民間の機関が今日のNISを構成している。こういった組織における能力が完全に活用されるためにあらゆる組織にとって重要なのは、誘因である。また、NISにおいて知識を急速に広めることを可能にするためにも、誘因は重要である。

NISにおいては、誘因の問題や対立が数多く生ずるかもしれない。企業によって獲得される革新レントに関わる専有化の条件は、部門や規模によって異なる。誘因の問題は、労働者の訓練の際に民間のアクターの間で起こっているだけでなく、公的および民間の研究機関でも起こっている。熟練労働者や研究者の流動性は重要であるが、しかし、この点に関する誘因の問題もまた熟慮され、解決されなければならない。誘因の問題はまた、革新と模倣の間にある微妙なバランスによっても生じるので、利害は、特許制度によって適切にバランスを保たれなければならない。革新的な製品に対する公的な需要は、新しい技術のどのような普及にとっても重要であり、場合によっては、公的な調達政策に関して、少数の革新的企業を差別化することもありうる。

それ故、NISにおいて最も重要なことは、シュムペーターII型企業と、I型企業の間の利害の均衡である。ネットワークや協調は重要であるが、しかし、あらゆる形態の提携や協力にも誘因の問題が関係している。蓄積された知識の特色や、システムの能力や財産によって、NISは異なるのである。諸国の技術的能力がNISの強さや潜在力を決定する。そして、それは不均衡な技術発展、さらには、システムにおける経路依存的な知識の獲得によって異なってくる。

システムにおいて業務を通じて調達された研究開発の構造や比重が最も重要であることは、明白である。技術的能力の蓄積は、部門間、部門内で異なる。それ故、ＮＩＳは、こういった違いと経路依存性によって定義されなければならない。もしシステムにおける諸機関が十分に相互連関的で、開放的であるなら、また、もし諸機関が適切に均衡していて、対立していないならば、そして最後に、もし能力が動態的な文脈の中で蓄積され、利用されるのなら、ＮＩＳは、グローバルな競争において強力な手段となるであろう。

ある国に特有な誘因メカニズムの役割が、ＮＩＳのもう一つの要素である。特有の誘因メカニズムとは、例えば、要素の稀少性、公共投資の水準と構造、あるいは部門間に存在する特有の生産連関である。ある国における技術蓄積は、またこういった誘因メカニズムによって形成される。それらは革新や新たな情報の普及のための圧力を作り出すことができる。

ＮＩＳの特色は、業務を通じて調達される研究開発の比重、海外の専売特許に占めるシェア、世界全体に対してのある国の部門毎の特許の割合によって測定される国家の技術的活動の部門別構成、といった適切な指標により測定され得る。その他の指標には、（ほとんどが公的な）基礎研究に対しての支出のシェア、あるいは労働力の教育・訓練水準がある。技術的達成指標（業務を通じて調達される研究開発のような）は、科学的達成指標（基礎研究に対する支出シェアのような）と比較できるが、それはこれら二つの指標間の相関関係を測定するためである。一般には強力な相関関係が生じるにも拘らず、この傾向から外れることもあるかもしれない。技術的達成指標が、科学的達成指標よりも早期に変化することは明らかであろう（Patel/Pavitt 1994b, p. 21 参照）。科学技術政策のいかなる方向転換にとっても、このことは重要な意味を持っている。ＮＩＳはまた、こういった指標の成長率という観点から見ても、異なっている。とりわけ生産と技術習得過程を左右する中間の能力分野においての労働力の教育・訓練水準に関しての各国の違いも、また重要である。全ての指標が、技術蓄積の各国特有の経路依存性を示している（Patel/Pavitt 1944a, b 参照）。

ネオ・シュムペーター派の人々は、それ故、ＮＩＳに関する失敗を理解することに興味を持っている。制度、誘因および能力の問題によって、失敗には三つの種類がある（Patel/Pavitt 1994b 参照）。もしそうしたシステムの失敗が見極められ、取り除かれるなら、ＮＩＳは、グローバルな競争の状況や、国家の競争的な優位性に貢献することが可能になる。

制度の失敗は、制度の（例えば、ベンチャー資本機関の）不在、制度の（例えば、教育・訓練制度、あるいは大企業における企業内研究開発の）質と効率性の低さ、そしてこういった制度のネットワーク（というのもそれらは、特別な能力に基づいて知識の交換を組織化することができるからである）の適切な程度や質と関連がある。ネットワーク上の欠陥が、この文脈において明らかに最も関係あるが、しかし、制度の不在や、制度の質の低さもまた問題である。もし人材の流動性の高さが、人的資本（教育・訓練）への過少投資をもたらしているのであれば、人間に体化された知識についてのインセンティブ上の失敗があるかもしれない。知的財産の不十分な保護によって革新的な活動が制約される場合には、インセンティブ上の問題が発生しよう。さらに、革新的な生産に対する公的な調達が少数の企業を差別化する場合にも、インセンティブ上の問題が発生し得る。最後に、革新レントの専有化という文脈において、特に公然の（平準化され得る）知識が暗黙の（平準化不可能な）知識よりも重要である（例えば製薬産業において）部門では、インセンティブ上の問題が生じるかもしれない。重要なのは、インセンティブが十分に機能するよう保ち続けられる形で、失敗を早期に発見し、システムを統制することである。

能力の欠陥が生ずるのは、不十分な（不適切な）コーポレートガバナンス制度の結果である。コーポレートガバナンス制度は、アメリカ、日本、およびヨーロッパにおいてかなり異なっている。国家的金融制度、資本市場に対する革新者のアクセス、および経営行動に対するそういった市場の反応のすべてが重要である。この文脈における違いは、「近視眼的な」ＮＩＳと「ダイナミックな」ＮＩＳの間で起こる（Patel/Pavitt, 1994b）。というのも、近視眼的なＮＩＳでの投資家は、技術投資を、その他の投資と極めて同様に評価するからである。ダイナミックなＮＩＳは、その他の投資に対する技術投資の（特殊化され、長期に及び、複雑で、専門的で、さらに経路依存的であるような）違いに配慮している。ダイナミックな制度には、技術的な能力構築に対してより開放的である、という特徴がある。もっとも、近視眼的なものの典型とみなされているアメリカや英国のＮＩＳとは対照的に、日本およびドイツのＮＩＳは、依然として、典型的にダイナミックな制度である、というのは疑わしい（Patel/Pavitt 1994b, p. 24 参照）。

日本の金融制度の国際化と、コーポレートガバナンスにおける近年の変化は、日本の技術蓄積に対して影響——おそらくこれまでは、マイナスの影響——を与えた（その結果については、Watanabe 1996；および Goto/Odakiri 1997 参照）。この影響には、様々な波及経路があっただろう（例えば、研究設備についての資本費用の増大、より近視眼的な革新制度への移行等）が、しかし長期的には、（日本の革新パラダイムが変化することによって）よりプラスの効果が出てくるかもしれない（Imai 1999 参照）。

誘発メカニズムは、ＮＩＳの「運転手」であり、さらには、グローバルな文脈での国家の競争上の地位を形成する。日本の経験から、要素の稀少性が、エネルギー・資源および環境節約的な技術への変化をもたらし結果的に資源節約的な技術の新たな経路が生み出された、ということを我々は心得ている。日本（およびその他の国々）からは、通信設備に対する公的な需要が、この技術の広範な普及につながり、さらに、革新システムの追い上げと（部分的な）先行をもたらした、という知見をも得ている。日本は、さらに、自動車産業、ロボット産業および電子製品産業において、相互の技術的なリンケージから利益を得ている。こうしたリンケージは、技術蓄積を増強させた。もう一つの重要な誘発メカニズムは、独占化を妨いだ競争的対立の状況に基づいての、中核技術の累積的な習得と世界市場でのこうした中核技術の利用である（Patel/Pavitt 1994b, p. 26 参照）。

特定産業における世界市場からの競争圧力および、競争的対立という状況の下での世界市場における特定産業の技術的優位性の利用は、非常に重要な誘発メカニズムである。このように見ると、ネオ・シュムペーター派の人々は、ポーターの「ダイヤモンド」に非常に近い関係にある（Porter 1990；およびポーターについての研究に関しては、Narula 1993 および Dunning 1992 参照）。技術蓄積に関してはポーターはあまり注目していないが、ポーターと、ネオ・シュムペーター派の人々との間には、枠組みについて多くの類似点が見られる。ポーターとネオ・シュムペーター派の人々は、異なった国家的技術蓄積経路の形態より、技術蓄積のグローバルな形態を強調しているテクノグローバリストとではなく、むしろ相互に共通点がある（Dunning およびその他の人々は、しかしながら、ごく最近、国家政府の役割と技術習得の国家的性格を、理論的アプローチに組み込む方向で議論している。特に Dunning 1997. pp. 271–279 参照）。国家の競争的優位性（Porter 1990 参照）のダイヤモンド、およびネオ・シュムペーター派の人々（Pavitt/Patel　一九九六　参照）のダイヤモンドは、それ故、互いに非常に類似している。経路依存的な技術蓄積を考慮するならば、国家的競争力が重要である。ＮＩＳは、その国における将来の技術蓄積の生産性を増大させる役割をもっている。

（2）　ＮＩＳと国家の競争的優位性

それでは次に、不均衡な国家的技術発展の主な指標、要因および結果を以下に着目しながら分析しようと思う。

＊国家的な技術蓄積に関する中核的な指標の成長率
＊本国以外に展開する多国籍企業の技術的活動のグローバル化の程度
＊各国の技術的専門化
＊各国の技術政策の方向性

＊各国のＮＩＳの開放性の程度

五つ全ての要素は、国家的な競争上の優位性と、グローバルな競争におけるその国の最終的な位置付けにとって国家的な技術蓄積がますます関係している、ということを示している。先進諸国の間では、ＮＩＳ、技術開発の経路、および技術政策が収斂する傾向を何ら観察できない。むしろ、相違点の増大が見受けられる。ある国の技術習得の可能性と、能力の全く完全な構図を示しているので、先の五つの側面は重要である。

技術習得は、（研究開発費や特許活動によって測定される）国家の技術蓄積、（他の地域へもＮＩＳを拡張させるために）外国でも技術を生産できる企業の能力、各国家の技術的専門性の産業部門毎の共通点または相違点、技術政策の形態と効率性、および、外国からの知識を組み込んだりその他の諸国に知識を広めたりするＮＩＳの開放性に依存する。

こういった五つの技術蓄積過程の側面が、ＮＩＳおよびグローバルな競争上の地位を形成している、というのがここでの議論である。

第一に、技術蓄積についての中核的な指標の成長率については、ＧＤＰに占める業務を通じて調達される研究開発費の割合を測定した場合には、各国間における不均衡な技術発展が観察される。それは、その指標についての各国の順位の安定性が極めて高いということをも明らかにしている（Patel/Pavitt 1994a, pp. 761–764 参照）。先進諸国と発展途上諸国の間で、この比率が収斂する傾向は見られない。（世界経済において、より一層革新的な中心を強化している）分化の傾向が、むしろ確認されている。国民一人あたりの特許数についての傾向も、また各国の順位がかなり安定していることを示している。特許活動に関わる新興諸国の数は、依然として少ない。韓国および台湾のみが、（特許活動によって計測される）国際的な革新者「クラブ」の一員である。

第二に、革新的活動のグローバル化については、技術のグローバルな商業的利用、グローバルな技術協力、およびグローバルな技術の創造の間を分けて考える必要がある。これまで、こういった三つの側面は混用され、はっきりと分けられてこなかったので、異なった技術発展が、ひとまとめにして扱われてきた（Archibugi/Michie 1997b 参照）。テクノグローバリストの議論が、技術のグローバルな商業的利用に最大の力点を置いているということは明らかである。確かに、グローバルな市場における技術の取引と利用の傾向は、かなり強まっている。それ故、厳しいWTO／TRIPSのアジェンダが求められている。

国境をまたいだ技術協力や協同はまた、近年では毎年同じような成長率でもってかなり増加している。しかし、この増大の一部は、業務を通じて調達される研究開発に代わるものでしかない、とも議論されている（Archibugi/Michie 1997b, p. 91 参照）。技術の創造に話が及んだ時には、状況は全く異なっている。実証的研究——主にパヴィット／パテルによる——が示しているのは、多国籍企業は、海外で技術（特許）のわずか一一％しか創り出していない、ということである。これは、革新的な活動の圧倒的な部分が本国で起こっている、ということを意味している（Pavitt/Patel 1996 参照）。今なお、わずかな割合でしか海外で技術を創り出さない国もあれば（日本）、海外での高い特許生産率を示している国もある（カナダ、スウェーデン、およびオランダ）。後者の国々は、その他の諸国に対してNISを意図的に拡張しているように見える。

海外での技術創造は、食品産業、建設資材その他のような技術集約度の低い部門において、比較的よくなされる。このことは、海外市場への技術の適用は、海外での革新的活動に対する基本的な動機づけ要因になる、ということを示している。特に高度技術部門での本国への革新的活動の集中には、いくつかの理由がある。高い研究集約度を持つ産業では中央に集中された研究開発活動の方が効率性の利益が得やすいということのみならず、研究開発をNISに結びつけることで外部経済が生まれるということが、この傾向を説明するであろう。こういった傾向は（おそらく急速にではないが）将来変化するかもしれないが、我々が述べることができるのは、大企業の革新的活動は、「本国の革新制度によって強く影響され、高度技術企業の経営は、効率性を上げるためには、本国に革新活動を集中させる方が妥当である」ということである（Pavitt/Patel 1996, pp. 151 参照）。パヴィット／パテルのダイヤモンドは、ポーターのダイヤモンドの洞察と類似しているが、こういった事実の背景を詳細に説明している（Pavitt/Patel 1996, p. 152）。

技術蓄積に関する三つ目の側面については、各国の部門毎の技術的専門化についてのデータが、全く異なった、しかし、持続的なパターンを示している。アメリカ、日本およびヨーロッパは、技術的専門化についての全く異なった傾向とパターンを示している。部門の各々の強さおよび弱さは、顕示的技術優位性（ＲＴＡ）の指標によって計測された場合に、かなり異なっている（Pavitt/Patel 1996, Patel/Pavitt 1994a, Archibugi/Pianta 1993, Archibugi/Michie 1997a 参照）。ＲＴＡを用いて、部門別のある国の特許が世界全体に占める割合を測定するが、アメリカは、軍事製品、原材料、通信などの産業で相対的な強さを増し、化学産業で地位を向上させつつある。他方、日本は、電子関係の消費・資本財、そして自動車産業で強さを増大させている。西ヨーロッパは、化学分野での薬品に関する強い立場を維持し続けている。相対的な強さの評価以上に重要なことは、こういった順位に見られる高度な安定性である。このことは、技術蓄積の国家的な経路依存性によって説明可能である。各国間における技術的専門化の類似性の度合いは、極めて低いのである。技術蓄積の国家的パターンと国家的な誘因要素が、専門化の安定性と、その各国間での相違を説明するであろう。

技術の創造がグローバル化されていないということ、各国の位置が高度に安定しているということ、および技術的専門化に類似性がないということは、従って、国家の革新政策が今なお鍵になっている、という結論を導くであろう。「グローバル／国家という二分法は、誤っている」とさえ議論されるであろう（Archibugi/Michie 1997, p. 188 参照）。強力な国家的な技術および革新の基盤があれば、他の強力な技術パートナーと協力することが可能となる。さらには、強力な技術的パートナーを海外からひき寄せることも可能になる。高度な技術能力は、他の諸国からの能力をひきつけ、また、強力な能力は、他地域の能力と協調することができる。そして、それによってこういった諸国の国家的な競争上の優位性を増大させるグローバルなネットワークが作り出されるのである（国際的な技術蓄積過程の持つ意味については、Cantwell 1994a, b 参照）。研究開発に対する海外投資がなされるのは、従って、その他の経路からは得ることができない技術知識をパートナーから獲得するためである。研究開発における海外直接投資（ＦＤＩ）は、本国の技術的能力の再生というよりは、受入国の能力の獲得につながっていることが実証的に示されるので、この議論は立証されていると言えよう（Archibugi/Michie 1997, p. 189 参照）。こういった相互補完的研究開発志向のＦＤＩは、もし世界経済おけるグローバル化および統合過程が続くのなら、将来加速さえするであろう。しかしながら、この形態のＦＤＩは、各国間における技術的な収斂ではなく、むしろより一層の分化をもたらすであろう。この点は、「技術的専門化の度合いにおける相違が、大部分の国について増大している……」という実証的な研究によって確かめられている（Archibugi/Michie 1997, p. 189 参照）。多国籍企業は、海外で技術的な強度を発展させ、蓄積している。それによって、本国のＮＩＳのみならず、受入れ国の技術的地位をも強化しているのである。国家の技術能力における更なる分化が、これによってもたらされるかもしれない。多国籍企業による革新的な追求や立地上の革新は、国家の技術開発過程にとって非常に重要である。

　四つ目の側面についても、各国の技術政策が全く経路依存的であり、技術政策はしばしば先行する技術蓄積の形態を強化するものであるということが当てはまる（Meyer-Krahmer 1996 参照）。日本、アメリカおよびドイツについて、技術政策の理論的根拠をその手段と比較すると、そこには全く異なったパターンが見られる。技術政策に対する理論的根拠については、日本は、技術の普及のみならず、研究開発の波及や技術ネットワークをも重視しているのに対し、ドイツは、研究開発インフラストラクチャーや技術の普及を重視している。アメリカは、主に、公共財（安全保障、保健医療サービスおよび環境）に関する研究開発費や、（シュムペーターⅠ型企業を優遇したり、シュムペーターⅡ型企業の間での競争を促進したりするために）研究開発を左右する競争／市場参入政策に、焦点を当てている。さらに、技術政策に用いられた手段もかなり異なっている（Meyer–Krahmer 1996 参照）。日本は、情報・技術移転政策、さらには通産省型技術開発ビジョンに依存している。ドイツは、研究開発関連の制度的な支援および研究開発補助金を選好している。また、アメリカは、知的財産の保護や、革新的生産物に対する公的な調達政策重視している。こういった政策は、明らかにこれらの諸国で支配的な技術蓄積形態の下支えとなっている。

五つ目の側面については、ＮＩＳの開放性の度合いは全く異なる、ということが観察されている。開放性の度合いに関する研究（Niosi/Bellon 1996 参照）は、様々な形態の国境を越えた技術の流れを計測することによって、総合的な開放性を測ることを試みてきた。多国籍企業が取り組む海外での研究開発の費用、国際的な技術同盟に伴う流れ、国際的な技術移転、資本財とハイテク製品の国際貿易、および科学・技術分野の人材の国際的移動が対象とされた。その結果は、開放性に関する大きな格差が各国間で見られる、ということを立証している。その一方で、開放性の度合いは全体として増大する傾向がある。ただし、異なった形態の技術の移動は、全く異なった形で増大している。特許は最も高いグローバル化を示しているが、人間に体化されたノウハウについては、最も低い開放度しか達成されていない。ＮＩＳの開放性は、投資と技術における将来のＷＴＯアジェンダの中心的な論点になるであろう。

ＮＩＳの開放性の度合いが増大しているという傾向は、しかしながら、ＮＩＳが収斂する傾向にあるということを意味するのではない。ＮＩＳの収斂は、極めて限定されるであろう。「収斂が制約を受けるのは、自然要素賦与、産業組織と専門化の累積的な効果、国家の知識ストック、国家の経済的、政策的な制度に相違があるから

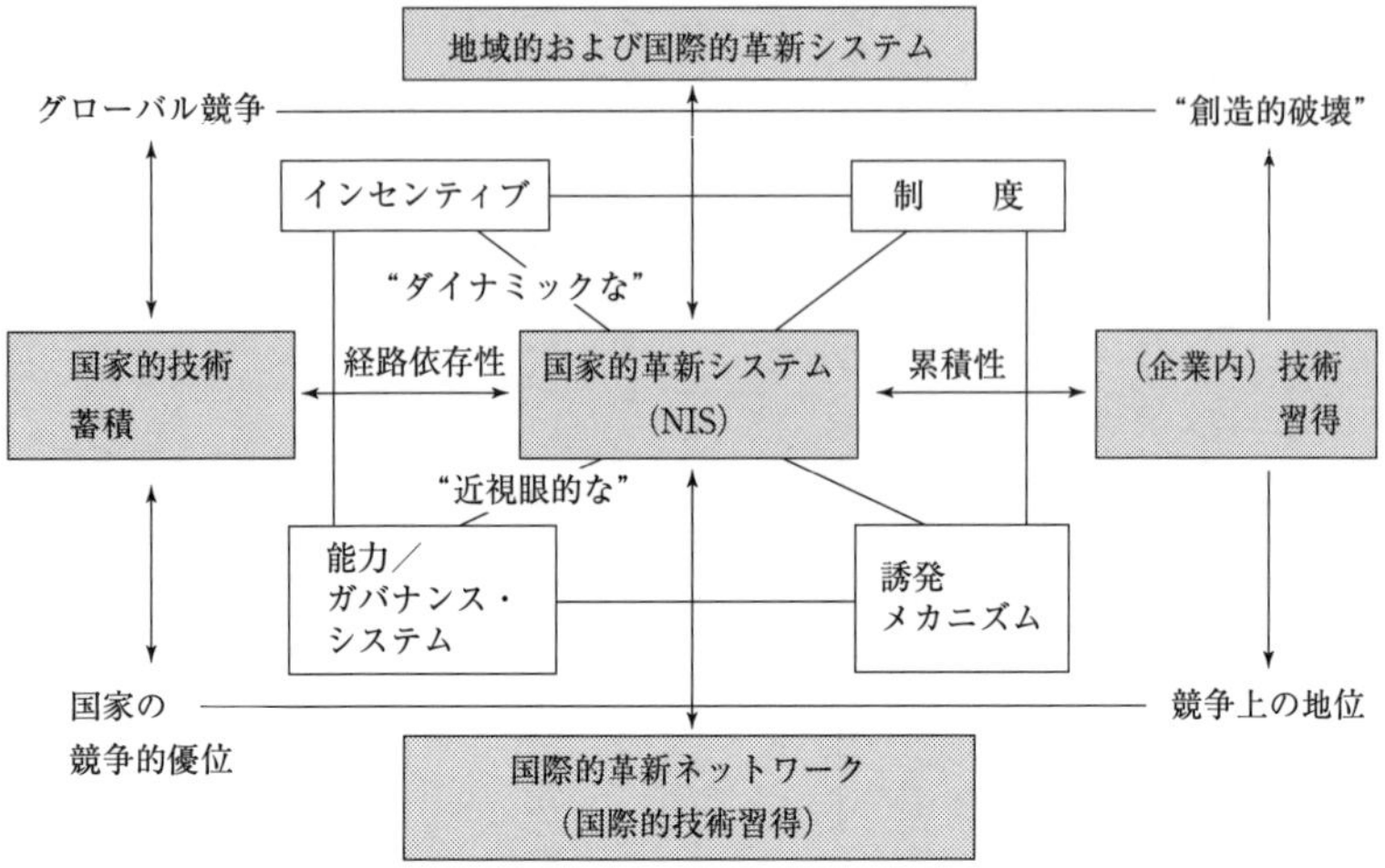

図2　国家的革新システム（NIS）とグローバル競争

である」（Niosi/Bellon 1996, p. 156）。

我々の目の前に見られるのは、NISの開放度が増大する傾向のみではない。さらに、地域的な革新システム（RIS）の胎動を示す傾向もまた存在している（EU、APEC、およびNAFTAで見られるように）。国際的な革新システム（TRIPS／WTOのような）や、また、多国籍企業が内部的にまた相互に同盟を結ぶことによって創り出された国際的な革新ネットワークもまた、すでに目に見える形で存在している（こういった民間部門の国際的な革新システムとネットワークに関しては、Barre 1996；Cantwell 1992；Pearce 1992；Buckley/Casson 1992 参照）。

ともあれ、上記で議論された諸側面は、国家的な技術蓄積が、依然として支配的であり、NISを形成し、そして国家の競争上の優位性を決定している、ということを示している。教育・科学政策・経営および金融の国家的な制度は、そういったNISを強化している（Pavitt/Patel 1996, pp. 165–167 参照）。我々の前には、不均衡な技術発展を推進する強い力は見られるが、技術発展パターンおよびシステムが収斂する傾向は見ることができない。

図2は、この節で示された主要な論点を示している。

ここでさらに重要な一つの問題が生ずる。つまり、アジアにおいては相違が存在するのか、という問題である。アジアにおけるダイナミックな発展は、国家的技術蓄積の特定の経路によって説明され得るのか、そして、アジア経済危機は、アジアにおけるNISの状況に関係しているのか、ということを次に考えてみたい。

第四節　アジアの経済発展――NISあるいは地域的革新システムに対する役割は？

（1）地域的革新システムに向けて？

この節では、アジアにおいて、NISがRISによって代わられているのか、ということを議論する。さらに、アジア危機以降、また、アジアの新興工業諸国の追い上げ段階が成功した後に、NISは再編成を必要としているのだろうか、ということも考察する。そして、この問題に関連して、NISが国内向け及び外国向け投資、また国境を越えた技術の流れによって影響されているのかどうか、影響されているとすればどの程度か、についても議論する。

サブリージョナルな革新システムの枠組みのあり方については、アジア太平洋地域において様々に提起されてきた。まずヨーロッパ的な伝統をもったNIS（例えば、アメリカ、オーストラリア、ニュージーランド、いくつかの太平洋島嶼経済など）が存在し、それに隣接して日本や新興工業経済（韓国、台湾、シンガポールおよび香港）のようなアジアのＮＩＳが存在している。第三に、残りのＡＳＥＡＮ諸国のＮＩＳがあり、第四に、中華人民共和国およびインドのＮＩＳが区分されよう（この分類に関しては、Barker/Goto 1998 参照）。

　このようなＮＩＳの分類はかなりおおざっぱではあるが、多くの研究で暗黙のうちにこの分類が用いられている。ともあれ、アジアの経済発展、および技術発展に関する多くの研究は、アジアのＮＩＳの特有性をはっきりと強調してきた（「虎」の経済に関しては、Hobday 1995 参照）。四匹の「虎」経済は、発展の道のりのみならず、ＮＩＳについても多様である。しかしながら、なかには、革新システムの地域化に向けた傾向を見る著者もいる（この見解に関しては、Barker/Goto 1998, p. 260 参照）。アジアにおける技術の流れの増加、アジアＮＩＳの開放度の増大、（主として日本からの国際的企業に基づき、同一産業分野における様々なアジア諸国間でのヒエラルキー的なネットワーク、あるいは同盟という形での操業を進めている）アジアにおける地域内生産ネットワークの形成は、この傾向の具体的事象と見なされている。こういった傾向は、また革新システムの地域化の根拠として扱われている（Akamatsu 1962 の雁行形態モデルをある程度現代版化したもの）。技術の流れの大幅な増加が見られ、そしてそれらが、生産ネットワークシステムの一部を成し（アジアの技術の流れに関する近年のデータについては、Barker/Goto 1998, pp. 260–267t 参照）、さらに、アジアの多国籍企業が、このネットワークにおいて強力な役割を果たしている、ということは明らかである。こういった流れの一部は、アジアにおける熟練者の移動を加速している。問題は、そのような傾向が見られることが、ＮＩＳからＲＩＳへの移行を説明することを可能にするかどうかである。

　ＲＩＳは、技術移転や直接投資ではなく、元々は貿易とのみ結びついていた「雁行形態モデル」の現代版化・動態化された解釈と、現在、非常に関連づけられている。その基本的な解釈において、雁行形態モデルは、三つの下位構成部分から成っている。第一に、ある特定の国における一つの産業のライフサイクル、第二に、ある特定の国の産業構造のダイナミックな変化、そして第三に、ある国から別の国への（全体的な）産業の移動（高度に時系列的に組織化された形での産業の連続的な移動）である。貿易の取引は、この三つ目の（国際的な／地域的な）部分に関連している。今や長期にわたって、多くの著者が、国境を越えた企業間同盟のみならず、技術移転や直接投資をも雁行形態モデルに含めようとしてきたのであり、その姿を見ることは非常に興味深い。ネオ・シュムペーター派の人々も、立地上の革新を、発展の雁行形態に結び付けることによって、この問題に取り組んできた。「構造的な創造的破壊」（Ozawa 1996 参照）および「誘発革新」（Mucchielli/Saucier 1997 参照）の概念は、雁行形態モデルを再考・再評価しようという、このより最近の傾向を明確に示している。加えて、NIS概念への関心やアジア諸国の技術蓄積の経路を考察する際のそれら諸国への同概念の適用には、雁行形態モデルと、ネオ・シュムペーター的なアプローチを結びつけようという新たな試みが示されている。

アジアにおける地域的な生産ネットワークの存在が確認された結果（Ravenhill 1994；Bernard/Ravenhill 1995 参照）、アジア諸国間でのリンケージの質と程度についての問題が起こってきた。少数派の見方は、こうしたリンケージは重要であるという事実を重視して、地域的な生産システムについてのみならず、RISの出現についても話すことが正当である、としている。一方、多数派の見方は、アジアにおいて、独立したそれぞれのNISが存在し、国家的な技術蓄積の特定の経路を基礎として発展しているという事実に焦点を当てている（特に、Hobday 1995；Turpin/Spence 1996 を参照）。多数派の見方は、アジアの経済発展についてのネオ・シュムペーター的な分析と共通性がある。アジア諸国の発展形態や競争上の地位を特徴付けているのは、不均衡な技術発展と全く異なったNISである。

国境を越えた民間部門の生産ネットワークという形での地域的な統合は、全く性質の異なるNISという状況を根本的には変えていない。そのようなネットワーク（Ravenhill 1994；Bernard/Ravenhill 1995 による）は、企業同盟を軸に形成され、そして、こうした企業同盟は、同一企業内の海外の支社とのリンクという形で、あるいは関連会社の支社とのリンクという形で、その他のアジア諸国にも拡張されている。このような同盟は、また現地の企業や外国企業・現地企業間の合弁をも巻き込んでいる（Ravenhill 1994, p. 3）。このようなネットワークの多くは、日本の革新および生産モデルを軸に形成されているが、しかし、アジア諸国には自立的な技術高度化の源泉がその他にもたくさんあり、独立した技術蓄積の過程が進行している。

「後発者の革新」の分析（Hobday 1995 参照）は、アジア諸国における革新の形態が国家によって始められた追い上げ過程によって、また後発者の工業化に伴う特定の利益や不利益によって条件付けられている、という点を強調している（Hobday 1995, p. 193 参照）。これらの条件は、かなり経路依存的である。ある特定の産業の生産活動は、例えば耐久性のある電化製品の生産は、地域的な広がりをもったアジアの国境を越えた生産ネットワークにおいて行われている（これは、何人かの著者が雁行形態モデルの時間圧縮版と見なしていることである。Ozawa 1996；および Barker/Goto 1998, p. 26 の議論参照）。こういった部門特定型の国境を越えた生産活動に基づいて、技術の流れと革新的な追求は再編成されているが、しかし、それは常にアジアに従来からある技術蓄積過程や戦略に基づいて展開されている。

あらゆる関連した分析が雁行形態モデルの批判的な評価が妥当であることを示す追加的な具体的論点を示しているが、それらは以下のようなものである。

＊図式的すぎてダイナミックではない。

＊主としてアジアの過去の発展を説明しているが、近年の変化を考慮していない。

＊アジアにおける日本の海外投資に焦点を当てすぎている。

＊順向的な戦略によって技術依存性を克服しようとするアジア諸国の国家的関与を無視している。
＊アメリカやヨーロッパの市場の役割と、日本以外の貿易相手や技術の導入先を十分に考慮していない。

成長と技術の要因は、アジアの「後発者」に関して全く多様であり、また日本からの技術依存性を縮小するために積極的な政策が用いられている（Barker/Goto 1998, p. 269 参照）。要約すれば、以上の事実は、雁行形態モデルが今日のアジアの発展を説明する上で妥当ではないことを示している。

これらの諸国のＮＩＳは、日本のＮＩＳの単純な模倣ではない。アジアにおける地域的な生産ネットワークは、シュムペーター的な立地上の革新に基づいて容易に説明され得る。日本企業のみが、配置転換による一時的な利潤を得るための革新的追求の過程にあるのではない。むしろ、ＮＩＳの機能によって、立地上の革新が刺激・誘導され、積極的に国家的な技術蓄積過程が形成されているのである。地域的な生産ネットワークは、ＮＩＳの強固な基盤に両立するどころか、新しい収益性のある配置転換の可能性の創出を通じたＮＩＳの強度増大から利益すら受けているのである。

クルーグマン（Krugman 1996 参照）やその他の様々な研究（この重要な議論に関しては Khan 1998 参照）に基づいたアジア諸国についての近年の成長会計論は、「残余的な」技術発展の役割は僅かであるか無視できるほどしかない、という結論を導いた。そこで、多くの著者は、なぜ高い全要素生産性成長率を伴なった（World Bank 1993, pp. 46–59 参照）アジアの奇跡が起こったのかを問いかけている。「四匹の虎」経済についての研究は、資本、労働および人的資本が成長のそれぞれ、六四・二五％、一八・二五％、一七・五〇％を説明するものであったため、残余的な「技術進歩」は残らなかったと結論付けている（Khan 1998, p. 56 参照）。「体化された」技術進歩という仮定のもとでこれらの結果を再計算しても、また全要素生産性成長の計測の仕方を変えてその他多くの研究を実施しても、クルーグマンの結果とは基本的には変わらなかった。これら全てが、技術革新（業務を通じて資金調達される研究開発やその他の技術習得形態）に焦点を当てた追い上げの命題に矛盾しているように見受けられる。

この矛盾という結果には様々な説明がなされてきた。測定やデータの問題、技術進歩というより規模の経済の重要性、他の部門がより非効率的になる一方である部門が急速な技術進歩を経験するような経済構造の存在、などである（Khan 1998, pp. 58–59 参照）。もう一つの非常に重要な説明は、成長過程における戦略的な補完性の仮定に基づいている。今日まで、追い上げ諸国は、物的資本の増加と人的資本の増加の間での相互補完性から利益を得てきた。最近では、人的資本投資（労働者による）と研究開発投資（特に企業において）の間における戦略的な相互補完性への移行の時期が到来している。従来の（蓄積主導の）成長モデルでは、その他（革新以外）の技術習得の形態（実行および使用による習得、技術契約、体化された技術進歩の形態など）が重要であり、したがって低い水準の「計測された」技術進歩の原因になる。（革新主導の）将来の成長モデルでは、新たな戦略的相互補完性への移行が極めて重要となるので、成長会計における「測定された」技術進歩は、——改めて計算されれば——より高い水準を示しそう（Khan 1998, pp. 18–20 参照）。

このような移行がダイナミックなＮＩＳによって促進されない場合には、特に労働者（人的資本への投資者として）や企業家（研究開発への投資者として）がそれぞれの相手方の行動についてマイナスの予想を持っているのなら、アジア諸国において高い成長／高水準の質という均衡ではなく、低い成長／低水準の質という均衡が現れ、それが持続することが大いにあり得る（Khan 1998 参照）。したがって、アジア危機はある程度までこの複雑な移行過程と関係している、と議論できるかもしれない。いくつかのアジア諸国に目を向けてみると、まさにこのような展開が起こりうる状況が示されている。

追い上げ過程とマイクロエレクトロニクスの新しい技術経済パラダイムの導入に関しては、アジアのＮＩＳは十分な成果をあげてきたと議論できるが、しかし現在では、追い上げ者のＮＩＳから先頭者のＮＩＳへの移行が目の前に立ちはだかる課題となっている。これは、日本のみならず、韓国、台湾、そして後々には他のアジア諸国に関しても言えることである。ＮＩＳを再編して新たな誘発メカニズム（賃金の上昇、需要の変化、大規模なコングロマリット間における競争増大の必要性、革新的小企業に対する支援の必要性、地域的な生産統合からの圧力、資本コストの増大、企業特定的な研究開発を加速させる必要性）に適合すること、および十分な規模をもった（基礎研究、技術集約的な革新的企業によって導かれる）主要な革新を生み出すことが、今後の課題となる。アジアのＮＩＳは、これまでは追い上げ革新の成功と関係しているのであり、それは、大規模な国際的な技術移転およびアジア諸国におけるそれらの吸収によるものであった。

ＮＩＳの再編成過程において地域的な技術システムは有用かもしれない、ということなのかも知れない。幾つかの萌芽的なＲＩＳと地域的革新ネットワーク——科学技術に関するＡＳＥＡＮ委員会、太平洋経済協力会議（ＰＥＣＣ）の科学技術タスクフォース、および工業科学技術に関するＡＰＥＣの作業グループ（ＷＧＩＳＴ）など——は、ＮＩＳを強化しそれらを開放させる機会となっている（科学技術分野におけるＡＰＥＣの地域協力の可能性に関しては、Turpin/Spence 1996をも参照）。多国籍企業の国際的な革新ネットワークを、（直接投資、技術協力および技術同盟に基づいた）これらのシステムに組み込むことも必要なのかもしれない。

（２）　アジアのＮＩＳ再編成とシュムペーター的競争

アジアのＮＩＳの比較分析（例えば、Nelson 1993など）は、アジアには、かなり独特のＮＩＳが存在していたが、それらは早急に再編成される必要がある、ということをすでに示している。韓国や台湾という奇跡の国々のＮＩＳをよく見てみると、当初の頃には多くの問題が発生したが、成果は長期的には極めて十分なものであった、と指摘できる。韓国においては、構造変化の急激な過程にＮＩＳの再編成が追いつくことができなかった。その他の問題としては、かなり制限された革新的能力をもつ産業コングロマリットの支配、シュムペーターI型企業の欠如、および下支え企業の不在による輸入依存性（これによって現地の供給者と顧客を伴った部門特定的な技術システムの創造が妨げられた）があった。大学制度の質と再編成に関する問題にもまた、言及する必要があろう（Kim 1993 参照）。加えて、その他の制度の性格に関する問題も非常に多い（教育・職業訓練政策、および戦略的産業・技術政策に関する問題だけをあげるにとどめるが）。しかしながら、企業別の評価のみならずミクロレベルや部門レベルの研究からも分かるように、韓国は新しい革新システムへの途上にあることを示す徴候が見られる（Khan 1998, pp. 54–73 参照）。

さらに、台湾のＮＩＳに関する失敗も枚挙に暇がない。教育・職業訓練制度は技能の変化しつつある需要に対応していないため、早急に修正されなければならない。中小企業には革新するための十分なインセンティブが欠如している。公企業は大半が非効率的でかつ革新的能力に欠けている。また中華人民共和国への生産の配置転換はしばしば、対内的な産業技術発展と生産性の高度化を犠牲にして進められている（Hou/Gee 1993 参照）。ネオ・シュムペーター的な分析に関して、この〔最後の〕議論が意味しているのは、立地上の革新は他の革新（組織的かつ社会的な革新のみならず工程および製品の革新）が妨げられているためになされる、ということである。台湾に関しては、また、ＮＩＳが社会経済的変化に十分迅速に適合することが難しい状況があることを知っている。特に、追い上げのシステムから先頭者システムへと前進するためには決断力のある措置が必要だが、それが欠如している。

しかしながら最も重要なのは、日本における移行過程である。日本の革新システムは二重構造をもっているので、状況は基本的に異なっている。革新システムはごく一部の産業を包摂することにとどまっており、それはシュムペーター日本型（J型）と特徴付けられるであろう。このシステムの基礎は以下通りである。
（a）資源の配分のみに焦点を当てるというよりむしろ革新的な企業による資源の創造
（b）研究開発と産業の設計、生産およびマーケティングとを調整することによる企業内における技術能力の蓄積
（c）協力組織の全体を包摂したシステムでの双方向的な技術習得の過程（それ故、人的資源及び資本資源のダイナミックな創造）
（d）金融機関、のみならず大企業及び小企業、政府・研究機関といった様々な革新企業ならびに機関から成る「集団の企業家精神」の行動（このシステムに関しては、Imai/Yamazaki 1994 参照）。

資源の創造、双方向的な学習、集団の企業家精神、および非線形的で統合的な革新の過程が、このシステムを構成している。情報と知識の普及は日本のコングロマリットによって調整され統合されているネットワークを通じて、またそれを越えて進んでいる。

シュムペーター的な産業組織の考え方や概念は、日本では異なっている。ネオ・シュムペーター的な概念でむしろ説明できる状況の下では、巨大なコングロマリットは、中小企業、顧客および納入者、下請者、金融機関さらには関係政府機関（研究、訓練、計画担当の）から成るシステム全体にとっての研究開発活動と相互補完的生産の調整役である。このように、J型企業の役割は、シュムペーターI型企業とII型企業の優位性を結びつけることである。I型企業の優位性（低い市場参入障壁という条件のもとで新しい外部からの知識を利用し、吸収すること）とII型企業の優位性（高い市場参入障壁という条件のもとで内生的な発明／革新／模倣／普及を循環させること）は結びつけられるであろう。I型およびII型の革新的活動の相互補完性のＮＩＳにとって重要性についてのシュムペーター的な分析から知られるように、この結合は卓越した優位性となろう（Malerba/Orsenigo 1997；Symeonidis 1996；

Geroski 1995; Preuse 1993 参照)。

したがって、特にJ型システムは、追加的な革新と根本的な革新を結びつけることに成功する可能性がある(Imai/Yamazaki 1994, pp. 218–219 参照)。しかしながら、このようにシステムが機能しているということは疑わしい(Imai 1990 参照)。日本に特有の革新システムに基づいているので、J型企業と企業集団の競争への影響は重要であるといえよう。集団の企業家は、集団的な革新的追求によって世界市場で競争するであろう。とはいえ、これまで「メインバンク」は、資本費用、運転資本、および特に革新の金融にとって決定的に重要であったので、日本やその他のアジアの地域での金融上の変化は、J型システムにとって明らかに重要な意味をもっていた。これまで世界市場の競争者に対して日本が享受した資本費用上の優位性は、今や失われているので、こうした観点から、J型システムの変革は不可避であろう。J型企業は、これまで複雑な国家的(かつ近年は国際的)革新ネットワークを構築するために、それに関わる顧客や納入者のみならず、様々な規模の企業、関係政府機関および研究機関、コンサルタントや金融機関と関係を結び、また調整してきた。

長期にわたって、このシステムはダイナミックな競争と国家の競争上の優位性に貢献してきた。しかしながら、このシステムは、日本のいくつかの戦略的な基幹部門(耐久性のある電化製品、機械および輸送設備)のみに適用されている。その他の産業(化学およびソフトウェア産業)の革新には、特別の特許制度への依存や、熟練労働の利用可能性に関する問題を背景に、別の決定要因が見られてきた。日本の国内志向産業やサービス部門は、ダイナミックな革新システムの一部には全くなっていない。これらの部門については、好循環ではなく、悪循環が支配しているように見受けられる(Imai/Yamazaki 1994, pp. 247–248 参照)。こういった後者の分野は、シュムペーター的なダイナミックな競争力が及ばない分野であるので、NIS全体としては、効率的な部門とかなり非効率な部門というこの種の二重性によってマイナスの影響を受けている。

それ故、日本におけるＮＩＳは全体的に改編される必要がある、と議論できるかもしれない。グローバリゼーションと規制緩和は、二重構造に対して影響を及ぼしている。非効率的な部門のみならず効率的な部門も、このシステムに追加的な緊張をもたらす近年の動向によって影響を受けている。日本の技術政策はグローバリゼーションの変化に比較的スムーズに適合してきたのであり、特に通産省は、先頭者の視点に向けた研究開発計画の再調整に成功している。しかし、通産省は主に（世界市場にとって重要である）戦略的な基幹部門に関心を集め、（ＮＩＳという文脈には関連する）他の部門は重視していない、とも議論できよう（Fransman 1997 参照）。通産省の成功物語は、Ｊ型産業やコングロマリットからなる少数の集団に関係するものであり、それらを取り巻く条件は、金融制度に関する変化に引続いて変わっていくであろう。

日本における先頭者システムに向けた動きは、従って非常に切迫している（Goto/Odagiri 1997 も参照）。追い上げシステムは、一九六〇年代から一九八〇年代に機能していたが、一九八〇年代半ば以降、旧制度の多くの優位性は急速に消滅していった（Goto 1997；Watanabe 1996 参照）。実質ベースで計算した場合、研究開発支出、特に民間のシェアは縮小しつつある。体化された技術要素を多く含んだプラント設備に対する投資も減少している。また、資本費用面での優位性は、金融部門における変化のために消滅している。そして、特に現存する地域的な技術ネットワークが配置転換によって損われれば、高賃金コストという要因が革新システムにマイナスの影響を及ぼそう。終身雇用制度が急速に変化するにつれて、企業における技能形成の既存の制度は危機に瀕しており、代替策を必要としている。以上に述べた全てのマイナスの傾向が、システムの反応と再編成が必要であることを示している。

それ故、日本のＮＩＳには三つの非常に重要な変化が必要だと提起されている（Goto 1997, pp. 10–11 参照）。

＊基礎研究制度の強化

＊根本的な革新を奨励するための特許制度の変革

＊革新的な小企業の促進

しかしながら、まさにこういった改革に取り組むのは非常に困難である。利益集団政治が、基礎研究の基盤強化を妨げる役割を果たしている（Goto 1997参照）。小企業は企業外からかなり効率的にノウハウや知識を吸収しているため、革新的な小企業に関する変化は根本的な革新の新たな出現にとっては極めて重要ではあるが、実際には、その変化を実現することは非常に困難なようである（Simonetti 1996をも参照）。小企業は企業外から知識を得てそれを活用するのがより得意であるが、他方で、大企業は、内部的に知識を生み出し、世界市場においてその技術を商業的に利用する上でより効率的である。

日本におけるベンチャー資本市場は依然として未発達であるため、高度技術をもつ小企業に対する金融基盤は弱い。熟練労働者や研究者の市場もまた、大企業の方が能力ある労働者をより入手できるため、不完全である。技術格差と金融格差はそれ故、革新的な小企業の発展を妨げている。日本の普及志向的な特許制度もまた、規模の小さい企業を差別化している。というのも、それらには、それ以外に（創業者の優位性、補完的な資産、秘密戦略、および暗黙の知識の集積といった）知的所有権を保護する手段がないからである。

日本のＮＩＳ再編成のもう一つの重要な要因は、システムをより開放的にする必要性である。いずれの方法においても制度を開放する傾向はあるが、多くの移行上の問題がこの過程で発生している。海外の研究施設に対する日本の直接投資の分析によると、こういった投資は、海外生産における情報収集と技術蓄積・適用、また製品の海外現地市場における適用、さらには応用研究ならびに基礎研究の進展にとっても、潜在的に重要な原動力である、ということが示されている。しかしながら、多くの管理とコミュニケーション上の問題が発生している（Odagiri/Yasuda 1997；さらにMorris 1991a, bも参照）。問題は主に、他国における日本の支社による研究開発が、本国におけるマーケティング、生産および研究開発組織などと十分密接な関係をもっていないことである。海外の研究施設は、J型システムに統合されていないのである。コミュニケーションの問題のみならず、管理や採用の面での困難が、海外では発生している。リンケージ、ネットワークおよびコミュニケーションに関する失敗は、企業の革新システムを強化する際の、また先頭者システムに向け日本のNISを再編成する場合の、海外向けの研究開発の役割を制約している。戦略的な基幹産業に関してでさえも、国際的な革新の連関は強化されなければならない。

我々が到達しているのは、アジアのNISは、追い上げ志向に関して、また極めて早い時期に新しい技術経済パラダイムに焦点を当てたという意味で、いくつかの共通の特徴をもっているが、しかし、それらは半面で極めて異なっている、という点である。NISを何らかの形で再編成するには、国特有の出発点がなければならず、再編成する能力は、世界市場におけるシュムペーター的な競争という文脈においては、非常に重要な競争要因となるであろう。NISの再編成は、変化の追い上げ要因とパラダイム的要因の双方の同時発展に基づいて、アジア諸国が競争上の地位を維持するための必要条件である。

アジアでの情報技術に関する国家的な戦略政策による（新）技術経済パラダイムの導入に関しての具体的実例は、情報技術の発展に関する極めて独特の国家的戦略が計画、実行、継続されたこと、そして初発の条件、利用可能な公的および民間の機関、支配的な産業構造に柔軟に適応してきたことを明確に示している（Hanna/Boyson/Gunaratne 1996による調査参照）。さらには、（ビジョン、外向き志向、中核能力の形成、あらゆるレベルにおける戦略計画および学習の促進、および公的努力と民間努力の調整を基礎とした）合意に基づく戦略的管理アプローチだけを共有しながらも、かなり異なるシステムが発展してきた、ということも指摘されている。シュムペーター的な競争は、国家の情報技術（IT）戦略によって明らかに高められてきた。アジア各国の政府は、IT促進について全く異なる役割を演じた、ということにも留意する必要がある。政府は、日本においては民間産業に対する指導・調整者、韓国では民間コングロマリットの創設者、台湾では小企業の育成・支持者、シンガポールでは統合者兼戦略家、また香港ではインフラストラクチャーの供給者である、という特徴をもっていた（Hanna/Boyson/Gunaratne 1996, p. 195 参照）。しかしながら、革新的なネットワークは、国家の干渉主義によってかなり構造化されたので、民間および非政府のアクターが今後はさらに活動的にならなければならない、と批判的に議論できよう。

結論として言えることは、アジアの生産や革新システムについてのいかなる議論も、誤った一般論に基づいている。初期の雁行形態論の想定とは反対に、特に産業・技術構造、技術蓄積の要因、ＮＩＳの発展条件について実際に出現しているのは、革新戦略の多様化がさらに進んでいる、という構図である。加えて、技術蓄積の経路と革新システムについてのいかなる収斂も観察できない。むしろ観察できるのは、より多様な構造とシステムに向けての傾向である。アジア諸国の日本への技術依存からの脱却と技術依存先の多様化は、ＮＩＳをより強化するであろうもう一つの要因である。「研究開発がますます非線形的になるにつれて、ある成熟した製品の生産を止めるということが、将来的には無関係と思われる生産にとって重要であるかもしれない製造業の技能や部品生産のノウハウを失う危険を伴う」とも議論されている（Bernard/Ravenhill 1995, p. 207 参照）。そしてこれが意味しているのは、アジアにおける雁行型再配置パターンにとっての技術的な基礎が、重要性を失っているということである。国家的な産業・技術政策は、構造変化の過程において絶えず重要性を保っている。

アジア諸国でのＮＩＳの発展を左右するさらなる要因は、従って、日本への技術依存性を克服する傾向だけでなく、日本で開発され成熟している一連の製品・部品の鎖に基づいた極端な特化と生産依存を回避しようという傾向である。この意味において、再配置と直接投資の問題をより詳しく見ることが必要である。というのも、立地上の革新は、シュムペーター的な企業の革新的な追求においてますます重要性を増大させているからである。

（3）国際的技術習得とシュムペーター的競争

ネオ・シュムペーター的なアプローチにおける再配置は、適切な新しい地理的立地をさがし求める行為であるのみならず、生産のその他の目的のために本国の資本を解放することによって、資本ストックを増大させる過程でもある（再配置による創造的破壊）。再配置による創造的破壊は、構造変化の重要な要素であるだけでなく、一般に資本の稀少性や資源の稀少性を回避するために必要である。再配置に障害があれば、その他の重要な革新的な活動も妨げられよう。シュムペーターおよびネオ・シュムペーター派の人々にとっての「資本」は「ストック」ではなく、革新的な追求のダイナミックな結果であるので、立地上の革新は、革新、資本蓄積および資源創造（人的資源創造も含む）の過程の不可欠な部分を構成している。国境を越えた再配置は、「真のシュムペーター的な革新」であり。それは競争の結果であり、市場メカニズムに対する干渉によって初めて停止させることができる（Mucchielli/Saucier 1997, p. 29 参照）。

立地上の革新は、また、シュムペーター的な意味での、一時的な利潤と関連しており、こうした利潤は、その他の革新者や模倣者、また国際的な競争相手のみならず、国内の競争相手によっても脅かされる。その他の革新者や模倣者は、同一の立地上の選択をとるか、その他の立地上の選択肢を開拓する。立地上の革新は特に、模倣者によって影響を受ける。「再配置は革新であるので、それは技術的進歩やシュムペーター的な革新とは根本的には異ならない影響を及ぼす」（Mucchielli/Saucier 1997, p. 29 参照）。

ネオ・シュムペーター的な分析からは、再配置／直接投資の要因、方向性および選択に関する幅広い指針が得られるだけである。しかしながら、革新、また立地上の革新を妨害することはどのようなものであれ、革新システム全体や革新的追求過程に影響を及ぼすであろう、と説得力をもって議論されている。

この文脈において、革新は三つのタイプに区別される。主要な革新、誘発の革新および追い上げの革新（Mucchielli/Saucier 1997 参照）。主要な革新は、研究開発費と基礎研究活動に基づいている。誘発の革新は、要素稀少性、需要の変化、革新的製品に対する公共投資、あるいは世界経済における立地上の魅力の変化などの特定の誘発要因による。追い上げの革新は、主要な革新の国際的な模倣と普及を通じた伝播の過程から成っている。模倣や普及による追い上げの革新は最も実行しやすい（このタイプの革新はほとんどが「雁行」パターンに一致する）が、しかしながら、必ずしも最も効率的な革新の形態ではない。適切な工業化政策ならびに技術政策（およびその他の追い上げ戦略）が、そこでは重要である。より達成が困難なのは、誘発の革新と主要な革新である。先頭者のＮＩＳと追い上げから先頭者のシステムへ移行中のＮＩＳは、こうした二つの革新分野において強化されなければならない。

アジアＮＩＳの危機は、こういった二つの革新分野への移行過程が困難であることと関わりがあると言えよう。立地上の革新は、誘発の革新と主要な革新の双方にとって重要である。というのも、主要な革新に関しての条件は様々な立地によって異なり、ある場合には補完的な条件が存在したりするなど、自国や海外の多様な要因によって誘発されるものであるからである。もし、立地上の革新が妨げられるのなら、革新システム全体に打撃が及ぶかもしれない（Mucchielli/Saucier 1997, p. 31 参照）。ダイナミックな革新システムはそれ故、より一層立地上の革新に力点を置いている。この問題はまた、技術と投資に関するＷＴＯの新アジェンダにも反映されている（OECD 1991, 1996 a, b；Shahin 199；Ramaiah 1997；Messing 1997；Tuselmann 1997；Kline/Ludema 1997；Ganesan 1997 参照）。様々な研究により、経済発展、産業の高度化、技術蓄積および国境を越えた技術習得の間の背景に注意が払われてきた。投資発展の経路（Dunning/Narula 1996 参照）と（Ozawa 1996 により日本の条件に適用された）技術発展の経路によって、ある国の経済発展の経路と産業高度化過程の経路に沿って動く国境を越えた技術習得の曲線についての重要な見解が付け加えられた。これらの曲線は、経済発展と産業高度化過程の中で、国内向け／外国向けの投資ストックと技術の吸収／普及の位置がどのように変化するのかを描いている。こういったモデルは、開放経済における構造的な創造的破壊の過程の背景を示すものである。ある意味で、そういった曲線が雁行形態モデルの時間圧縮版であると議論することもできる。

オザワ（一九九六参照）によると、日本については、産業高度化の段階を四つに分けることができる。

＊労働力主導型の工業化
＊重化学工業化
＊組み立て中心の工業生産
＊革新主導型の柔軟な工業生産

産業高度化の四段階は部分的に重なり合っているが、この高度化過程にさらに海外投資の四段階が対応している。

＊低賃金労働追求型投資
＊資源追求「収奪」型投資
＊組み立て移転型投資
＊戦略的ネットワークならびに同盟追求型投資

投資／技術発展の経路に当てはまるのは、立地上の革新は高度化過程に本来的な要素であり、国内向け／外国向けの投資を妨げることは、いかなる場合でも構造的な創造的破壊の全体の過程を危うくするかもしれないということである。技術獲得／国内投資段階における技術契約の重要な役割ゆえに、その他の［アジア］諸国の曲線は日本の曲線とは異なっている。とはいえ、その技術習得曲線は独特で、それほど大きく異ならない形状（S字

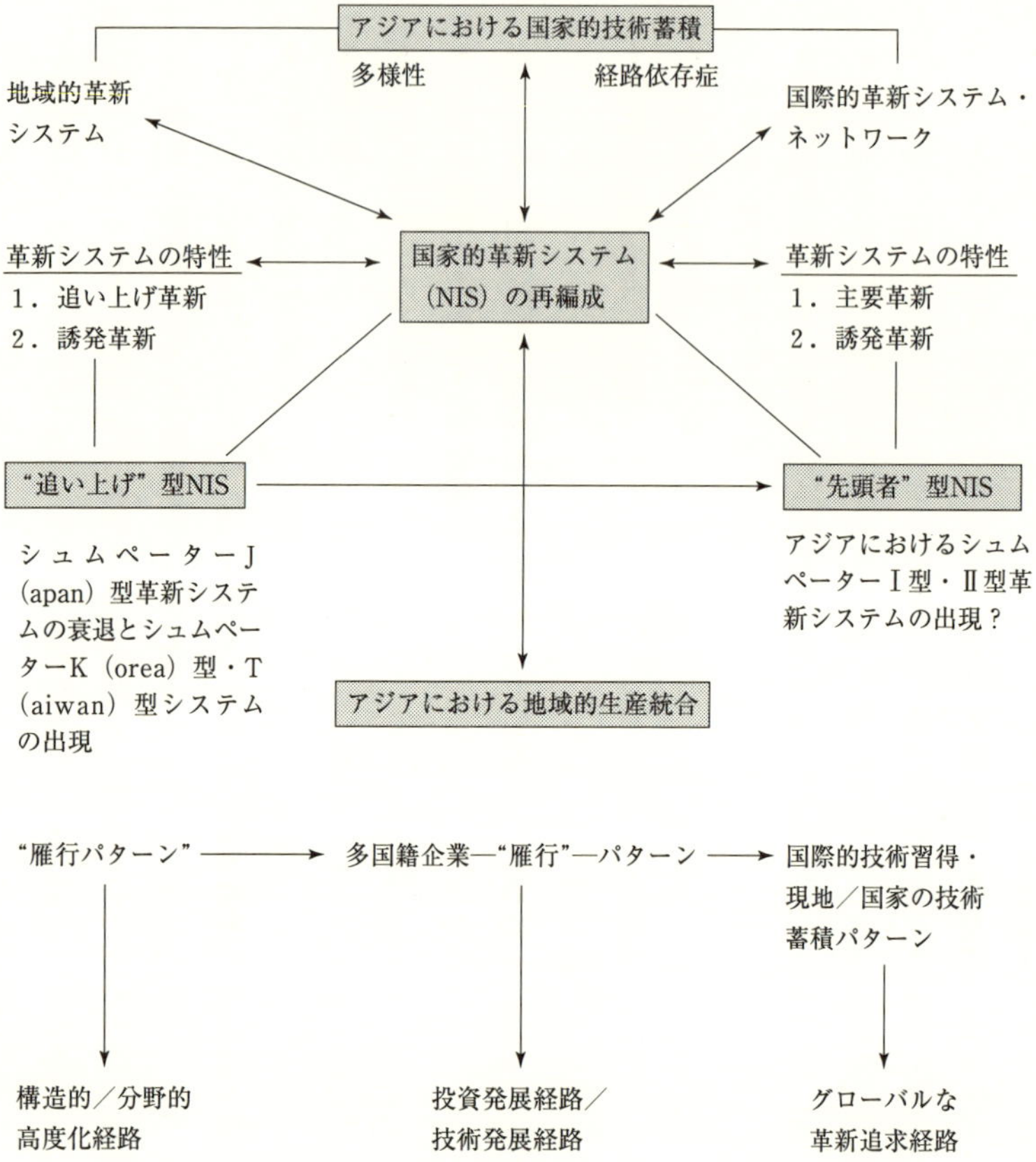
アジアにおける国家的技術蓄積
多様性
経路依存症
地域的革新
システム
国際的革新システム・
ネットワーク
国家的革新システム
（NIS）の再編成
革新システムの特性
1．追い上げ革新
2．誘発革新
革新システムの特性
1．主要革新
2．誘発革新
“追い上げ”型NIS
“先頭者”型NIS
シュムペーターJ
（apan）型革新システムの衰退とシュムペーターK（orea）型・T（aiwan）型システムの出現
アジアにおけるシュムペーターⅠ型・Ⅱ型革新システムの出現？
アジアにおける地域的生産統合
“雁行パターン”
多国籍企業—“雁行”—パターン
国際的技術習得・
現地／国家の技術
蓄積パターン
構造的／分野的
高度化経路
投資発展経路／
技術発展経路
グローバルな
革新追求経路

図3　アジアの経済発展と国家的革新システム（NIS）の再編成

型）を持っており、日本によって実行された技術の普及と技術獲得を示している。

ある国の技術蓄積と国境を越えた技術習得はそれ故、相互に規定的な高度に絡み合った過程である。いかなるＮＩＳも立地上の革新を妨げないために、ある程度開放されなければならない（開放の度合いは発展の水準に照らして妥当でなければならない）。これまで議論されてきたアジアの事例（技術習得曲線／投資の経路）は、特定の国が歩んできた開発政策、技術政策および国際的な投資と技術の吸収／普及体制によって曲線の特徴が決まってくることを示している（Dunning/Narula 1996 参照）。

アジアＮＩＳの再編成のあり方はそれ故、どの段階にあると確認されたのかによってかなり決まってくる（第一～三段階の間は、外国向け純投資ストックがマイナス、第四段階ではプラスに転じ、その一方で第五段階ではゼロになる）。このことはまた、ＮＩＳのいかなる再編成も、国内向け、外国向けのいずれであれ、企業が必要な立地上の選択をできるようにするためにある程度開放された形で進められなくてはならない、ということを意味している。技術習得曲線は、開放経済において一時的な利潤が革新者と模倣者によって脅かされる傾向を示しているが、ともあれ、それは政府の政策（シュムペーター的な経済政策についての枠組みについては Hanusch/Canter 1997 参照）、と同時にＮＩＳの質によって形作られる。［図3］

結語

ダイナミックな企業間におけるグローバルな競争を分析するために、企業内における革新的追求とＮＩＳの役割に関するネオ・シュムペーター派の立場をこれまで議論してきた。さらに、国家の競争上の優位性とグローバルな競争の決定要因としてのＮＩＳの役割が強調されてきた。アジアの経済発展に関しては、全く独特のＮＩＳ

が国家的な技術蓄積過程に基づいて発展させられてきたと議論されたが、それらは、多国籍企業によって調整され特定の産業分野において生産を統合しているアジア諸国の国境を越えた生産ネットワークにも拘らず、こういった流れに沿ってさらに発展するように見受けられる。

国家の競争上の優位性とシュムペーター的なグローバルな競争に関するNISの決定的な役割が議論されてきたが、そこで強調されたことは、国家的な技術蓄積の経路にそれぞれの特徴があるだけでなく、国境を越えた技術習得曲線も国によってかなり異なっている、ということである。それ故、NISは、こういった構造や過程、経路に適合されなければならず、今や、特に日本、韓国および台湾においては、先頭者のシステムに向けて（新しい技術経済パラダイムに基づいて）追い上げシステムから抜け出す必要性がある。アジアの発展の「雁行」形態についての神話は、アジアにおける全く異なった技術蓄積と産業高度化の過程を無視しているだけでなく、国家の競争上の優位性に対してNISが関連性を増大させていることを十分には考慮していない。

立地上の革新におけるネオ・シュムペーター派のごく最近の関心は、貿易、投資および技術移転に関するウルグアイラウンド後の交渉についての将来の議論が進化的で、ネオ・シュムペーター的な思考による考察を配慮しなければならないであろう、ということを思い起こさせる。というのも、実際に世界経済秩序の将来に関する全ての議論が、これまでは専ら新古典派の自由貿易パラダイムに基づいていたからである。WTO／GATT／TRIPS／TRIMS／GATS問題についての、また多国間投資枠組み（MFI）と多国間投資協定（MAI）のアジェンダについての幅広い視点が従来の議論には欠如している。そのように国際的交渉に対する幅広い視点には、特に革新的な追求と技術蓄積に特有の性格への目くばりが必要であろう。この文脈において、NISのより一層の開放が（しかし幾分制御されたものであれ）、将来のWTO／TRIPSおよびMAI／MFI交渉にとって重要な課題となるだろう。進化的・シュムペーター的な思考の重要な点は、システム・アプローチとネットワークの視点であり、これらはともにグローバルな発展と効率性の観点において維持され、活性化されなければならない。

いずれにせよ、ネオ・シュムペーター派は、まさに世界経済に目を向け、グローバリゼーション／国際化／統合化問題を考察し始めたばかりである、と述べることができる。この文脈において、シュムペーター的な革新過程の付随的な側面としての金融制度が、さらに進んだ分析において重要になっている。国際金融市場やグローバルなコーポレートガバナンスに関する新しい枠組みが必要であるが、同時にシュムペーター的なダイナミックな競争に適切に対処するグローバルな競争政策も求められている。この課題は、国際金融制度上の規制とグローバルなレベルでのシュムペーター的競争の可能性の徹底追求を十分に結び付けるということである。

この論文における議論の出発点は、アジア危機は財政、金融上の要因に関係しているのか、それとも現物経済／革新システム上の要因に関係しているるか、という問題であった。我々が答えることができるのは、アジア危機は、少なくとも部分的にはアジアで起こった社会経済的な変化の速度に対するＮＩＳの対応の遅れに関係し、また、国家的な金融制度に対するＮＩＳの不十分な結びつきにも原因が求められる、ということである。特に小規模な革新企業に対するベンチャー資本の欠如、根本的な革新と基礎研究に対する金融の欠如は、原因として言及されなければならない。

この論文の分析で得られたことは、専らアジア諸国だけに限定されるわけではない。それどころか、他の先進経済地域にとって、確実な改革なしにＮＩＳに関して先頭者としての地位を保つことは容易ではない。金融と経営制度は、あらゆる先進諸国において、最先端の革新システムを絶えず維持するために極めて重要である。こういったシステムを効果的に運用し、そして開放し続けることは、市場競争が激しさを増す世界において国家の競争上の優位性を強化するという課題と関わりのある技術政策にとっての重要な要因である。

一方、もし、ＮＩＳが土着的に発展せず、また技術蓄積過程を導かないような地域があれば、そこでは低成長／低水準の質という地位から抜け出すことは容易ではない（特にアフリカで我々が目にしていることである）。世界の発展というレベルにおいてのシュムペーター的な競争とグローバルな競争についてのネオ・シュムペーター的なアプローチに対する本論分の中心的なメッセージは、国家的な技術蓄積が問題であり、それはさらに、技術的機会の増大、ＮＩＳの競争の増大、および国際的な革新的追求に関わる企業数の増大によってさらに強化される、ということである。

参考文献

Abramovitz, M., 1988, Following and Leading, pp. 323–341, in : Hanusch 1988.

Abramovitz, M., 1986, Catching Up, Forging Ahead, and Falling Behind, pp. 385–406, in : Journal of Economic History, Vol. XLVI, No. 1, March.

Akamatsu, K., 1962, A Historical Pattern of Economic Growth in Developing Countries, pp. 3–25 in : The Developing Economies, Preliminary Issue No. 1, March–August.

Archibugi, D./J. Michie, Eds., 1997a, Technology, Globalization and Economic Performance, Cambridge : Cambridge University Press.

Archibugi, D./J. Michie, 1997b, The Globalization of Technology : A New Taxonomy, pp. 172–197, in : Archibugi/Michie 1997a.

Archibugi, D./M. Pianta, 1993, Patterns of Technological Specialization and Growth of Innovative Activities in Advanced Countries, pp. 105–132, in : Hughes 1993.

Barker, B./A. Goto, 1998, Technological Systems, Innovation and Transfers, pp. 250–273, in : Thompson 1998.

Barre, R., 1996, Relationships between Multinational Firms' Technology Strategies and National Innovation Systems : A Model and an Empirical Analysis, pp. 201–202, in : OECD 1996c.

Bernard, M./J. Ravenhill, 1995, Beyond Product Cycles and Flying Geese. Regionalization, Hierarchy, and the Industrialization of East Asia, pp. 171–209, in : World Politics 47, January.

Buckley, P.J./J.–L. Mucchielli, Eds., 1997, Multinational Firms and International Relocation, Cheltenham, UK/Brookfield, US : Edward Elgar.

Buckley, P.J./M. Casson, Eds., 1992, Multinational Enterprises in the World Economy, Essays in Honour of John Dunning. Aldershot : Edward Elgar.

Bürgenmeier, B./J.L. Mucchielli, Eds., 1991, Multinationals and Europe 1992 : Strategies for the Future, London/New York : Routledge.

Cantwell, J., 1994a, Introduction : Transnational Corporations and Innovatory Activities, pp. 1–32, in UNCTAD 1994.

Cantwell, J., 1994b, The Theory of Technological Competence and its Application to International Production, pp. 107–143, in : UNCTAD 1994.

Cantwell, J., 1992, Innovation and Technological Competitiveness, pp. 20–40, in : Buckley/Casson 1992.

Carlsson, B., Ed., 1997, Technological Systems and Industrial Dynamics, Boston/Dordrecht/London : Kluwer Academic Publishers.

Carlsson, B./G. Eliasson, 1994, The Nature and Importance of Economic Competence, pp. 687–711, in : Industrial and Corporate Change, Vol.3, No.1.

Dallago, B./L. Mittone, Eds, 1996, Economic Institutions, Markets and Competition : Centralization and Decentralization in the Transformation of Economic Systems, Cheltenham/Brookfield : Edward Elgar.

De La Mothe, J./G. Paquet, Eds., 1996, Evolutionary Economics and the New International Political Economy, London/New York : Pinter.

Dodgson, M./R. Rothwell, Eds., 1994, The Handbook of Industrial Innovation, Aldershot/Brookfield : Edward Elgar.

Dopfer, K., 1993, The Phenomenon of Economic Change : Neoclassical vs. Schumpeterian Approaches, pp. 125–171, in : Magnusson 1993a.

Dosi, G., 1997, Opportunities, Incentives and the Collective Patterns of Technological Change, pp. 1530–1547, in : The Economic Journal, 107, September.

Dosi, G./C. Freeman/S. Fabiani, 1994, The Process of Economic Development : Introducing Stylized Facts and Theories on Technologies, Firms and Institutions, pp. 1–45, in : Industrial and Corporate Change, Vol.3, No.1.

Dosi, G., 1988, Sources, Procedures, and Microeconomic Effetcs of Innovation, pp. 1120–1171, in : Journal of Economic Literature, Vol.26, No.3, September.

Dunning, J.H., 1997, Alliance Capitalism and Global Business, London/New York : Routledge.

Dunning, J.H./R. Narula, Eds., 1996a, Foreign Direct Investment and Governments : Catalysts for Economic Restructuring, London /New York : Routledge.

Dunning, J.H./R. Narula 1996b, The Investment Development Path Revisited : Some Emerging Issues, pp. 1–41, in : Dunning/Narula 1996a.

Dunning, J.H., 1992, The Competitive Advantage of Countries and the Activities of Transnational Corporations, pp. 135–168, in : Transnational Corporations, Vol.1, No.1, February.

Edquist, C., Ed., 1997, Systems of Innovation : Technologies, Institutions and Organizations, London/Washington : Pinter.

Egidi, M., 1996, "Creative Destruction" in Economic and Political Institutions, pp. 33–62, in : Dallago/Mittone 1996.

Fransman, M., 1997, Is National Technology Policy Obsolete in a Globalized World? The Japanese Response, pp. 50–82, in : Archibugi/Michie 1997a.

Fransman, M., 1990, The Market and Beyond : Cooperation and Competition in Information Technology Development in the Japanese System, Cambridge, UK : Cambridge University Press.

Freeman, C., 1994, Innovation and Growth, pp. 78–93, in : Dodgson/Rothwell 1994.

Freeman, C., 1988, Die Verbreitung neuer Technologien in Unternehmen, Wirtschaftsbereichen und Ländern, pp. 34–63, in : Heertje 1988a.

Freeman, C., 1987, Technology Policy and Economic Performance : Lessons from Japan. London/New York : Pinter.

Freeman, C., 1985, Die Computerrevolution in den langen Zyklen der ökonomischen Entwicklung, Manchen : Carl Friedrich von Siemens Stiftung.

Freeman, C./J. Clark/L. Soete, 1982, Unemployment and Technical Innovation : A Study of Long Waves and Economic Development, London : Frances Pinter.

Ganesan, A.V., 1997, Development–friendliness Criteria for a Multilateral Investment Agreement, pp. 135–142, in : Transnational Corporations, Vol.6, No.3, December.

Geroski, P.A. 1995, Innovation and Competitive Advantage, Paris : OECD (Economics Department Working Papers No. 159).

Goto, A., 1997, Introduction, pp. 1–19, in : Goto/Odagiri 1997.

Goto, A./H. Odagiri, Eds., 1997, Innovation in Japan, Oxford : Clarendon Press.

Grupp, H., 1997, Messung und Erklärung des Technischen Wandels : Grundzuge einer empirischen Innovationsokonomik, Berlin/Heidelberg : Springer Verlag.

Hanna, N./S. Boyson/S. Gunaratne, 1996, The East Asian Miracle and Information Technology : Strategic Management of Technological Learning, Washington D.C. : The World Bank (Disscussion Papers No.326).

Hanusch, H./U. Cantner, 1997, Ansatze zu einer Schumpeterianischen Wachstumspolitik, pp. 287–308, in : ifo Studien, 43. Jg., 2.

Hanusch, H., 1988, Evolutionary Economics : Applications to Schumpeter's Ideas, Cambridge : Cambridge University Press.

Heertje, A., 1993, Neo–Schumpeterians and Economic Theory, pp. 265–276, in : Magnusson 1993a.

Heertje, A./M. Perlman, Eds., 1990, Evolving Technology and Market Structure : Studies in Schumpeterian Economics, Ann Arbor：The University of Michigan Press.

Heertje, A., Ed., 1988a, Innovation, Technik und Finanzwesen, Oxford：Basil Blackwell für die Europäische Investitionsbank.

Heertje, A., 1988b, Schumpeter and Technical Change, pp. 71–89, in：Hanusch 1988.

Helmstadter, E./M. Perlman, Eds., 1996, Behavioural Norms, Technological Progress, and Economic Dynamics：Studies in Schumpeterian Economics, Ann Arbor：The University of Michigan Press.

Hobday, M., 1995, Innovation in East Asia：The Challenge to Japan, Aldershot/Brookfield：Edward Elgar.

Hou, C.–M./S. Gee, 1993, National Systems Supporting Technical Advance in Industry：The Case of Taiwan, pp. 384–413, in：Nelson 1993a.

Hughes, K.S., Ed., 1993, European Competitiveness, Cambridge, UK：Cambridge University Press.

Hughes, K.S., 1992, Technology and International Competitiveness, pp. 166–183, in：International Review of Applied Economics, Vol.6, No.2.

Imai, K.–i/A. Yamazaki, 1994, Dynamics of the Japanese Industrial System from a Schumpeterian Perspective, pp. 217–251, in：Shionoya/Perlman 1994.

Imai, K.–i., 1990, Patterns of Innovation and Entrepreneuship in Japan, pp. 187–201, in：Heertje/Perlman 1990.

Khan, H.A., 1998, Technology, Development and Democracy：Limits of National Innovation Systems in the Age of Postmodernism, Cheltenham/Northampton：Edward Elgar.

Kim, L., 1993, National System of Industrial Innovation：Dynamics of Capability Building in Korea, pp. 357–383, in：Nelson 1993a.

Kline, J.M./R.D. Ludema, 1997, Building a Multilateral Framework for Investment：Comparing the Development of Trade and Investment Accords, pp. 1–31, in：Transnational Corporations, Vol.6, No.3, December.

Klodt, H./K.–D. Schmidt et al., 1989, Weltwirtschaftlicher Strukturwandel und Standortwett–bewerb：Die deutsche Wirtschaft auf dem Prufstand, Tubingen：J.C.B. Mohr (Paul Siebeck).

Kodama, F., 1991, Analyzing Japanese High–Technologies : The Techno–Paradigm Shift, London/New York : Pinter.
Koopmann, G./H.–E. Scharrer, Eds., 1996, The Economics of High–Technology Competition and Cooperation in Global Markets, Veroffentlichungen des HWWA–Institut fur Wirtschaftsforschung–Hamburg, Band 26, Barden–Barden : Nomos Verlagesgesellschaft.
Krugman, P., 1996, Pop Internationalism, Cambridge, Mass./London, England : The MIT Press.
Kurz, R., 1990, Innovation als Element dynamischen Wettbewerbs, pp. 42–54, in : LIST FORUM, Band 16, Heft 1.
Lall, S., 1996, The Investment Development Path : Some Conclusions, pp. 423–441, in : Dunning/Narula 1996 a.
Lazonick, W., 1994, Learning and the Dynamics of International Competitive Advantage, pp. 189–211, in : Shinoya/Perlman 1994.
Magnusson, L., Ed., 1993a Evolutionary and Neo–Schumpeterian Approaches to Economics, Boston/Dordrecht/London : Kluwer Academic Publishers.
Magnusson, L., 1993b, The Neo–Schumpeterian and Evolutionary Approach to Economics : An Introduction, pp. 1–8, in : Magnusson 1993a.
Malerba, F./L. Orsenigo, 1997, Schumpeterian Patterns of Innovation, pp. 241–267, in : Archibugi/Michie 1997a.
Malerba, F./L. Orsenigo, 1993, Technological Regimes and Firm Behaviour, pp. 45–71, in : Industrial and Corporate Change, Vol.2, No.1.
Messing, J.W., 1997, Towards a Multilateral Agreement on Investment, pp. 123–136, in : Transnational Corporations, Vol.6, No.1, April.
Metcalfe, J.S., 1998, Evolutionary Economics and Creative Destruction : The Graz Schumpeter Lectures, London/New York : Routledge.
Meyer–Krahmer, F., 1996, Comment : Are Japan, U.S. and Germany Converging?, pp. 369–378, in : Koopmann/Scharrer 1996.
Morris, J., 1991a, Ed., Japan and the Global Economy : Issues and Trends in the 1990 s, London/New York : Routledge.

Morris, J., 1991b, Globalization and Global Localization : Explaining Trends in Japanese Foreign Manufacturing Investment, pp. 1–13, in Morris 1991a.

Mucchielli, J.–L/Ph. Saucier, 1997, European Industrial Relocations in Low–wage Countries : Policy and Theory Debates, pp. 5–33, in : Buckley/Mucchielli 1997.

Narula, R., 1993, Technology, International Business and Porter's "Diamond" : Synthesizing a Dynamic Competitive Development Model, pp. 85–107, in : Management International Review, Vol. 33, Special issue, 2.

Nelson, R.R., Ed., 1993 a, National Innovation Systems : A Comparative Analysis. New York/Oxford : Oxford University Press.

Nelson R.R. 1993 b, A Retrospective, pp. 505–523, in : Nelson 1993a.

Nelson R.R./N. Rosenberg, 1993, Technical Innovation and National Systems, pp. 3–21, in : Nelson 1993a.

Niosi, J./B. Bellon, 1996, The Globalization of National Innovation Systems, pp. 138–159, in : De La Mothe/Pacquet 1996.

Odagiri, H./H. Yasuda, 1997, Overseas R&D Activities of Japanese Firms, pp. 204–228, in : Goto/Odagiri 1997.

OECD, 1996a, Towards Multilateral Investment Rules, Paris : OECD.

OECD, 1996b, Market Access after the Uruguay Round : Investment, Competition and Technology Perspectives, Paris : OECD.

OECD, 1996c, Innovation, Patents and Technological Strategies, Paris : OECD.

OECD, 1991, Strategic Industries in a Global Economy : Policy Issues for the 1990 s, Paris : OECD International Futures Programme.

Ostry, S., 1991, Beyond the Border : The New International Policy Arena, pp. 81–95, in : OECD 1991.

Ozawa, T., 1997, "Managed" Growth, Relocation and Restructuring : the Evolution of Japan's Motor Industry into a Dominant Multinational Player, pp. 161–188, in : Buckley/Mucchielli 1997.

Ozawa, T., 1996, Japan : The Macro–IDPs, Meso–IDPs and the Technology Development Path (TDP), pp. 142–173, in : Dunning/Narula 1996a.

Ozawa, T., 1992, Foreign Direct Investment and Economic Development, pp. 27–54, in : Transnational Corporations, Vol.1, No.1, February.

Ozawa, T., 1991, Japanese Multinationals and 1992, pp. 135–154, in : Burgenmeier/Mucchielli 1991. Patel, P./K. Pavitt, 1994a, Uneven (and Divergent) Technological Accumulation among Advanced Countries : Evidence and a Framework of Explanation, pp. 759–787, in : Industrial and Corporate Change, No.3.

Patel, P./K. Pavitt, 1994b, The Nature and Economic Importance of National Innovation Systems, pp. 9–31, in : STI Review, No.14, Paris : OECD.

Pavitt, K./P. Patel, 1996, What makes High–Technology Competition Different from Conventional Competition? The Central Importance of National Systems of Innovation, pp. 143–171, in : Koopmann/Scharrer 1996.

Pearce, R.D., 1992, Factors Influencing the Internationalization of Research and Development in Multinational Enterprises, pp. 75–95, in : Buckley/Casson 1992.

Porter, M.E., 1990, The Competitive Advantage of Nations. New York : The Free Press.

Preuße, H.–G., 1993, Technological Accumulation in Global Markets : Towards a Revival of the Schumpeter–Hypotheses? Göttingen : Institut fur Wirtschaftsforschung/Universitat Göttingen (Diskussionsbeiträge Nr.59, March).

Ramaiah, B.B., 1997, Towards a Multilateral Framework on Investment?, pp. 117–121, in : Transnational Corporations, Vol.6, No.1, April.

Ravenhill, J., 1994, The Regionalization of Production and Competitiveness in East Asia, Source : http : //mot.cprost.sfu.ca/summer/papers/john–ravenhill.html.

Rothschild, K.W., 1988, Discussion on Heertje 1988b, pp. 90–94, in : Hanusch 1988.

Schumpeter, J.A., 1961 (1939), Konjunkturzyklen I : Grundriss der Sozialwissenschaft, Göttingen : Vandenhoeck & Ruprecht.

Schumpeter, J.A., 1946 (1942), Kapitalismus, Sozialismus und Demokratie, Bern : Verlag A. Francke AG.

Schumpeter, J.A., 1935 (1926), Theorie der wirtschaftlichen Entwicklung, München/Leipzig： Verlag von Duncker & Humblot.
Shahin, M., 1997, Multilateral Investment and Competition Rules in the World Trade Organization： An Assessment, pp. 171–211, in： Transnational Corporations, Vol.6, No.3, August.
Shionoya, Y./M. Perlman, Eds., 1994, Innovation in Technology, Industries, and Institutions： Studies in Schumpeterian Perspectives, Ann Arbor： The University of Michigan Press.
Siebert, H., 1991, A Schumpeterian Model of Growth in the World Economy： Some Notes on a New Paradigm in International Economics, pp. 800–812, in： Weltwirtschaftliches Archiv, Band 127.
Simonetti, R., 1996, Technical Change and Firm Growth： "Creative Destruction" in the Fortune List, 1963–87, pp. 151–181, in： Helmstadter/Perlman 1996.
Singer, H.W./S. Sharma, 1989, Economic Development and World Debt, Houndmills/London： Macmillan.STI Review, 1994, No. 14, Paris： OECD.
Symeonidis, G., 1996, Innovation, Firm Size and Market Structure： Schumpeterian Hypotheses and some New Themes, Paris： OECD (Economics Department Working Papers No.161).
Thompson, G., Ed. 1998, Economic Dynamism in the Asia–Pacific, London/New York： Routledge.
Turpin, T./H. Spence, 1996, Science and Technology, Collaboration and Development among Asia–Pacific Economies： Paper prepared for the APEC Studies Centre, Source： http：//www.arts.monash.edu.au/ausapec/turpin.htm.
Tuselmann, H.–J., 1997, The Multilateral Agreement on Investment： the Case for a Multi–Speed Convergence Approach to Liberalization, pp. 87–111, in： Transnationl Corporations, Vol.6, NO.3, December.
UNCTAD, 1994, Programme on Transnational Corporations, United Nations Library on Transnational Corporations, Vol.17, Transnational Corporations and Innovatory Activities, London/New York： Routledge for UNCTAD Programme on Transnational Corporations.

Watanabe, C., 1996, National Approaches to Technology Policy in a Globalizing World Economy : The Case of Japan, pp. 323–368, in : Koopmann/Scharrer 1996.

Welfens, P.J.J., 1989a, Innovation, Trade, External Debt and Growth in the World Economy, pp. 87–106, in : Singer/Sharma 1989.

Welfens, P.J.J., 1989b, Schumpetersche Prozesse in der Weltwirtschaft, pp. 40–60, in : LIST FORUM, Band 15, Heft 1.

World Bank, 1993, The East Asian Miracle : Economic Growth and Public Policy, Washington D.C. : Oxford University Press for the World Bank.

Yoshitomi, M., 1991, New Trends of Oligopolistic Competition in the Globalization of High–Tech Industries : Interactions among Trade, Investment and Government, pp. 15–34, in : OECD 1991.

Yu, T.F., 1997, Entrepreneurial State : The Role of Government in the Economic Development of the Asian Newly Industrialising Economies, pp. 47–64, in : Development Policy Review, Vol.15, No. 1, March.

第三章　進化経済学および世界システム論から見た東アジア経済危機

保住　敏彦

はじめに

一九九七年のタイのバーツ危機に始まったアジア経済危機は、アジア・ニーズ、アセアン諸国、そして中国と続いてきた、アジアの経済発展における、初めての挫折であり、発展途上国の経済発展に関心を持つ人々に、大きな衝撃を与えた。アフリカの諸国や南アメリカの諸国のような発展途上国が、おおくは経済的停滞の中にあるのにくらべて、アジアの発展途上国は、「四つの竜」と呼ばれるアジア・ニーズ諸国（韓国、台湾、香港、シンガポール）、アセアン諸国、中国の順に、目立った経済発展を開始したのであった。渡辺利夫氏より「雁行型発展」として、あるいは別の論者によって「玉突き的発展」として特徴づけられてきた、アジア諸国の経済発展は、南米諸国あるいはアフリカ諸国に比べて、「東アジアの奇跡」と呼ばれるほどのものであった。そして、アメリカ、日本、さらに欧州諸国のアジアへの投資は、これらの諸国の輸出指向型経済発展のために、資金を供給したのであった。それ故、アジア経済危機は、これらの諸国にとっても、対岸の火事として無視できない問題であった。

わたしは、もともと、ヨーロッパとりわけドイツの社会経済思想の研究を続けてきたので、アジア経済問題は、専門外の問題であり、関心も薄かった。しかし、一九九六年以来、ドイツのブレーメン大学世界経済・国際経営研究所と愛知大学経済学研究科との共同研究が、「シュムペーターと東アジアの経済発展」というテーマで開始されて以来、アジア経済問題について、研究するようになった(1)。

ところで、この論文においては、まずアジア経済危機を考察する視角ないしは方法を求めて、シュムペーターの進化経済学およびウォーラステインの世界システム論について、検討する。ついで、アジア経済危機の問題を、危機の発生の原因とその後の経過、および政府の危機への対応等を検討する。さらに、進化経済学および世界システム論の視角をもって、東アジアにおける制度進化の状況と将来について考察し、最後に、これらの考察のまとめを行う。

フィールドワークに基づく、東アジア経済の実証的な分析は、私のように、元来、経済学説史を専門にする者には充分なことはできないものである。しかし、東アジア研究者による実証的な研究や、ジャーナリストの見聞などを材料にして、進化経済学とくにわたしの関心のあるシュムペーターの経済発展論や、ウォーラステインの世界システム論などの視角と概念を用いて、東アジア経済の問題について解釈することは可能であろう。アジア経済危機とその後の新動向について、進化経済学や世界システム論の観点から、前述の順序で論じ、解釈してみたいと思う。

第一節　進化経済学とりわけ、シュムペーターの経済発展論

第二次大戦後は、ケインズ理論とケインズの政策思想が、世界中の国々の政府の経済政策を決定する見解であった。しかし、一九七〇年のオイル・ショックとそれに続く欧米のスタグフレーション状況の中で、ケインズ政策の有効性について疑問が抱かれるようになった。もとより、政府のマクロ経済政策を決定する理論として、ケインズ理論以外の有力な理論は見当たらないので、今も多くの政府は、ケインズ理論に基づいて、景気変動に対応し、不況と雇用問題に対応するための政策を立案している状況である。もっとも、アメリカにおいては、シカゴ学派に見られるように、小さな政府を提唱する新自由主義や国際競争力の強化のための技術革新を強調する供給派経済学が、既に、一九七〇年代に影響力を強め、レーガン大統領の政策に影響を及ぼし、また情報通信産業を中心に、新しい産業技術の革新が、図られたのであった。一九九〇年代以来のアメリカの繁栄は、こうした新産業の開発に基づく、国際競争力の強化によるものと、考えられる。

こうした関連で、ケインズと同時代人であり、ケインズの影に隠れて、影響力の少なかったシュムペーターが、世界的に見直されるようになった。国際シュムペーター学会が、一九八〇年代中頃に設立され、数百人の会員を擁して、隔年に国際学会を開催するにいたった。また、アメリカ、ヨーロッパ、および日本において、進化経済学会が設立され、経済活動を支えている諸々の制度（経済制度、社会制度、政治制度、および慣習を含む）の進化を研究するにいたった。もっとも、各種の国際学会に出席したり、いくつかの論文を読む中で受けた印象では、ア

ングロサクソン諸国では、ヴェブレンに始まるアメリカ制度学派の学説が、進化経済学の主流だと言う意識が強く、国際シュムペーター学会の事務局がおかれているドイツでは、むしろ、シュムペーターが進化経済学の主流だと言う意識が強いように思う。いずれにせよ、現実の経済の動向を説明するためには、純理論的な経済モデルに基づく予測だけでは不十分であり、世界および各国の経済制度の特徴と進化について研究する必要があるというのが、進化経済学の共通の立場だと思われる。(2) 一八七〇年代に、限界効用学派が成立して以来、抽象理論としての経済学の発展と、与件を研究する社会学の発展とは、切り離されて行われてきたが、今日になって、再び、両者の総合が図られているといっても良いと思う。

ところで、シュムペーターは、若き日の著作『経済発展の理論』(一九一二)において、資本主義経済の動態的過程について、企業者のイノヴェーションとその普及のメカニズムを中核にして、解明した。かれは、ワルラスの一般均衡理論に感銘を受け、処女作『理論経済学の本質とその主要内容』(一九〇八)において、ワルラスの経済学を歴史学派の支配していたドイツ、オーストリアの世界へそれを紹介した。しかし、かれは、ワルラスの経済学が、資本主義経済の静態的状態を説明するものであり、その動態的過程を説明するものではないという批判を持つようになり、『経済発展の理論』においては、資本主義経済の動態的過程を説明しようとしたのである。

ところで、動態的過程についてのシュムペーターの解釈は独特のものである。かれの見解では、同じ技術水準での経済の拡大過程は、たとえ経済の規模が拡大し、経済成長がなされても、動態的過程ではなく、静態的過程と見なされる。シュムペーターによると、動態的過程は、むしろ、企業者が、旧結合(従来の生産方法)にかえて、新結合(あたらしい生産方法)を導入し、これが利潤―マルクス経済学的にいえば特別剰余価値ないしは超過利潤であるが―を生み出すことによって、他の企業者もそれを模倣し、かくして、新結合が当該産業分野全体に広がって行き、これに伴って経済成長がなされるような過程を、意味している。もちろん、新結合が、当該産業分野に普及し尽くし、いまや新結合ではなく、旧結合に転化することによって、経済発展がなされなくなり低迷する過程もまた、資本主義経済の動態的過程の一部をなすとされている。このように、企業者によるイノヴェーションの遂行を中心に、資本主義の景気変動をともなう経済成長の過程を捉えるところに、シュムペーター経済発展論の核心がある。

ところで、近年の国際シュムペーター学会や、進化経済学会においては、このシュムペーター理論が、進化経済学としての性格を持つものとして評価され、これを用いて、経済制度の進化や経済発展を説明するという傾向が生じてきている。いわば、進化経済学の源流のひとつであるという観点から、シュムペーター理論の再評価がなされている

では、かれの経済発展論が、どのような意味で、進化経済学としての性格を持っているのか。この点については、シュムペーター経済発展論が、ダーウィン理論と同じ理論構造を持っており、ダーウィン主義的意味で進化経済学であるという、ケルムの評価がある。(3) しかし、他方で、シュムペーターは、ヘーゲルやマルクスの弁証法的な発展論の影響を受けており、ダーウィン主義的な意味で進化論的なのではないという、ホジソンの評価がある。(4)『ジャーナル・オブ・エボルーショナリー・エコノミー』誌における、この両者の論争については、別稿(5)で、論じたので、ここでは詳しく論じない。

ところで、ケルムの主張するように、『経済発展論』の中心理論を、ダーウィン主義的なものとして解釈することも不可能ではないが、シュムペーター経済発展論をそれに尽きるものと捉えることには、やはり無理があるのではないか。また、ホジソンの主張するように、シュムペーター理論を、ヘーゲル、マルクス的な弁証法的発展論の亜流と捉えることにも、無理がある。というのも、シュムペーター理論には、ヘーゲルやマルクスに見られるような、一元的で総体的な理論というものは見られないからである。そして、総体的理論——それは全社会

現象を一つの総体として捉える立場の理論であるが——にしばしば見られる流出論的見方——一つの原理ないし実体から全てを導き出して行くという論理——も見られないからである。ちなみに、ルカーチが名著『歴史と階級意識』（一九二三）において指摘したように、総体性《トタリテート》というものが、マルクス主義の、そしてまたその源泉の一つとしてのヘーゲル哲学の特徴なのであるが。

むしろ、主著『景気循環論』（一九三九）に見られるように、資本主義過程を、経済理論的、歴史的、統計学的に多元的な方法により捉えるとするところに、シュムペーターの方法論の特徴があるのではないか。そして、資本主義過程を支えるもろもろの制度——経済的なものだけでなく、社会的、法的、政治的なものを含めて——の役割やその進化に注目する点で、シュムペーター理論は、進化経済学の一つと見なしても良いと思われる。

シュムペーター経済発展論の進化経済学としてのいまひとつ特徴は、それが経済発展をあくまでも経済過程に内在して説明しようとする点にある。与件と一般に呼ばれるような経済過程以外の事情の変化に対して、経済過程が反応することによって、経済の規模が拡大する場合などは、かれの経済発展論によれば、真に動態的過程とは言えない。経済過程の内部において、その担い手たる企業者が、イノヴェーションを行うことによって、経済の規模の増大などの変化が生じる場合に、それが経済発展と呼ぶことができるというのが、シュムペーターの立場なのである。このように、社会体制が、純粋に内在的要因によって、変化発展して行くと見る点では、シュムペーター理論は、ヘーゲルやマルクスの社会理論に似ている、あるいはその系譜にあると、言えないこともない。しかし、前述のように、総体性と流出論という特徴もたず、また、資本主義過程を多元的に捉えようとする点で、シュムペーター理論は、ヘーゲルやマルクスとは異なっていると思われる。

わが国のシュムペーター研究者、大野忠男氏や金指基氏や塩谷祐一氏が主張するように、資本主義過程について、経済理論的研究と社会学的歴史的研究とを統合する、総合社会科学というのが、シュムペーターの理論体系の特徴であると思われる。(6) 経済理論と社会学とを分離した上で総合しようとする点では、マックス・ウエーバーやアルフレート・マーシャルの立場と似ていると言える。

第二節　ウォーラーステインの世界システム論

アジア経済危機を考察するときに、現在注目されている経済理論のうち、前述の進化経済学と並んで、ウォーラーステインの世界システム論が、考察のための視角と方法として、考慮されるべきだろう。経済に関係する制度の進化については、進化経済学から得るものが多いだろう。しかし、アジアという特定の地域における経済は、それだけでは捉えられないものであり、世界経済との関連を無視するわけにはゆかない。

一九世紀末から二〇世紀初頭に、カウツキー、ルクセンブルク、ヒルファディング、あるいはレーニンによって主張された、古典的な帝国主義論は、先進資本主義国と発展途上国との関係を、帝国主義的宗主国とそれに支配され搾取される植民地との関係として捉えた。(7) この見解によると、発展途上地域の経済的停滞は、先進工業国の独占資本・金融資本による貿易および投資を通じての搾取によって生じたとされていた。しかし、第二次大戦後は、IMF・GATT体制の成立により、戦前のブロック経済とは異なり、世界的に貿易と資本の自由化が進展したのであり、また、戦争の結果として、おおくの旧植民地は政治的に独立し、先進国による発展途上国にたいする政治的支配としての植民地政策も行われなくなった。こうして、第二次大戦後の世界経済、とりわけ、発展途上国の経済を解明するための枠組みとして、古典的帝国主義論がそのまま利用できるとは言えないことは、自明であろう。

第二次大戦後の、発展途上国の経済を捉える枠組みとして、当初は、古典的帝国主義論が用いられていたが、漸次、それとは異なる理論的枠組みが、生じてきた。たとえば、古い政治的植民地主義に対して、新植民地主義あるいは経済的帝国主義ということが、言われるようになった。これらの言葉によって、旧植民地は、政治的に独立しても、経済的には、先進工業国（その多くはもとの宗主国であったが）に貿易や投資を通じて搾取されているという事が、意味されていた。古典的帝国主義論を継承する人々によって、こうした主張が提唱されていた。

ところで、発展途上国問題をとらえる一つの見方として、アンドレ・ギュンター・フランクの従属理論がある。[8]これは、世界経済の中で、途上国問題を捉えようとする点では、パルヴスやローザ・ルクセンブルクの世界市場的帝国主義論の系譜に立つ理論だと思われる。フランクの論文「低開発の発展」（development of under-development）に見られるように、国際的にも国内的にも、メトロポリス（中枢）とサテライト（衛星）との二重構造にあり、中枢は衛星において作り出される剰余を搾取することによって発展するので、低開発地域はどこまでも低開発状況が続いて行くと捉える。この理論からは、世界経済のこの二重構造から離脱する以外に、発展途上国の経済発展の道は無いということになり、世界経済から離脱し、孤立化する路線が取られることになる。（本多健吉、二〇〇一、一四七―一四八）。そうでない場合には、低開発国は、どこまでも、先進工業国の搾取に呻吟すると見なされたのであった。

しかし、一九七〇年代後半に、アジア、ラテンアメリカ、南ヨーロッパにおいて、工業化に成功し、従来の経済的停滞状況を打破する、いわゆる、新興工業国群が現れたことにより、世界経済の二重構造を前提とした従属理論に対する疑問が生じた。[9]こうして、脚光を浴びるにいたったのが、イマニュエル・ウォーラステインの世界システム論であった。これは、中心―半周辺―周辺という、三極構造をもった世界システムを構想することにより、新興工業国群という現象を理論的に説明できる枠組みを作り出したと評価できる。では、それはどのようなものであるのだろうか。

すでに述べたように、ウォーラーステインの世界システム論は、フランクの従属理論とは異なり、世界システムを、中核、半周辺、周辺の三領域——それは独立した領域として固定化されるべきものではなく、新主義世界経済の契機として捉えられるべきであるが——からなるものと捉えるという特徴をもっている。ウォーラーステインによると、世界システム論は、三つの特徴を持っている。第一は、「『世界システム』こそ、社会あるいは社会行動についての研究の適切な『分析単位』である」という空間的特徴であり、第二は「長期持続」という時間的特徴である。これは世界システムが、生成・発展・消滅するものであるということだ。第三は、「特定の世界システムという観点」であり、つまり現代では「資本主義世界経済」が問題であるということだ（ウォーラーステイン・本多訳、一九九三、三八三）。そして、資本主義世界経済の特徴を、一二ばかり挙げている。そのうち注目すべき点をあげると、「一、そのシステムの原動力としての不断の資本蓄積」、「二、……分業の中軸をなす中核—周辺の緊張関係」、「三、半周辺地帯の構造的な存在」、「四、賃金労働とならんで、非賃金労働が大きく、かつ持続的な役割を演じている」、「八、この世界システムにはいくつかのヘゲモニー国家が存在した……」、「九、国家、エスニック集団、世界の非原初的性格……」、「一〇、……人種差別や性差別の根本的な重要性」、「一一、……反システム運動の出現」、「一二、……システムの危機の原因となる、周期的変動と長期趨勢」などである（同、三八六—三八七）。

これらの特徴は、全体としての世界システムの諸側面を列挙したものであるが、発展途上国問題を考察するための多くのヒントを与えている。つまり、不等価交換を特徴とした中核—周辺の関係に、半周辺地帯が構造的に組み込まれていることにより、世界システムが三極構造を持っていること、非賃金労働が持続的な役割をもつこと、エスニック集団が絶えず創出されること、人種差別や性差別の重要性、反システム運動の出現などの特徴は、発展途上国問題を考察するために配慮すべき視角を与えていると思われる。これまでの経済学は、ある純粋なモデルを構想し、そのモデルにおける経済の運動を考察するという方法に立つものが多かった。新古典派の場合に、完全競争と完全知識を前提とした市場経済を想定し、その下で、どのように価格が決定されるのか、どのように各人所得が決定されるのか、あるいは、どのように資源と労働力が各産業分野に配分されるのか、などの問題が論じられた。それ以外の問題は、経済領域にとっての与件であり、歴史学、社会学、などの他の社会科学に任されるべきものと見なされていた。マルクス経済学の場合にも、例えば、宇野経済学に典型的に見られるように、資本家・労働者・地主から成る純粋資本主義が想定され、そのもとでの資本蓄積、各階級への富の分配、社会的再生産の進展などが、研究された。経済理論(経済原論)によって解明できない、資本主義の歴史的な展開や、経済以外の領域は、経済史(段階論)なり、その他の社会科学に任されていた。(10)

ところが、ウォーラーステインの世界システム論は、世界システムの概念の中に、資本主義的領域と非資本主義的領域とを統合した見方を提出した。つまり、資本蓄積を世界システムの原動力と見なしつつも、資本蓄積の主たる担い手である資本主義的中核地域とその資本蓄積のために役立つ周辺地域との不等価交換的関係を組み込んだこと、中核と周辺の間に半周辺地帯を組み込んだこと、資本蓄積の源泉として賃金労働だけでなく非賃金労働を組み込んだこと、世界システムの中に国家や国家連合とともにエスニック集団を組み込んだこと、世界システムにおける人種差別や性差別の重要性に注目し、それが反システム運動をはらむことに注目したこと、世界システムが周期的変動と長期趨勢という時間性をもつと捉えたことなど、いずれも、伝統的な経済学による世界資本主義経済の理解を超えるような内容を含んでいる。ウォーラーステイン自身は、自分の立場を、発展主義への批判、自由主義・マルクス主義への批判、およびニュートン的科学観念への批判の蜜の立場への批判だと自己了解している（ウォーラーステイン／本多訳、一九九三、四〇二―四〇六）。

このような多様な世界システムについての特徴付けの全てを利用することは、なかなか困難なことである。私自身は、このうちの、不等価交換的関係をはらむ中核―周辺関係の存在と、そこへの半周辺地帯の組み込みという、視点に注目したい。つまり、一九七〇年代以来の新興工業経済群（ＮＩＥｓ）の成立は、従来の従属理論のような二極構造的な世界システムの理論によっては、説明できないものであり、ウォーラーステインの三極構造的理論によってのみ説明できる。かれの見解によれば、世界システムのもつ中核―半周辺―周辺という構造は、変わらないが、その各極を構成する国あるいは地域は、絶えず変わって行くのである。こうした観点からすれば、アジア・ニーズ諸国は、現代世界システムにおける半周辺地帯と捉えることによって、よりよく把握できると思われる。

以上、前節と本節で述べたような、シュムペーター進化経済学とウォーラーステイン世界システム論という、二つの理論的枠組みを利用しながら、アジア経済の発展とアジア経済危機について、解釈してみたいと思う。この際、その理論の発生過程を異にする二つの理論の間の関係はどうだろうか。シュムペーターの進化経済学は、ウォーラーステインの世界システム論のように構造主義的な捉え方が無いという特徴を持っている。後者の中心概念である「資本主義世界経済」は、その担い手は変化するにしても、中核―半周辺―周辺という構造は変わらないとする見方を取るのに対して、前者の「資本主義過程」は短期波動（キチン波動）、中期波動（ジュグラー波動）、長期波動（コンドラチェフ波動）の三つの波動をもちつつも、長期波動を引き起こす技術革新は絶えず変化するのであり、資本主義過程の内実は進化して行くと見なされている。つまり、シュムペーターには資本主義過程の進化という発展主義的見方が考えられるが、ウォーラーステインには資本主義世界経済の構造は不変であり、その各領域の担い手が交替するだけだという見方があった。このように互いに性質を異にする理論であるが、これら二つの理論を用いて、アジア経済危機とアジア経済の動向について、解釈してみたいと思うのである。

第三節　東アジア経済危機の発生の原因とその後の経過

(1) 東アジア経済危機の発生の原因

一九九九年七月のタイのバーツ危機に始まるアジア経済危機の原因については、既に、多くの見解が出されている。たとえば、青木健氏は、通貨危機の原因として、バブル化した経済の崩壊、各国通貨の対ドル・ペッグが拡大する経常収支赤字の負荷に耐えられなくなったこと、国際資本とりわけ短期資本を担った投機筋が、為替レート切り下げを見越して、大規模な通貨攻撃に出たことの三点を、挙げている（青木健、二〇〇〇、七七）。

まず、世界資本主義システムのなかで、発展途上国として位置づけられる東アジア諸国が、一九七〇年代以後、南米やアフリカなどの諸国に比べて、高い成長率を示す地域であったことから、先進諸国の資本がアジア地域に過度に投資され、これがバブル状態をもたらしていたことが挙げられる。とくに、一九九〇年代に至って、タイなどが、資本の自由化を進めるなかで、短期資本が流入し、これが製造業への投資ではなく、不動産や株への投資にむけられ、これらの価格の急速な上昇をもたらしたことがバブルの直接の原因であった[11]。

このようにして急速に流入した資金が、これまた急速に引き上げられたときに、アジア通貨危機は発生した。アジア通貨危機とは、「アジア諸国通貨の大幅かつ急激な下落、切り下げだ」と定義できる（慶応義塾大学地域研究センター編、二〇〇〇、七七)。では、アジア通貨危機の原因は何であったのか。直接的には、流入していた民間資本が、急激にかつ大幅に流出したことによる。アジア五カ国（インドネシア、韓国、タイ、マレーシア、フィリピン）の合計で、一九九六年は、九七〇億ドルの民間資本が流入していたのが、九七年には、約一一〇億ドルの流出になっている（慶応義塾大学地域研究センター編、二〇〇〇、八〇）。しかし、さらに、この急激な短期資本の流入と流出をもたらしたのは何かという問題がある。その原因は、東アジア諸国が置かれている世界資本主義システムの側の要因と東アジア諸国の国内的要因との両面から、探求されるべきであろう。

しかし、東アジア諸国が輸出主導型工業化によって高度の経済成長をつづけるなかで、これらの諸国を取り巻く環境に変化が生じてきた。つまり、世界資本主義システムのなかでの構造変化の一つとして、改革開放以後の外資導入と経済成長を続けてきた中国が、アジア・ニーズ諸国やアセアン諸国の輸出上の競争者として登場し、このことによってこれらの諸国の国際競争力を弱体化させたのである（高橋琢磨、関志雄、佐野鉄司著、一九九八、八一―一二)。高橋氏は、タイは中国との競合関係が、アセアンの中ではもっとも高いと評価している。先進国の直接投資が、一九八〇年代後半には、タイに向かったのに対して、一九九〇年代以後、中国へシフトすることによって、タイとの競争において、中国が優位に立つようになったと評価している。また、一九九四年の中国の人民元の切り下げが、アジア通貨危機の間接的原因となったと推測している（高橋琢磨、関志雄、佐野鉄司、一九九八、六二)。タイの国際競争力の低下は、バーツ危機の直前の一九九六年のタイの貿易収支のマイナス化等に示されている。そして、このことが、将来におけるバーツの為替相場の低落を予想させ、国際的な投機筋によるバーツの投機的な売りあびせにつながったのである。

そして、このように巨額の短期資本の流入と流出が、急激に行われるなかで、為替投機の対象となった国が、脆弱な金融システムをもっている場合に、通貨危機は金融危機さらには経済危機に転化していった。ここで注目すべきなのは、東アジア諸国の金融システムが脆弱な金融システムであったというのは、世界資本主義システムのレヴェルにおいてそう評価できるのであり、アジア諸国の国内経済の工業化過程においてはそれらはそれなりに機能していたことである。たとえば、東アジア諸国の工業化の場合、諸企業は、株式発行により直接的に資本を入手するというよりは、間接的に銀行からの借り入れによって必要な資金を調達するという傾向があった。日本の工業化の場合も、東アジア諸国の場合も、この点では同じであった。これは、証券市場およびとりわけ債権市場の未発達という金融システムの構造的な問題から生じた事態である。東アジア諸国は、この間接金融によって、社会的資金を集め、また、海外から資金を借り入れ、国内の企業に資金を融資できたのであり、これが急速な工業化を可能にする限りでは、それなりに機能していたのである。

しかし、この場合に、工業化が急速であればあるほど、企業のオーバーボロウイングと銀行のオーバーレンディングは、急激に進む。しかも、銀行が、その資金を外国資本とりわけ短期資本に依存する場合には、世界資本主義経済の状況次第では、そうした企業と銀行との融資関係は、危険なものになりうる。今回のアジア通貨危機が、急速に金融危機に、さらには経済危機に陥っていった原因の一つは、東アジア諸国の工業化における企業のオーバーボロウイングと銀行のオーバーレンディング傾向と、それを助長する銀行と企業との癒着関係（クローニー資本主義の一側面）があった。

さらに、この関係には、政府と民間企業との独特の癒着関係の問題も付け加わる。東アジア諸国の銀行は、企業とのこの癒着関係のために、また、最悪の場合には、政府が保証してくれるという見込みのもとに、充分なリスクの計算と充分な担保無しに、企業に過剰な融資を行いがちであった。この場合、これらの銀行が、国際資本から短期資本の借り換えを行うことができなければ、たちまち、苦境に陥ることは明らかである。そして、銀行が返済のために国内企業から貸し付けた資金の回収を図れば、今度は企業の資金繰りが困難になり、倒産ないしは事業規模の縮小に追い込まれることも、明らかである。

東アジア諸国の永い伝統や文化に由来する銀行と企業との関係、政府と民間部門との関係を基盤にしながら、輸出指向型工業化を押し進めたのが、一九七〇年代以降のアジアニーズ諸国やアセアン諸国であった。高い経済成長の維持を可能にした諸条件（良質な労働力の存在、高い貯蓄率等）が変わらないにもかかわらず、そのうちの幾つかの国において通貨危機、金融危機、さらには経済危機が、発生するに至った原因の一つは、これらの国の輸出競争力に変化をもたらした世界資本主義システムの構造変化であり、いま一つは、それらの国が国際金融システムに組み込まれながら、短期資本の急激な流出入に対応するだけの力を持たなかったことに象徴的に見られる、国内経済システムの脆弱性にあったと思われる。

では、東アジア諸国の経済に内包されていた構造的な問題は、どのようなものであったのか。青木健氏は次のような諸点を挙げている。「①『要素投入型』成長パターンであったこと。……②地場産業による輸出は伸び悩んだ。③外向き経済戦略の……限界。④過剰生産ないし供給過剰。⑤直接投資は輸出誘発型であり経常収支を悪化させた。⑥不十分な外国企業による技術移転。⑦産業および輸出構造における二重構造。⑧投資効率の悪化」（添谷芳秀、山本信人編、二〇〇〇、八八）。つまり、東アジア諸国は、一九七〇年代以後、輸出志向型工業化をめざしたが、そのためには国内の資金では不十分であり、積極的に外国からの直接投資をもとめた。とりわけ、一九八五年以後には、円安により海外への進出を求めた日本の資本が、これらの諸国へ投資された。しかし、外資によって設立された、これらの国の製造業は、その完成品製造のための中間生産財を輸入に頼らざるをえなかったので、輸出を増やせば増やすほど、輸入も増やさなければならないという構造にあった。また、地場産業の輸出の伸び悩みもあって、経常収支を悪化させた。必要な技術移転も十分でなく、また、熟練労働者の数も少なかったので、内発的な技術の発展がなされなかった。この結果として、これらの諸国では、投資効率が悪化することになった。このように、東アジア諸国の工業化は、構造的に問題があったのであり、一九九四年に、P・クルーグマン教授が、東アジアの経済成長の持続について疑問を呈したのは、こうした構造的問題を指摘したものと言える。[12]

(2) 危機の進展とその後の経過

危機の進展は、一国の内部でも進行したが、同時にまた、東アジア諸国の間で危機が波及するという形でも進行した。

危機の一国の内部での進展というのは、一国の経済的な対外関係を示す、その国の通貨の外国為替相場の急激な悪化が、この国が必要とする外国の財貨(たとえば、工業製品のための中間生産物等)の輸入を困難にし、また、外国通貨建ての対外債務を巨額にした点にも、見られた。さらに、社会的分業の網の目に規定されて、その実体経済の悪化は、銀行の不良債権を増加させ、通貨切り下げの一因になったのである。また、危機発生後の東アジア経済のマクロ経済の状況については、一般的に、低い実質経済成長率、失業の増加、比較的低いインフレ率、国内金利の低下傾向、財政収支の悪化、経常収支の改善、資本収支の悪化、外貨準備の再度の改善などが指摘されている。[13]

たとえば、タイについて、危機の発生とその波及の過程をみよう。[14] まず、海外からの短期資金の急激な流入が、タイ国内の過剰流動性をもたらし、これが不動産や個人消費ローンに流れ込み、一九八八年から一九九一年頃まで、不動産バブルが発生した。しかし、一九九四年以降には不動産の供給が増え、供給過剰が深刻になり、不動産会社において金融機関への借り入れ資金の返済が困難になるという事態が生じた。こうして、金融機関の不動産会社への融資が不良債権となった。こうして、タイの金融機関(地場商業銀行、外国銀行支店、ファイナンスカンパニーなど）が、不良債権をかかえるにいたる。したがって、金融部門の抱える問題は、まず、この不良債権であり、ここから、債務超過にある金融機関の整理・合併が不可避になる。おおくの金融機関が整理されるだけでなく、残される機関も、政府の公的資金の注入によって生き残り可能になる。こうした状況にあるので、金融機関による一般企業への貸し渋りがおこり、これがまた一般企業の経済的困難をもたらしている(15)。

さらに、実体経済の分野においても、鉄鋼や石油化学部門において、供給過剰になるとともに、外貨借り入れの返済が、バーツの下落により負担増になった。また、繊維や靴などの労働集約的産業の製品の輸出が、大幅に減少するにいたった。これは国内の労働コストの上昇と、ドルペッグ制のもとでのバーツの実質的切り上げと、中国との競争などのためであった。バーツ危機を契機にはじまった金融危機にたいして、政府の金融政策はあまり有効ではなかった。海外資金の流入の下では、国内金融政策の効果は限定されるし、債権市場の発展していない同国においては、公開市場操作もママならなかったからである。こうして、一九九七年七月には、通貨バスケット制（実質的なドルペッグ制）から、管理フロート制（変動相場制）への移行がなされるにいたったのである。

ところで、タイのバーツの切り下げは、同様の状況にあった、インドネシア、マレーシア、フィリピンなどの東アジア諸国の通貨危機に波及した。しかし、韓国の通貨危機は、タイとは事情を異にしており、同列には論ずることはできない。また、アジア・ニーズの台湾、香港、シンガポールなども、通貨投機の波にさらされたが、通貨危機には陥らなかった。したがって、東アジア諸国全体にわたる通貨危機の波及を語ることはできないが、一九九七年以後、東アジア諸国全体が、経済的な沈滞状態に陥ったことは否定できない。このことは、東アジア諸国が、世界資本主義システムのなかで共通の位置を占めていたことと関係しているだろう。これはまた、国際的な浮遊する短期資金の攻撃が、どの国をも襲う可能性があることを示している。

（3）各国政府の東アジア経済危機への対応

通貨危機への対応には、一般的に言って、三つあり、一つは、「ファイナンシング・オプション」であり、外貨準備や借り入れ資金をもちいて為替市場に介入し、自国通貨の防衛を行うこと、第二は、「市場機能の活用」であり、市場の実情に応じて自国通貨の切り下げを行うこと、第三は、「政策調整オプション」であり、財政金融政策の引き締めや構造改革を行って、市場および経済全体の均衡を図ることである（慶応義塾大学地域研究センター、二〇〇〇、八八—九〇）。通貨危機に直面した東アジア諸国も、こうした対応策にしたがって、危機に対応したが、そのなかで、最終的には、IMFと先進国の資金援助を求めざるを得なくなった。では、IMFの支援との関係で、これらの諸国の政府は、危機にどのように対応したのだろうか。

東アジア諸国の政府の通貨・金融危機への対応は、どうであったのか。まず、為替投機に直面し、外貨準備を失った政府は、IMFや世界銀行などの緊急支援を求めざるをえなかったが、IMFはその金融支援に際して、融資条件（コンディショナリー）として、融資を受ける国が、緊縮政策を実行するとともに、産業構造の改善と各種の規制の緩和とを要求した[16]。このIMFのコンディショナリーが、アジア経済危機に対する適切な政策であったかどうかについては、その評価が分かれている。一方では、この条件を実施するなかで、これらの諸国の経済・社会制度が近代化しているという評価もあるが、他方では、この条件を実施するなかで、これらの国の経済危機はより深刻になったという評価もある[17]。

そこで、まず、東アジア諸国の政府の金融危機への対応策と、そこでのIMFのコンディショナリーの役割などについて、考察してみよう[18]。東アジア諸国の政府は、国際機関の支援のもとに、マクロ政策、企業と銀行部門の改革などを実施してきた。マクロ政策の問題では、これまでの単独通貨危機が財政赤字の拡大とインフレ昂進という状況下で発生したので、財政・金融の引き締め政策が適切な対応策であったが、今回のアジア通貨危機が、銀行・企業の構造的問題と結びついた通貨危機であったために、単純な引き締め策は不適切だという問題があった。

次に、企業・銀行セクターの改革問題についてだが、自国通貨の為替相場の低落や高金利等が、銀行および企業部門の脆弱性のために、銀行の不良債権の急増から貸し渋りをへて企業倒産へ増幅されていった問題である。さらに、このことと結びついて、政府、銀行、そして企業が、血縁関係などで結びついた、いわゆるクローニー資本主義の問題がある。国際機関は、このクローニー資本主義がアジア危機の大きな原因だとして、その是正を要求しているが、クローニー資本主義よりも短期資金の動きを支配する国際的投機家の存在が問題だとする見方もある。

まず、マクロ経済政策については[19]、今回のアジア通貨危機が、複合危機であったために、引き締めを目指した単純な財政・金融政策では不十分であり、通貨価値を維持し、「対外的な調整が終わった後には、なるべく速やかに需要創出の方向に向かわなければならない」（日下部等、一九九九、一一三）。また、財政政策も、貧困層への危機の影響を軽減するような社会政策の実施が必要である。さらに、短期資本の流出入に対する規制も、東アジア諸国が外国資本の導入を通じて工業化を進めてきていることを考慮すれば、攪乱的な短期資本の移動を規制したのちには、短期資本の規制を緩和する必要がある。

つぎに、金融セクターの改革問題だが、アジア経済危機に際しては、「銀行が債務超過になり、企業への資金供給の役割を果たさなくなったことにより深刻化した」（日下部、一九九九、一二三）ので、銀行の健全化が必要であった。このためには、「短期的には、金融危機により弱体化した金融機関の整理・統合およびリキャピタリゼーション、不良資産の整理、中長期的には、危機が再燃することのない健全な金融セクターの育成策」（同が必要になった。このためには、銀行監督制度の強化や、銀行機関そのものリスク管理が必要になるという。今回のタイの通貨危機の際にも、ＩＭＦの融資条件の一つは、「国際基準に照らして経営内容の悪い金融機関を整理・統合すること」であった（慶応義塾大学地域研究センター、二〇〇〇、一九二）。

最後に、金融セクターの改革と結びついて、企業セクターの改革も必要になる。例えば、タイの場合、製造業の生産が本格的に回復していない原因は、「多額の債務処理が依然として進展せず、企業が運転資金や資本不足に直面している」ことにある（慶応義塾大学地域研究センター、二〇〇〇、一九六）。通貨危機以前における過度の投資競争によって、過剰設備による供給過剰に陥っているので、もっと各企業の専門化をすすめるなどの整理統合が必要なのである。しかし、そうした企業改革のためには、幾つかの条件が必要である。企業セクターのリストラの段階的実施として、「①企業リストラに関する法制、税制などの環境の整備。②企業リストラのための法廷外の交渉フレームワークの整備。③リストラ対象企業の選定基準の設定。④リストラ実行をリードする主体への技術面での支援。⑤リストラを行う企業に対する株式・運転資金などの供給メカニズムの強化。」（日下部、一九九九、一六八）が、挙げられている。

東アジア諸国は、国内の貯蓄からのみならず、主として、外国資本の導入を通じて、輸出主導型の工業化を進めてきたので、企業によっては財務状態の悪いものも多く、このことが通貨危機をきっかけに経済危機にまで深刻化したことの原因である。したがって、この経済危機を機会に、企業リストラを進める必要がある。ところが、東アジア諸国は、後発資本主義国であるために、企業リストラを遂行するための法制・税制のシステムの整備が遅れているので、その整備が必要である。さらに、企業リストラの担い手として、裁判所、あるいは管財人、メインバンク、政府機関などを整備する必要がある。また、企業リストラの方法として、業務面のリストラとしてのオペレーション・リストラクチャリング、ファイナンシャル・リストラクチャリング（債務の期限延長、債務の市場価格による償却、デット・エクイティ・スワップ、証券化）などの方法を適用してゆく必要があるという。

これらの危機への対応策は、タイ、インドネシア、マレーシア、韓国などの諸国において、異なった進展状況にあるが、とりわけ、金融セクターと企業セクターの構造改革のためには、社会制度、法制度のうえでの改革を必要としており、また、クローニー資本主義と呼ばれるような政府・企業・銀行の癒着などの社会的慣行の改革をも必要としている。また、再度のこのたびのアジア経済危機のような複合危機を再発させないためには、過度の短期資本流入の防止策、為替の過大評価の防止、コーポレイト・ガバナンスの向上と資本市場の整備などが必要だという（日下部、一九九九、一九七―二〇三）。これらの対応策のなかには、短期的なものもあれば長期的なものもあるが、いずれも、東アジア諸国の社会・経済システムの改革を必要としていることには、間違いはない。世界資本主義システムの構造変化のなかで発生したアジア経済危機は、経済のグローバル化の進展によって、東アジア諸国の資本主義の社会・経済制度の改革と進化を要請している状況にあるのではないのか。とすれば、シュムペーターと今日の進化経済学の教える、制度の進化という観点は、アジア経済危機の経過と将来について考察する際にも、有益な観点と言えるのではないのか。

そこで、次に、東アジア諸国および世界資本主義システムの制度的進化という観点から、アジア経済危機が提出した問題について、簡単に考察しよう。

第四節　東アジアにおける制度進化の状況と将来

（1）各国政府の対応とこれらの国における制度進化の必要性

前述したように、アジア経済危機に対する各国政府の対応は、IMFからの緊急融資の受入れとその融資条件《コンディショナリー》によって決定されていた。[20] すなわち、IMFは、その融資条件《コンディショナリー》として、東アジア諸国の通貨危機に対して、主として、金融および財政の引き締め政策、貿易と投資の自由化政策、および金融機関・企業の構造改善策などの政策を、推薦した。タイ、韓国などは、このIMFの融資条件を受入れ、金融機関・企業の改善策を遂行し、その過程で、おおくの企業合併と大幅な雇用者の解雇などのリストラクションを遂行した。マレーシアは、IMFの推薦する政策にはしたがわず、固定相場制を導入し、これを維持するための、独自の短期資金の流出入を規制する法制度を整備し、通貨危機に対応した。また、インドネシアは、スハルト政権のもとでは、そうした改善策を実行できなかったが、ワヒド政権の下において、クローニー・キャピタリズムといわれる、政府と金融機関と企業との癒着の構造を改善する政策に取りかかりつつある。

東アジア諸国の一九七〇年代以降の経済発展は、輸出主導型工業化であり、このための資金は、さしあたりは国民の高い貯蓄率にもとづき銀行からの借り入れによって調達され、ついで、資本自由化の進展とともに、外国からの投資によって調達された。したがって、株式発行や社債発行のような、資本市場をつうじての資金調達ではなく、銀行からの借り入れによって、工業化のための資金調達がなされたのであり、したがって、企業はたえずオーバーボローイング（overborowed situation、借り入れ過多）状態に陥る傾向があった。一九九〇年代以後には、これらの諸国は資本自由化をすすめ、外国から投資資本をうけいれることになった。しかも、本来、長期資本の借り入れがなされるべきところ、大量の短期資本により工業化の資金調達がなされた。短期資本は、順調に借り換えが行われるかぎり、問題は発生しない。しかし、企業や銀行の経営状態の悪化などにより、その借り換えが行われなくなると、ただちに、債務超過による経営危機に陥る可能性がある。東アジア諸国は、一九九七年のタイの通貨危機に典型的に見られるように、大量の短期資金の引き上げにより通貨危機に陥り、ついで、銀行の債務超過から金融危機に陥り、さらに、企業の倒産や大量解雇などの経済危機に陥った。

したがって、通常の通貨危機に対処しうるような金融・財政引き締め政策によっては、アジア経済危機は解決できない。アジア経済危機には、東アジア諸国の経済・社会システムのはらんでいる構造的問題という原因がある。つまり、クローニー・キャピタリズムといわれる政府・金融機関・企業の癒着構造や、株式会社制度と資本市場の未発達から生じる銀行と企業のオーバーボローイング状態への傾向、急激な工業化のための外国資本とりわけ短期資本への依存傾向、国内市場の未発達のために海外市場とりわけアメリカや日本の市場への輸出が不可欠であることなどの、構造的な問題がある。こうした構造的問題つまり経済・社会システムのはらむ問題を解決する必要がある。

この経済的構造改革と関連して、ＩＭＦや世界銀行によって法制改革の提案もなされている。具体的には、破産法、競争法、労働法などの分野で、法制改革が提案された。破産法では、アジア危機によって破産した企業の市場からの速やかな撤退を可能にするような法制改革がめざされた。また、競争法では、産業構造問題としての独占の禁止や、財閥の系列企業への無制限な債務保証による事業拡大を規制する法律（韓国の場合）などが、提案された。最後に、労働法の改革については、ＩＭＦによって、韓国に対し、集団整理解雇制度の確立が提案された（一九九八年二月）。また、世界銀行が一九九九年一月に発表した、「包括的な開発のフレームワーク構築に関する提案」では、「有効な法律、司法制度」「良いクリーンな政府」「組織・監督が確立された金融システム」「社会セーフティ・ネットワークと社会プログラム」等が挙げられている。[21]

このように、アジア危機をきっかけとして、社会・経済構造の改革や、そのための手段としての法制改革などが、ＩＭＦや世界銀行の提案により、また、各国政府の国際世論を考量した自発的改革がなされてきている。これらの改革の努力は、これらの諸国の経済・社会システムの近代化をもたらし、東アジア諸国の近代化をもたらすものと考えられる。このことは、東アジア社会の制度の進化と呼ぶことができるものではないだろうか。進化経済学の提唱する、諸社会の社会経済制度の進化という観点から見て、アジア経済危機をきっかけとする、東アジア諸国の社会経済制度や法制度の改革の動きは、制度進化の原因や経過を研究する上でも、有効な一事例をなしていると思われる。そしてまた、進化経済学の観点から見れば、新しい制度の出現は、政府や企業によるイノヴェーションへの努力の表れであり、こうして出現した諸制度のなかでどの制度が最終的に定着するかは、それらの制度の間の競争の結果に左右されると考えられるのである。

すでに、おおくの論者の指摘するように、東アジア諸国は、そのマクロ経済の状態が良好であったにもかかわらず経済危機に陥ったのであるが、これからの脱却は、こうした経済・社会システムにおける制度進化を必要としているようにおもわれる。

（２）　世界通貨・金融システムの制度進化の必要性

本山美彦氏によると、通貨危機におそわれた東アジア諸国は、外国からの借り入れに共通性があったといわれる（本山美彦、二〇〇〇、一八七—一八八）。すなわち、長期の事業への融資を外国からの短期借入資金で行っていること、借り入れた銀行はこれらの短期資金を国内通貨に転換し国内企業に貸し付けたが、リスクに対するヘッジを取っていなかったこと、安易な借り入れのために融資先が不健全になり、土地や株のバブル的高騰を招くものになったことなどである。このように、東アジア諸国の金融機関の安易な短期資金の大量借入とそれを可能にした国際的な通貨・金融システムとに、アジア通貨・金融危機の原因がある。こうした危機に対して、東アジア諸国が自国の金融システムの改革と企業の構造改善を行う必要があることは、前述のとおりである。では、国際通貨・金融システムの側に、問題はなかったのか。

ＩＭＦは、メキシコ通貨危機などの他の通貨危機のときと同様に、アジア通貨危機に対しても、緊急融資などの救助策を講じた。その点では、ＩＭＦは、国際的な通貨・金融システムとしての役割を果たしたのである。しかし、アジア通貨危機は、単純な経常収支の悪化によるものではなく、東アジア諸国の工業化が政府・金融機関・企業の密接な連携の下で、外国資本とりわけ短期資本の借り入れを通じて行われるなかで発生した複合危機であったので、ＩＭＦの通常の融資条件《コンディショナリー》によっては解決できなかったところに、深刻な問題がある。このことは、一方では、前述のような国内の金融機関・企業の構造改革を要求するとともに、他方では、国際通貨・金融システムの改革を要求していると言える。ＩＭＦは、その資金力からして、単独では、アジア通貨危機に対処することができず、世界銀行、アメリカや日本の政府から資金の供出を求めなければならなかった。このなかで、「日本は、一九九七年九月にアジア通貨基金を提唱したが、……ＩＭＦとアメリカの反対によって実現しなかった。しかし、その後の二年間、日本は、ＡＳＥＡＮ四ケ国と韓国に対し、事実上単独で二国間ベースの援助を行ってきた。」（村瀬哲司、二〇〇〇、二二四）。

その金額は、ＩＭＦ支援パッケージの約束額一九〇億ドルを含め、総額八〇〇億ドルであり、一九九九年三月末までに六四〇億ドルが具体的に支出された。(通商産業省、一九九九)。こうして、東アジア諸国の通貨・金融危機に対しては、アジア基金のようなものが必要であると、想定できるのである。[22]

村瀬哲司氏は、ユーロの実現によるヨーロッパの地域統合に学んで、アジアの地域経済統合の必要性を主張し、その第一歩として、アジア安定通貨圏の樹立を提唱している。アジア通貨危機の示すところでは、一国の力では、国際投機家による通貨攻撃(為替投機)に対抗することはできず、アジア通貨基金のようなものを設立し、通貨投機で外貨流動性不足に陥った国に、市場介入資金を提供する必要があるという。それと関連して、アジア通貨の為替市場を育成する必要があるという。さらに、長期的には、アジア太平洋通貨によるACU(Asian Currency Unit)を創設し、アジア為替基金による融資を実現すべきだと提唱している。

現在、世界資本主義システムは、アメリカを中心とした北米・中南米経済圏、ドイツ・フランスを中心としたヨーロッパ連合(EU)という二つの地域経済圏を含んでいるが、アジアにおいては、そうした地域経済圏は成立していない。しかし、この度のアジア通貨危機から経済危機への展開を見ると、そうしたアジアの地域経済統合の必要性が、感じられるのである。こうした国際的な地域経済統合の成立は、国際的な次元での経済システムの進化であると評価できるのではないか。シュムペーターもそれに貢献している進化経済学は、こうした現実に見られるシステムの進化あるいは進化への試みについて、どのような説明を与えることができるのだろうか。すくなくとも、金融機関や企業のおこなうシステム改善への努力について、かれの経済発展論は説明していると言える。しかし、政府や国際機関のシステムの進化については、かれの進化経済学による説明は、困難であると言えるだろう。進化経済学そのものが進化する必要があると言えるだろう。

むすび

進化経済学の制度進化という視点からは、アジア経済危機とその後の動向について、どのようなことが言えるのか。

まず、アジア通貨・金融危機は、世界資本主義システムの中でのアジアの位置に規定されつつ発生したが、アジア各国の国内金融システム、企業システム、企業と金融機関と政府との関係などの構造的問題によって、増幅されたと言える。したがって、各国民経済の世界資本主義システムへの統合の進展という意味でのグローバル化の時代にあっては、各国民経済の金融システム、経済システム、法・政治・行政システムなどは、世界システムに対応できるような構造改革を迫られていると言わざるを得ない。一国的な競争ではなく、世界市場における競争にたえるようなシステムへの改革が、迫られている。

では、進化経済学の源流の一つとしてのシュムペーター理論からみて、アジア経済危機とその後について、何が語れるのだろうか。シュムペーター理論は、資本主義過程の中心的役割を果たす企業者の行う企業レヴェルでの革新と、模倣者の模倣によるその普及を通じての企業システムの改革については説明できるが、国家レヴェル（法・政治・行政レヴェル）での改革については説明できないように思われる。まして、世界資本主義システムのレヴェルでの改革については、説明できないのではないだろうか。しかし、すくなくとも、企業者のイノヴェーションの活動を中心にした、資本主義過程の発展のメカニズムは明らかにされたのであり、これはその他の領域における発展についてもヒントを与えるものである。各レヴェルにおける制度改革のメカニズムについて示唆するものであると思われる。

では、ウォーラーステインの世界システム論の観点から見て、アジア経済危機とその後の動向について、どのようなことが言えるのだろうか。

ウォーラーステインの世界システム論は、中核、半周辺、周辺という三極構造の世界システムを提唱することにより、アジア・ニーズ諸国が、半周辺としての役割を果たすことによって、経済発展し得たことを説明できた。A・G・フランクの従属理論によっては、アジア・ニーズの発生を説明することはできなかった。また、アジア経済危機の発生について、それが各国の国内的要因にのみ由来するものではなく、むしろ、世界資本主義システムのなかで東アジア諸国とりわけタイやインドネシアやマレーシアなどの置かれていた位置の変化とその現れとしての国際競争力の変化や、国際的投機資本の投資活動という国際的要因に由来したことを、明らかにしたのである。世界システム論的視角を抜きにしては、アジア経済の発展についても、アジア危機についても説明できないだろう。

しかし、世界システム論は、アジア経済発展とアジア危機について、後知恵的に説明することはできたが、通貨・金融・経済危機に陥ったアジア諸国が、いかにして、またどのような内容の、金融システム、企業システム、および法・政治・行政システムなどの改革を行うべきかという問題には、答えることができない。ヘーゲル歴史哲学において、世界史における精神の自由の実現過程を観照する絶対精神のように、世界システムの変遷を観照し、その変化の原因を説明するだけである。

どのような世界経済システムを実現するべきなのか、世界経済システムと各地域システムとの関係はどうあるべきなのかという、積極的なヴィジョンは、ウォーラーステインの世界システム論には示されていない。ただ、世界経済システムと各地域システムの変化して行く過程を理解するための、枠組みが提出されているだけである。しかし、社会科学が、まず、現実に生起している事象を客観的に理解し説明できるものでなければならない限りでは、ウォーラーステインの世界システム論の枠組み有効性を否定することはできないと思われる。

(1) ブレーメン大学経済学部世界経済国際経営研究所と愛知大学経済学研究科の東アジア研究会との第一回ワークショップの報告論文集は、Hozumi / Wohlmuth (Eds.)(二〇〇〇)、Schumpeter and the Dynamics of Asian Development, Lit Verlag. として刊行されている。また、第二回ワークショップの報告論文集も、"After the Asian Crisis. Schumpeter and Reconstruction"という書名で、同出版社より、刊行の予定である。

(2) 近年の進化経済学については、日本の進化経済学会の編集した次の書物が、適切な入門書となるだろう。進化経済学会編(一九九八)、進化経済学会・塩沢由典編(二〇〇〇)および、Hodgson, G. M., W. J. Samuel and M.R. Tool (ed.)、(一九九四)などを見よ。

(3) Kelm, Matthias, 1997, pp 127–129.

(4) Hodgson, G.M., 1997, pp. 131–145.

(5) 保住、二〇〇一、を参照。

(6) 大野忠男(一九七一)。金指基(一九七九)。金指基(一九八七)。塩谷祐一(一九九五)等を見よ。

(7) 古典的帝国主義については、わが国では、膨大な研究論文と研究書が、発表されている。そのうち、その一例として、保住(一九八五)と保住(一九九三)を挙げておきたい。前者は、ヒルファディングの帝国主義観および組織資本主義論を論じたもの。後者は、ドイツ社会民主党および第二インター内部の帝国主義論争について論じたものである。

(8) A・G・フランク著/大崎正治他訳(一九七八)とりわけ、その第一部第一章「低開発の発展」を見よ。

(9) イマニュエル・ウォーラーステインの著作は、その殆どが邦訳されている。そのうち、かれの世界システム論を理論的に説明したものおよびそれをもちいて資本主義世界経済を分析した著書には、ウォーラーステイン/藤瀬浩司他訳(一九八七)、ウォーラーステイン/日南田静真監訳(一九八七)、ウォーラーステイン/本多健吉・高橋章監訳(一九九三)、ウォーラーステイン/山下範久訳(二〇〇一)、ウォーラーステイン/川北稔訳(一九九七)などがある。

(10) 宇野弘蔵氏の経済学方法論については、宇野弘蔵（一九六二）の、I、経済学の対象、II、経済学研究の分化における、現理論と段階論との分化の必要性についての議論が、参照されるべきである。
(11) 白井早由理（一九九九）の第一章参照。東アジア地域への純資本流入は、一九八〇年代には、公共部門中心であったが、一九九〇年代には民間部門中心になった。とりわけ、タイでは、民間部門への純資本流入が一九九〇〜九六年にはなると対GDP比で四％から一〇％に急増したという。また、この純資本流入の構成の中では、短期借款、外貨建て預金、株式を中心としたポートフォリオ投資が増大していたという。また、東アジア地域へ資本が流入した五つの原因（一九九四―九二年）として、一、東アジアにおけるマクロ経済の安定性と持続性、二、国内金利と国際金利との格差が拡大したことにより、高い金利を求めて海外から貸付を中心とする資金が流入したこと、三、メキシコの金融危機の際に、東アジア地域へ国際資本が移動したこと、四、労働コストなどの上昇した日本から同地域へ直接投資が誘発されたこと、五、東アジア地域の政府が海外からの借り入れを奨励する政策を採用したこと、等をあげている。
(12) クルーグマン／竹下興喜監訳、一九九五、九―三四頁。
(13) 白井早由理、一九九九、一九五―二六〇頁を参照。
(14) 近藤健彦・中島精也・林康史、一九九八、第一四章参照。
(15) 白井早由里、二〇〇〇、第一〇章第二節。
(16) 「IMF融資条件の最大の特徴は、財政・金融面において総需要管理政策の実施を強要することです。タイ政府も付加価値税や奢侈品に課される物品税と輸出税を引上げ、さらに三回にわたり予算歳出を削減して、GDP比一％の財政黒字を目指しました。また金利を引き上げて為替相場の安定を図るとともに、インフレの予防や経常収支赤字の縮小を達成する計画でした。」しかし、この引き締め政策により、経済が予想以上に後退したところに問題があったという。（慶応義塾大学地域研究センター、二〇〇〇、一八九―一九〇）
(17) 例えば、白鳥正喜氏は「今回のアジア経済危機は、政府のマクロ経済の安定を図る一方で規制緩和と自由化を行うべきであるとする、市場メカニズム至上主義の新古典派経済政策の失敗によるところが大きいと思われます。これに、市場メカニズムへの反応が遅かった開発独裁の失敗が加わったものと考えられます。」（慶応義塾大学地域研究センター、二〇〇〇、二一三）と述べている。

(18) 日下部元雄・堀本善雄、一九九九年、第三部を参照

(19) ＩＭＦの支援プログラムの中心をなすコンディショナリティについては、白井早由里、一九九九、第七章をみよ。ここでは、経済調整のためのマクロ経済政策として、為替政策、財政政策、金融政策、サプライサイド政策の五つが挙げられ、その説明ののちに、経済調整プログラム作成の仕方が説明され、コンディショナリティの目的と内容が説明されている。なお、「コンディショナリティ」を定義して、こう述べている。「コンディショナリティとは、ある加盟国が直面している国際収支問題に関連する経済状況を検討した結果、ＩＭＦによって適切であるとみなされ、かつ金融支援を受けるために加盟国が採用することを期待されている政策を指す」（白井早由里、一九九九、一三七）。

(20) ＩＭＦの支援策の内容とそれへの批判、および日本のアジア支援については、山本栄治編著、一九九九、第一二章、にも通説的に述べられている。

(21) 山本栄治、アジア経済再生、日本貿易振興会、一九九九、第一三章を参照。

(22) 高橋琢磨、関志雄、佐野鉄司、アジア金融危機、東洋経済新報社、一九九八年、二七八頁参照。アジア各国の適正な為替レートを取り決め、そのレートを維持できるような外貨貸付を可能にするアジア通貨基金の構想が指摘されている。また、そのためには円の国際化が必要であるとされている。

文献目録

青木健（二〇〇〇）アジア経済の成長性とその課題：添谷芳秀／山本信人編所収
ウォーラーステイン／藤瀬浩司他訳（一九八七）『資本主義世界経済Ⅰ』名古屋大学出版会
ウォーラーステイン／日南田静真監訳（一九八七）『資本主義世界経済Ⅱ』名古屋大学出版会
ウォーラーステイン／本多健吉・高橋章監訳（一九九三）『脱＝社会科学』藤原書店

ウォーラーステイン／山下範久訳（二〇〇一）『新しい学・21世紀の脱＝社会学』藤原書店
ウォーラーステイン／川北稔訳（一九九七）『近代世界システム　一七三〇―一八四〇ｓ』名古屋大学出版会
宇野弘蔵（一九六二）『経済学方法論』東京大学出版会
宇野弘蔵（一九七四）『宇野弘蔵著作集　第九巻（経済学方法論）』岩波書店
大野忠男（一九七一）『シュムペーター体系研究』創文社
金指基（一九七九）『シュムペーターの経済学』新評論
金指基（一九八七）『シュムペーター研究』日本評論社
日下部元雄・堀本善雄（一九九九）『アジアの金融危機はおわったか』日本評論社
クルーグマン／竹下興喜監訳、（一九九五）、『アジア：成功への課題：フォーリン・アフェアーズ・アンソロジー』中央公論社。（P. Krugman, The Myth of Asia's Miracle, in ; Foreign Affairs, 1994, Autumn）
慶応義塾大学地域研究センター編（二〇〇〇）『アジアの金融・資本市場』、慶応義塾大学出版会
近藤健彦・中島精也・林康史（一九九八）『アジア通貨危機の経済学』東洋経済新報社
塩野谷祐一（一九九五）『シュムペーター的思考――総合的社会科学の構想――』東洋経済新報社
白井早由理（一九九九）、『検証　ＩＭＦ経済政策』東洋経済新報社
白鳥正喜（二〇〇〇）「東アジア通貨危機と今後の課題」：慶応義塾大学地域研究センター、『アジアの金融・資本市場』慶応義塾大学出版会所収
進化経済学会編（一九九八）『進化経済学とは何か』有斐閣
進化経済学会・塩沢由典編（二〇〇〇）『方法として進化』シュプリンガー・フェアラーク　東京
添谷芳秀／山本信人編（二〇〇〇）『世紀末からの東南アジア　錯綜する政治・経済秩序のゆくえ』慶応義塾大学出版会
高橋琢磨／関志雄／佐野鉄司著（一九九八）『アジア金融危機』東洋経済新報社
通商産業省（一九九九）『通商白書　一九九九年』

フランク・A・G・著／大崎正治他訳（一九七八）『世界資本主義と低開発』柘植書房
保住敏彦（一九八五）『ヒルファディングの経済理論』梓出版社
保住敏彦（一九九三）『ドイツ社会主義の政治経済思想』法律文化社
保住敏彦（二〇〇一）、「シュムペーター理論の進化経済学的性格」、愛知大学経済学会『経済論集』第一五六号、一一月
本多健吉（二〇〇一）『世界経済システムと南北関係』新評論
村瀬哲司（二〇〇〇）『アジア安定通貨圏、ユーロに学ぶ円の役割』勁草書房
本山美彦（二〇〇〇）『売られるアジア、国際金融複合体の戦略』新書館
山本栄治編著（一九九九）『アジア経済再生』日本貿易振興会
Hodgson, G. M., W. J. Samuel and M. R. Tool (ed.), (1994), The Elgar Companion to Institutional and Evolutionary Economics, Edward Elgar.
Hodgson, G. M. (1997), The Evolutionary and Non–Darwinian Economics of Joseph Schumpeter, in : Journal of Evolutionary Economics, Vol. 7, No.2, pp. 131–145.
Hozumi / Wohlmuth (Eds.)(2000), Schumpeter and the Dynamics of Asian Development, Lit Verlag.
Kelm, Matthias (1997), Schumpeter' s Theory of Economic Evolution ; a Darwinian Interpretation, in ; Journal of Evolutionary Economics, Vol. 7, No. 2.

第四章　J・A・シュムペーター入門

ハンス・H・バス 著
保住敏彦 訳

・凡例

一　この論稿は、Hans. H. Bass, "J. A. Schumpeter. Eine Einführung. (Gastvorlesungen an der Aichi-Universität, Toyohashi/Japan)", Materialien des Universitätsschwerpunktes "Internationale Wirtschaftsbeziehungen und Internationales Management" Band 12, Hrsg. von Alfons Lemper, Axel Sell, Karl Wohlmuth. の邦訳である。

二　邦訳は、上記のドイツ語版テキストを使用するが、内容上適切な場合には、英文テキストにより補足する。

三　訳者の補足は、〔……〕をもって示す。原著者の補足は、（……）をもって示す。

四　原文おいてイタリックで表記されている語句は、訳文でゴチックとする。

五　重要な語句には、原語を併記する。

序言

疑いもなく、近年ドイツにおいて――おそらくはまた世界的規模において――オーストリアの経済学者ヨゼフ・アロイス・シュムペーター（一八八三―一九五〇年）の思想への関心が、非常に増大した。このことは、かれのレパートリーからとられた標語が日常的なメディアにおいて使用されていることに見られよう。つまり、今日では、経済恐慌、構造変化の遅滞、あるいは失業が論じられるときには、いつでも、「シュムペーター的企業家」の欠如が嘆かれ、あるいは「創造的破壊」の必要性が語られている。

専門の経済学者も、ヨゼフ・シュムペーターを再発見した。例えば、シュムペーターに関連する独自の書物の出版点数を、同じ年にうまれたケインズに関する出版点数と比較すれば、今日なお明らかにケインズが支配しているが、その支配は一九九〇年代には、明確に、後退している。

それ故、シュムペーターは、われわれの時代の差し迫った経済問題に対して解答を与えているのだろうか。かれは二一世紀のための経済学者なのだろうか。たしかにそう言うことは、レトリック上の誇張である。しかし、かれはまさしく偉大な真実の［理論的］核心部分を持っていると、わたしは考える。

こうした理由から、わたしはシュムペーターと新シュムペーター派の思想を、わたしの講義のテーマとして選んだ。この講義は、わたしが一九九七／九八年の冬ゼメスターに、愛知大学（豊橋／日本）の招待で、大学院経済学研究科において行うことができたものである。保住敏彦教授は、通訳という困難な課題を引き受けただけで

図1

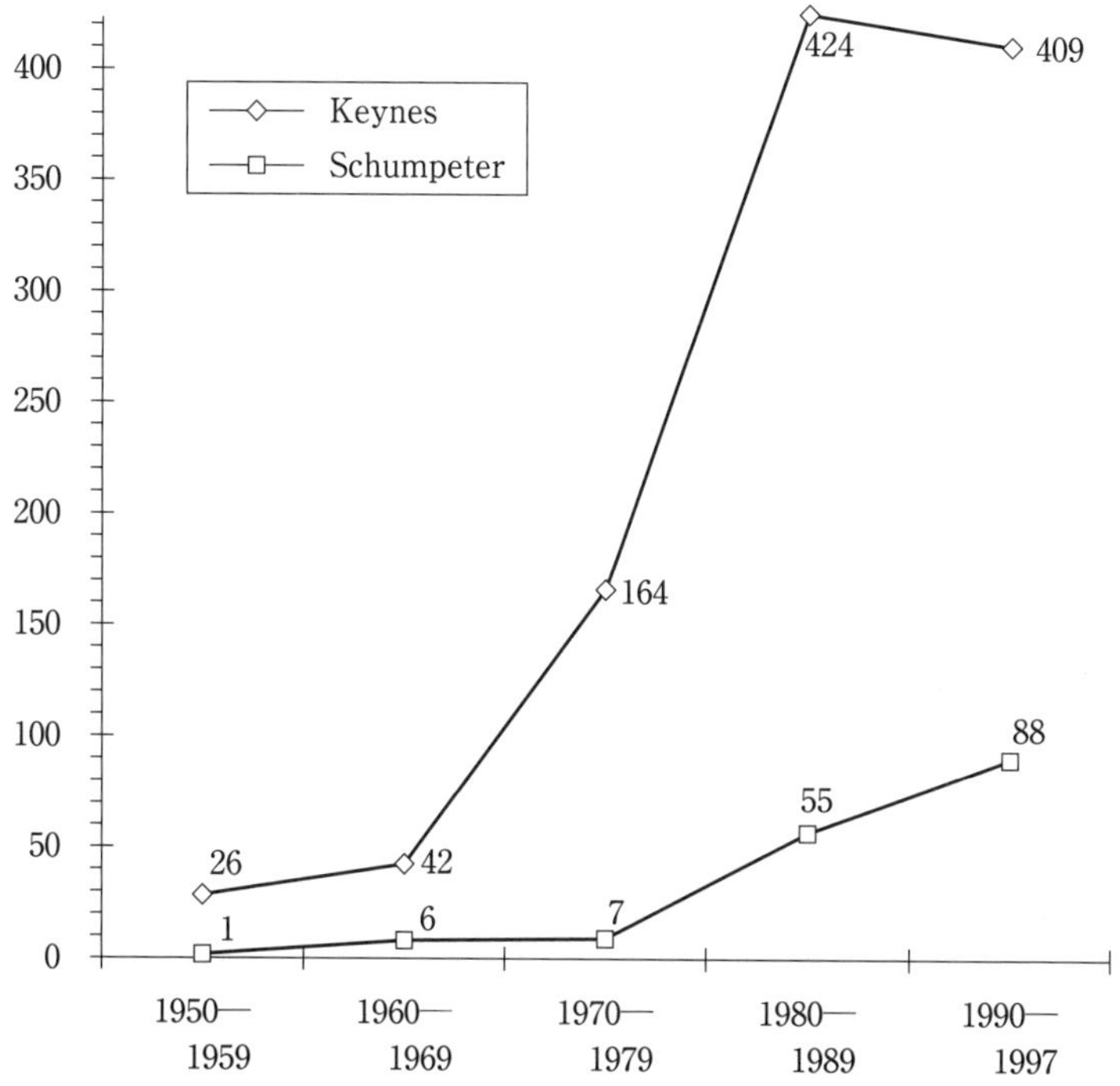

なく、それ以上に、多くの思索上の刺激と示唆を、わたしに与えてくれた。わたしはまた、愛知大学とドイツ学術交流会（DAAD）がわたしの［愛知大学での］滞在に、物質的および精神的な支援を与えてくれたことに感謝したい。この滞在は、ブレーメン大学の世界経済国際経営研究所と愛知大学大学院との間の長期交流協定によるものである。

わたしは、印刷したテキストを提供することにより、シュムペーターの根本思想を取り扱いたいと思っている学生たちを助けたいとおもう。第一章（伝記と文献に関する部分）は、全体的な概観を試みたものであり、その個別的な側面は続く諸章において深められている。すなわち、シュムペーターの発展モデル、シュムペーターの企業家論、および経済体制論へのシュムペーターの寄与である。わたしは（本書では）

講義草稿という性格を保持した。すなわち広汎な注釈をつけることは断念し、また、シュムペーターそのひとからの引用を除いて、出典も僅かしか付さなかった。

（ハンス・H・バス）

シュムペーターの文献の引用した版と［その略記］

AT　Aufsätze zur Öekonomischen Theorie, Tübingen : J. C. B. Mohr (Paul Siebeck), 1952

AWP　Aufsätze zur Wirtschaftspolitik (herausgegeben von W. P. Stolper und C. Seidl), Tüebingen : J. C. B. Mohr (Paul Siebeck), 1985.

ESS　Essays on Economic Topics (ed.by R. V. Clemence), Port Washington N. Y. : Kennkat Press, 1951.

HEA　History of Economic Analysis (ed. from Manuscript by Elizabeth Boody Schumpeter), London 1954 : George Allen & Unwin Ltd., 8 thpr. 1972.

KSD　Kapitalismus, Sozialismus und Demokratie, Tüebingen u. Basel : UTB/Francke, 7. Aufl. 1993.

KSS　Die Krise des Steuerstaats, in : Rudolf Goldscheid, Joseph Schumpeter, Die Finanzkrise des Steuerstaats. Beiträge zur politischen Öekonomie der Staatsfinanzen (herausgegeben von Rudolf Hickel), Suhrkamp, 1976.

KZ　Konjunkturzyklen. Eine theoretische, historische und statitische Analyse des kapitalistischen Prozesses, Göttingen 1961.

TGE　Ten Great Economists. From Marx to Keynes, London : George Allen & Unwin Ltd. 4th impr. 1966.

TWE　Theorie der wirtschaftlichen Entwicklung. Eine Untersuchung der Unternehnergewinn, Kapital, Kredit, Zins und den konjunkturzyklus, Berlin : Duncker & Humblot, 8. Aufl. (=unveränderter Nachdruck der 4. Aufl. 1934) 1993.

WH　Das Wesen und der Hauptinhalt der theoretischen National Ökonomie, Berlin : Duncker & Humblot, 2. Aufl. 1970.

第一節　伝記および文献

二〇世紀初めの「良き時代」(Belle Epoche)は、嵐のような経済的および技術的進歩のなされた時代であり、また、よりよき未来への絶ちがたい希望のみられる時代であった。工業の巨大な成長は、たしかにさしあたりは、貧者と富者との間の亀裂を深めたが、しかし、成長する労働運動によって、ますます多くの人びとが豊かさを分かち合うことができるようになった。電気モーター、自動車、電話および飛行機は、世界を変革したこの時代の発明であった。一九〇一年には、はじめて、無線による大西洋の架橋(マルコニー)が成功し、ストックフォルムでは、第一回ノーベル賞の授与により、科学の世界的規模の成果が祝福された。この年に、当時一八歳のヨゼフ・A・シュムペーターは、ウィーン大学に、法学部の学生として登録した。経済学は、かれの生きた時代には、組織上、法学に包摂されていた。

今日に比べて、二〇世紀の初めには、国民経済学は二つの特徴をもっていたことを強調すべきだろう。すなわち、

一、[経済学の]対象についての一般に承認されたような限定は、[当時]存在しなかった。つまり、大部分の学者は、かれらの対象を、倫理的、社会学的、歴史的、政治学的および心理学的なテーゼとそれに関連するものを包摂したものと、定義した。

二、経済学は、（一八八三年のメンガーの著作〔『経済学原理』〕以来きわめて明白に）その方法に関して、二つの陣営に分裂していた。つまり、演繹論の信奉者か帰納論の信奉者か、いいかえれば理論的な熟考からの出発か、あるいは経験的事実からの出発かである。ドイツにおいては、帰納的な歴史主義が、つまりは「新歴史学派」が、グスタフ・フォン・シュモラーの指導の下に、独占的な地位を占めていたが、シュムペーターの故国、オーストリア＝ハンガリー〔帝国〕においては、アングロサクソン系の言語圏におけると同様に、一八七〇年の「限界革命」以来、演繹的な限界効用学派が支配していた。

（1）シュムペーターの経済学へのデビュー

シュムペーターは、学業終了後、こうした枠組みの中で、彼自身の科学的立場を決定した。理論経済学に関する著作つまりシュムペーターの「初期著作」が重要である。すなわち、一九〇六年には、「理論経済学の数学的方法」という短い論文があり、一九〇八年には、包括的で、後に教授資格請求論文として認められた著作『理論経済学の本質とその主要内容』であり、これはシュムペーターの最初の書物である。この書物は、浩瀚な科学論の部分（まさしく「本質」）とともに、とりわけ、価格理論と分配理論（まさしく「主要内容」）を含んでいた。

科学理論的にみて、シュムペーターの〔上記の〕二つの論文は、注目に値する。

一、経済学上の「モンロー理論」のなかで、かれは歴史学および道徳哲学を含めた他の科学からの経済学の完全な独立を要求した。「純粋経済学の他の専門科目に対する全ての関係は、〔…〕われわれにほんの僅かのものしか与えないか、あるいはなにも与えないにちがいない。明断であるためには、それの無意味さを強調し、これらの重荷を投げ捨てる必要がある」（WH, S. 553）。経済学は、専ら、人間行動という、小さいがしかし重要な領域を取り扱う。例えば、国民経済学は、租税が「正しい」かどうかといった問題について、何らの立場を持っていない。しかし、それは、ある租税が経済活動にどのような影響を及ぼすかについて、語ることができるだろう。(WH, S. 83)。

二、経済学を定式化した者たち、とりわけ、ワルラスと、メンガーの「オーストリア学派に依拠しながら、シュムペーターは、演繹的方法を明白に擁護した。すなわち、現実の中の経済的に興味深い領域について根本的な発言を行うためには、**まず第一に、個人の**行動から、したがってミクロ経済学的な基礎から出発すべきだという。このために、シュムペーターは、社会進化論の創始者であるハーバート・スペンサー(1820–1903)にも既にみられる一概念、すなわち「**方法論的個人主義**」(WH, S. 90f.)という概念から出発する。これがシュムペーターに及ぼし得た影響については、われわれは後に別の問題に関連して、もう一度たちかえるつもりだ。この基礎から集計へ突き進むべきだろうが、もちろん、他の科学にたいする限界を超えるべきではない。というのも、およそマルクス主義的な方法によって、社会的なものが、マクロ経済学的なものから除外されており、しかもそれによって、例えば、社会階級の形成を説明しようとするからである。**第二**に、認識過程を短縮するために、状況の一定の特徴を孤立的に取り上げることである。経済学の対象領域は、相互に関連している若干の変数によって構成されるという。経済学は、自然科学に似た方法によって、このシステムの内部の運動を叙述し、そのことによって説明しなければならない。ひとつの均衡状態から出発して、思考の上で、ひとつの変数が変化させられ、別の変数がどのようになるかが説明される(「変化法」WH, S. 451)。ついで、技術学と似た方法で、統計の資料が具体的な科学的方法および予測のために用いられるべきであるという。

シュムペーターの著作『本質と主要内容』は、かれの生きた時代の重要な著作であり、学問的議論のなかで、まったく好意的に知られるにいたった。もちろん、それは経済理論の発展史においては、むしろ伝統的なものとして位置づけられ、とりわけ、シュムペーター自身の後の評価によると、永続性のある業績ではなかったが。［ちなみに］かれはその著作を「若気の過ち」と特徴づけ、存命中には、けっして第二版の刊行を許さなかった。（もっとも、一九三六年には、日本語への翻訳がなされているが）。

そこで主張された見解の何が問題であったのか。歴史的な批判が、「不毛なもの」、まさしく「非歴史的なもの」と特徴づけられたことは、驚くに値しない。その著作は、「冗長だ」と批判されている。シュムペーター自身の眼には、別の欠点が際立っている。この欠点を挙げ、それを除去することに、シュムペーターの重要な活動の一つが置かれている。わたしは、このことをシュムペーターの一九一二年の衝撃と特徴づける。

(2) 一九一二年のシュムペーターの与えた衝撃

シュムペーターは一九〇八年の著作の中で、その時代のアカデミックな経済学の状況にかなった仕方で、「静態的な」経済学の均衡モデルを取り扱った。シュムペーターは、こうした仕方での分析にはもはや立ち返ることは無かった。むしろ、シュムペーターの主たるテーマ設定は、一九〇八年には僅かに暗示されただけであった、「発展」と「動態」に関する問題になる。この二つの概念は、一九一二年に刊行された、シュムペーターの第二の主著『経済発展の理論』においてはじめて、中心に据えられた。かれの「動態」の分析は、シュムペーターがアカデミックな経済学にもたらした重要な革新のひとつと言えるのであり、これによってかれは直ちにおおきな反響を見出した。

○　動態と静態

「静態」と「動態」という一対の概念は、どのように重要なのか。「静態的」経済学は、シュムペーターにとっては、次のようなものであった。

一、独自の発展をしめさず、むしろいつも同じ水準でのみ再生産されており、この意味では「定常的な（stationär）」（TWE, S. 75）国民経済である。あるいは

二、外的な攪乱の後に、以前の均衡状態へ復帰しようと努力する一つの経済システム。シュムペーターはこれについて海の波の比喩を用いている。つまり、波の動きは、例えば、風によって起こるが、しかし、海洋の表面の水準は、長期的にはコンスタントであると（WH, S. 573）。あるいは

三、一様に、また攪乱されることなく、わずかずつ進展している国民経済（TWE, S. 100）。

シュムペーターにとっては、これらのいずれの場合にも「静態的な経済」は、一九一二年以来、経済学においてしばしば利用されたモデルであるが、しかし、外部的な変化の不在という特徴を持った、資本主義の現実とはかけ離れたモデルである。［静態的経済は］たしかに、シュムペーターの眼からみると、資本主義経済システムについての論理的な矛盾をはらんだモデルである。それ故、それはシュムペーターには、『経済発展の理論』の第一章で、背景としてのみ役立つのであり、これに対して、かれは動態的な国民経済の新しいモデルを述べるのである。動態的な国民経済は、外部的な原因のために、繰り返し、瞬間的に成立する均衡状態から離反するのであり、経済のあり方（die Art und Weise）を変更し、生産手段をあらたに結合する。投入連関の構造は、産出水準の成長を含んでおり、総合的に判断すれば、経済的発展が生じるのである。(1)

表１　経済における変化の範囲

	経済外部的原因	経済内部的原因
連続的変化	（経験上重要でない）	成長
非連続的変化	衝撃（例えば戦争）	発展（英語では、発展または進化）
	＝広い意味での進化（evolution）	

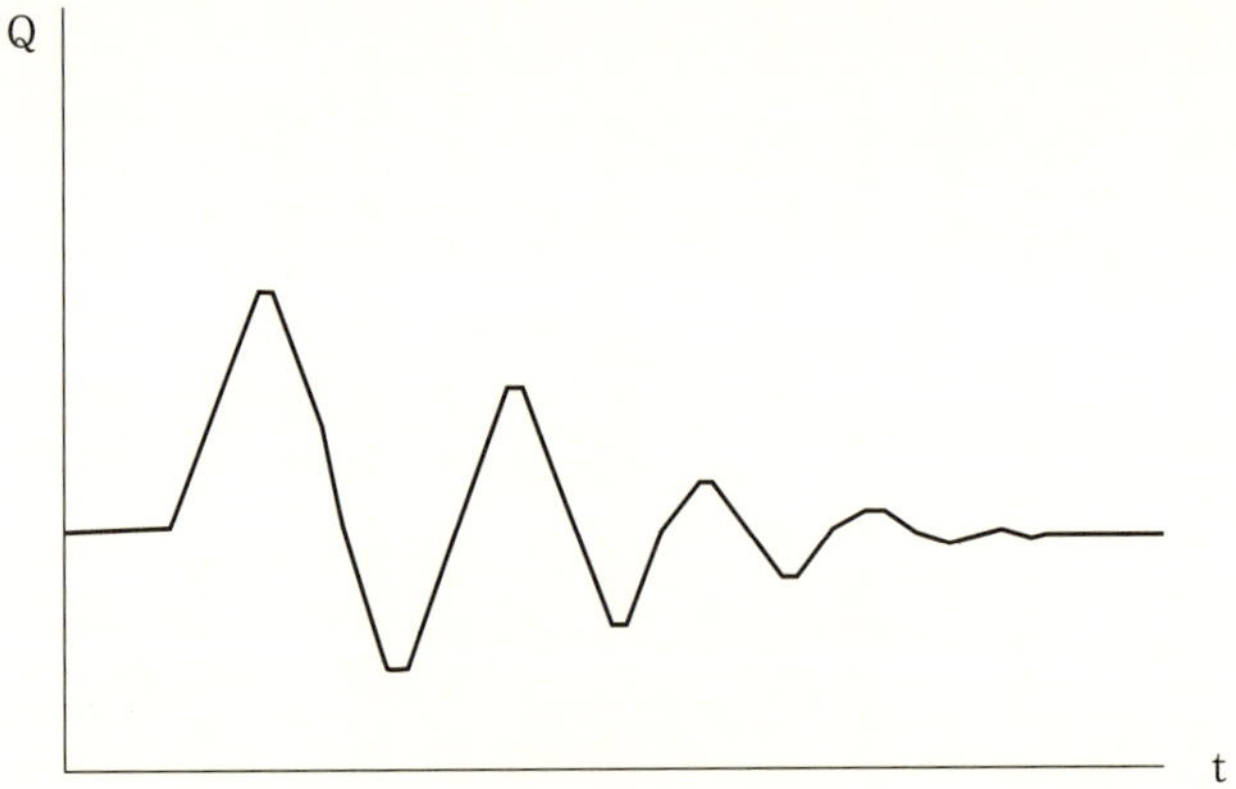

非連続的変化：衝撃

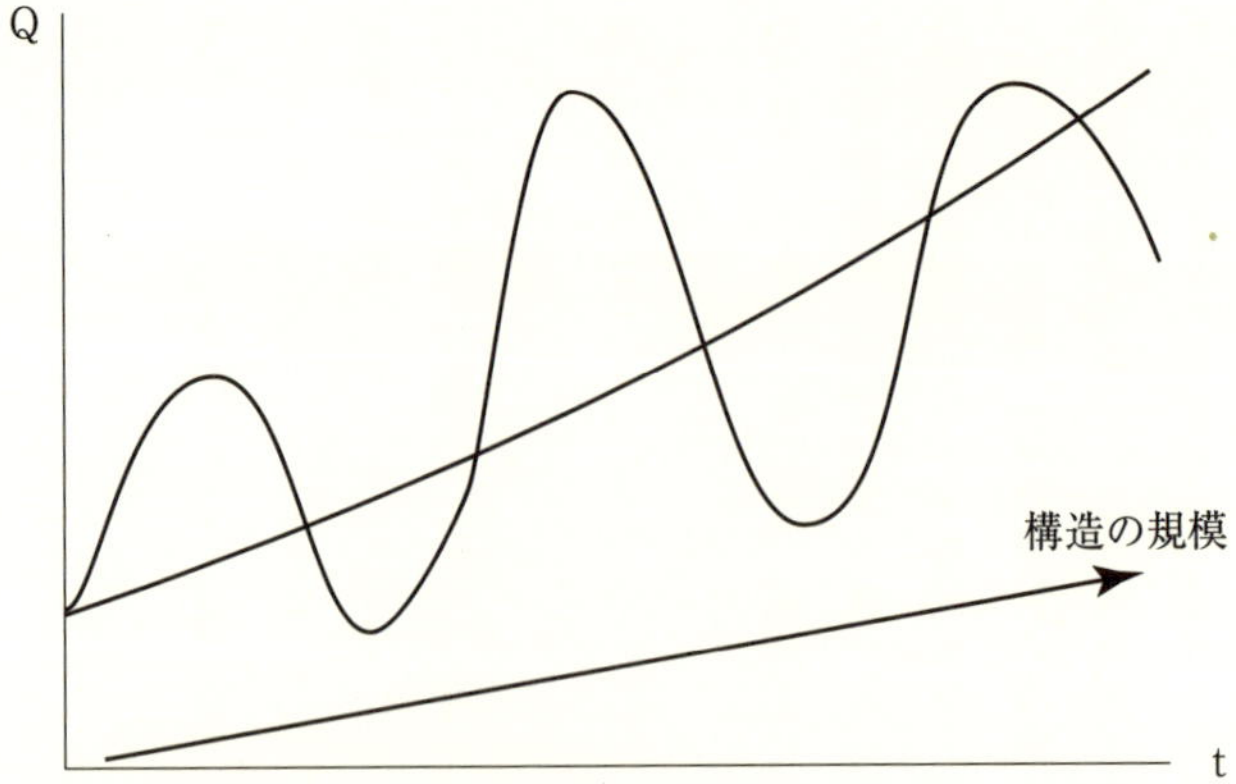

非連続的変化：発展

新しいコンビネーションの遂行を、シュムペーターは**イノヴェーション**と特徴づけた。もちろん、一定の規則性をともなって絶えず生じるイノヴェーションではなく——周期的に積み重ねられる——非連続的なイノヴェーションが、経済発展を進行させる。たしかに後には、シュムペーターは、広い意味での「発展」の概念を、経済の持続的な変化についても、したがって攪乱なき成長過程についても採用したのであるが、**狭い意味での**経済発展の概念は、経済領域そのものから生じ、非連続的に行われ、かつまさにそのことによって「そこにおいて循環が行われる経路の変化」（TWE, S. 98f）を生じさせるといった、そした諸変化を持っているのである。さまざまな概念の間の相違は、**表1**で、明らかになる。

シュムペーターは、諸々のイノヴェーションを導入する社会的な役割を果たす者を問うことによって、経済生活における活力（Dynamik）がどのように成立するかという経済学的な問題設定を、社会学的な見地と結びつけた。シュムペーターは企業者を経済発展の推進力だとみなした。われわれは、企業者についてのシュムペーターの特徴づけを、後により詳しく取り扱うつもりだ。ついでに言うと、それは普通使われている概念と、完全に一致するものではない。しかし既に、このように評することによって、二つの特別な革新を指摘することができる。これらは、シュムペーターが『経済発展の理論』をもって開始し、かれの初期の著作に比べてより創造的なものと特徴づけるものなのである。つまり認識論的な総合と、かれの構想の超専門性（die Transdisziplinarität）の二つである。

○ 認識論的な総合と構成主義的経済学との対比

社会学者で経済理論家のマックス・ウェーバーが、ほんの少しばかり以前におこなったと同様に、シュムペーターもまた一九一二年以来、ますます意識的に、演繹的方法と帰納的方法との総合を試みた。われわれはこの問題設定を、いま一度、シュムペーターのもちいた例によって、明らかにしよう。限界費用が限界利潤（Grenzer-loes）と等しい場合には、企業はその利潤を最大限にすることができるという命題は、一定の条件のもとでは論理的に正しいのであり、このことはそれが経験的に妥当することとは無関係にそう言えるのである。べつの等級の経済学的理論は、経験的な探究に基づいており、たとえば、現実の消費が所得期待とどのような関係にあるのかという命題である（HEA, S. 17）。シュムペーターは、もっぱら第一グループの（構成的な）理論と関係する経済学が、無意味になるという危険性があると、ますますつよく感じていた。経済学は、より高度に経験的な内容をもつ、第二グループの理論によって、有機的に補完される必要があるという。加えておそらくはマックス・ウェーバーの影響のもとに、シュムペーターはかれの最初の著作の一面性から抜け出た。さらにかれは、演繹というものが、必要であるが、しかし、現実のなかの経済学的に重要な断面を理解するために充分な道具ではもはやないと、理解している。——このことが、一九一二年以来のかれの著作における**第二の革新**であるとおもわれる。

こうした補完[2]のために、シュムペーターは、「理念型」の形成と経済史という二つの方法を見出した。

一、ウェーバーの「理念型」の構想においては、経験的な事実の本質的な特質のみを保持し、非本質的な特徴を薄れさせるような、思考の上での抽象が重要であると、シュムペーターは非常に適切な解釈を行っている（HEA, S. 819）。『経済発展の理論』の中で定式化されている、企業者の像において、シュムペーターは、社会科学においてはおおくのものがその意図を表明しながらまれにしかなされなかった、理念型的特徴付けに成功している。シュムペーターがここでスケッチしているのは、なんら肉と血をもった存在ではないのであり、およそ、実際の企業家の伝記のようなものは指示されていない。しかし、それはまた、本質的な社会的および心理的な文脈から抽象されている論理的構築物でもない。

二、シュムペーターは後になって、景気循環に関する著作をもって、経験的作業の意義を強調した。結局は、かれは経済史にたいする「理論的国民経済学」の優位性を放棄した。それ故、かれは一九三〇年代に新たに定式化された計量経済学を、特に強く、歓迎した。とはいえ、かれは計量経済学的な方法での仕事はしなかったのであるが。

一九四二年のシュムペーターの書簡のなかでは（Swedberg, 1994, 317f）、このテーマについて次のように述べられている。「わたしにとっていつも驚きの源泉であったのは、他の分別のある人びとが、過去十年間、あるいはせいぜい二十年間に生じたような素材にもとづいて、根本的な射程の広い理論を構築するという試みに、手を付けているということである」と。

シュムペーターの方法論上の計画は、経済史（すなわち経験的事実を、というのもこれは必然的に何時も過去の事象の痕跡であるから）を経済理論のための単なる例解には利用しないという、マルクスの方法論上の出発点について、かれが後に特に強く評価した際に、とりわけ明白になっている。むしろ、シュムペーターは、マルクスが、「いかにして経済理論が歴史的分析に転化され、また歴史的叙述が論理的歴史（histoire raisonnee）に変化し得るかについて洞察し、また学んだ、最初の第一級の経済学者だ」（KSD, S. 78）と強く主張した。おそらく実際には、後期のシュムペーターが方法論的にマルクス主義者であったと主張するのは、いささか誇張であろう。にもかかわらず、シュムペーターの伝記やかれの著作を参照すれば、まったく撞着した命題が、たしかにかなり単純に主張されているのである。

○　超専門性と多元主義の対比

理論経済学の経験科学的な拡充と密接に結びついているのは、経済学的な多元主義の適用であり、これが初期の著作にたいする［後期の著作の］**第三の変化**である。『経済発展の理論』においては、シュムペーターは心理学的および社会学的な見方を、かれの経済理論的な思考のなかに組み入れた。例えば、かれが、革新者（イノヴェーター）としての機能を遂行し得る、企業者の心理的動機を問うた時に、そうした。

この際、経済学の拡充が重要である。それ故、「超専門性（Transdisziplinarität）」という言葉が、「学際性（Interdiszipinrität）」（諸専門科学の限定された協力）というかなり流布している概念よりも、わたしにはこうした「研究の」出発点をより適切に特徴づけると思われる。一九三九年の著作『景気循環論』のなかで、シュムペーターはこうした出発点を方法論上の原理にまで高めた。そして、『経済分析の歴史』のなかでは、かれはこのことを、経済的現象は歴史的な与件を組み込む場合にのみ正しく理解し得るという事実によって、根拠づけたのである。しかし、歴史的な与件は、不可避的に、「制度上の」事実、したがって非経済的な事実を反映している。それ故、歴史的な報告は、いかにして経済的要因と非経済的要因が相互に作用するかを理解するための最良の方法であり、また種々の社会科学的基礎の相互の結合を不可欠にするものである。それ故、われわれはシュムペーターを社会経済学の擁護者と理解することもできる。

○　アカデミックな論争における局面の変化か

シュムペーターがこの三つの革新を行うようにさせた事情は、不毛な学界の論争における局面の変化であったとは思えない。事実、かれはシュモラーにたいして、またゾンバルト（「最新歴史学派」の代表として、かれは「シュモラーを超えるシュモラー even out-Schmollered Schmoller」である、HEA, S. 817）にたいして、かなり距離を保っていた。むしろ、シュムペーターは、テーゼとアンチテーゼとの「弁証法的過程」の中で、「新しい質をもったジンテーゼ」に到達した。経済学上の認識対象の広汎な定義についてのテーゼと、シュムペーター自身が一九〇八年のかれの「モンロー理論」をもって極端にまで押し詰めた、狭く限定された対象に関する反対テーゼとから、経済学的な研究基盤のもつ超専門性というジンテーゼが成立する。帰納的で叙述的な方法というテーゼと、演繹的で構成的な方法というアンチテーゼ——一九〇八年にはまだこれを主張していたが——から、シュムペーターは一九一二年以来、経験的探究と発見的な理論構成との宥和というジンテーゼを発展させた。つまり、理念型の観念を経済学に導入し、後には、経済史を、ついには計量経済学を特別に尊重したのである。そして、ダーウィン、マルクス、およびスペンサーの進化理論から、また、シュムペーターが一九〇八年にそのうえを歩んでいたワルラスの均衡分析という反対テーゼから、一九一二年の『経済発展の理論』の」出版以来、あたらしいダイナミックな経済理論が、ジンテーゼとして成立した。

一九〇六年と一九〇八年の二つのどちらかといえば通常の労作は、もちろん明白に科学理論を志向するものであったのにたいして、一九一二年と一九二〇年との間の革新的な労作は、まだ不明瞭なものにすぎなかった。もっとも、新しさは、まさに認識論的には埋め込まれていたのであるが！　本論において既に述べたことでによって、シュムペーターの科学理論的な計画は、事後的に（ex post）、スケッチできたとおもわれる。そして、われわれは、つぎに、その計画がどのように実現されたかを問おう。だが、まず最初に、若干の伝記的事実について述べよう。

るごとができよう。わたしはこのことを根拠づけよう。

(3) 中期および後期におけるシュムペーターの活動領域

中期および後期におけるシュムペーターの生活は、世界市民と普遍主義者という二つの概念をもって特徴づけることができよう。わたしはこのことを根拠づけよう。

一、シュムペーターの生活は、その頃の時代にはあまりみられない空間的な移動性という特徴をもっている。つまり、ウィーン、ロンドン、カイロ、ニューヨーク、ベルリン、ボン、最後にハーバードは、かれが生涯のうちに留まった場所であったし、これは日本およびメキシコへの契約による旅行によって補完されていた。

二、シュムペーターは原則としていつも学者であった。そして、その出版物のなかでは、かれがすべての政治的な価値評価を保持し、例えば、経済政策的な方策を決定するための理論的な補助手段を提示できることを、繰り返し強調したのである。にもかかわらず、かれのアカデミックなキャリアは、地位の高い学問外の任務によって補われていたのであり、しかも、このことは第一次大戦後の時期(一九一九―一九二四年)について言える。つまり、まず、第一に、ドイツの革命後の政府が大産業の社会化問題を審議すべく設けた委員会の委員として「活動した」。ひとつの逸話がこの委員会におけるかれの知的な独立性を確証していると言って良いだろう。つまり、けっして社会主義者ではなく、むしろ資本主義の賛美者であるかれが、なぜこの地位を引き受けたのかと問われたのに対して、シュムペーターは「もしも自殺がなされる場合には、少なくとも医者が付き添うべきでしょう」と答えた。

この委員会での仕事が終わった後、シュムペーターはおそらくはマルクス主義者の学友達の勧めにしたがって、革命後のオーストリアの連立政権の大蔵大臣になった。そして最後に——この時代の特権がもたら

表2　シュムペーターの生涯と作品についての年表

一般史	経済学史	シュムペーターの生涯		シュムペーターの主著
	マルクス没、ケインズ誕生	1883	メーレンに生まれる（今日のチェコ）	
		1901	ウィーン大学に、学生として登録	
		1906	学位取得	数学的方法について、1906
		1907	イギリスで勉強	
		1908	エジプトで活動	本質と主要内容、1908
		1909	チェノヴィッツ（今日のウクライナ）にて教授	
		1911／12	グラーツの教授	経済発展の理論、1912
		1913／14	ニューヨークにて客員教授（コロンビア大学）	学説と方法の諸段階、1914
				租税国家の危機、1918
1914—1918 第一次大戦		1919	ベルリンにて社会化委員会の委員 ウィーンで大蔵大臣	今日における社会主義の可能性、1920
		1920—1924	ウィーンで銀行家	
		1925—1932	ボンの教授	
1929、世界経済恐慌		1927—1930	ハーバードの客員教授	
		1931	日本を訪問	
	1936、ケインズ、雇傭、利子および貨幣の理論	1932	合衆国への移住、ハーバードの教授	景気循環論、1939
1939—1945 ドイツでのナチ支配				資本主義、社会主義、民主主義、1942
		1950	没	
		没後		経済分析の歴史、1954

表3　シュムペーターの諸著作の対照表

1906 数学的方法について	1912 経済発展の理論	1914 理論と方法論の諸段階	1920 今日における社会主義の可能性
↓	↓	↓	↓
1908 ［理論経済学の本質］と主要内容	1939 景気循環論	没後 経済分析の歴史	1942 資本主義、社会主義、民主主義

したものであるが――民間の銀行家になった。もちろん、すべてのこれらへの参加は、短期間であり――いずれにせよ伝統的な意味では――成功しなかったのである。

三、最後に、シュムペーターのアカデミックな活動が、注目されねばなるまい。シュムペーターは、その後の学問的生涯において、経済理論の見地をけっして軽視しなかった。しかし、かれは、経済理論を越えて隣接領域においても、たとえば社会学においても、創造的に活動したのであり、同様に、その他の学問においても、非常に多読であった。このことは、『経済分析の歴史』おける哲学、心理学あるいは人類学への言及にも示されている。

シュムペーターは、一九二〇年代の中頃と終わりの金銭上の破産状態にあった時代――わたしは既に民間銀行家としての成功しなかった活動について述べたが――に、経済政策上のテーマについて委託されて執筆されたもの（これについてはとりわけ論文集AWPを見よ）を含む、多数のかなり短い論文を発表した。しかし、これと並んで、三つの研究分野が強調されねばならず、これらはシュムペーターの大冊の単行本によってとくに目立っている。つまり、景気循環論に関する作業、経済制度の理論に関する作業、および経済理論の歴史に関する作業である。それ以外にも、シュムペーターは、長い間、貨幣理論に没頭していた。かれは一九三〇年におけるケインズの画期的な貨幣理論の公表（『貨幣論』）以後、創造活動における危機に陥ったといわれる。というのも、シュムペーターはまさにこの時期に、彼自身の著作を印刷させようと準備していたからだという。いずれにせよ、「貨幣論という」このテーマについてのシュムペーターの労作は、かれの死後に初めて、断片的作品として出版されたのであった。

全体としてみれば、シュムペーターの生涯にわたる活動には、ひとつの内在的な論理が存している。というのも、初期の著作において挙げられたテーマは、表3が示しているように、後期の著作に照応しているからである。

換言すれば、一九一〇年から一九二〇年の間にシュムペーターの研究領域と研究方法は、既にその梗概は明確に提出されていた。おそらくケインズの次のような推測が、そのことを確証しているだろう。つまり「経済学および社会哲学の領域においては、一九二五年代および一九三〇年代以後、新しい理論によって影響されたものは、多くはないのである。」(『一般理論』三版、1966, p. 324)。

○ 景気循環

『経済発展の理論』の中で定式化された、イノヴェーション活動の変動による景気循環の発生についてのモデル——これは本書のすぐ次の章においてより詳細に考察するつもりであるが——は、一九三九年には、シュムペーターの著作『景気循環論』によって展開され、歴史的・統計的資料によって根拠づけることが試みられた。その際、シュムペーターは三つのあい重なるイノヴェーション循環から出発する。

これらのイノヴェーション循環は、[それぞれ]四〇カ月のキチン循環、八年のジュグラー循環、および五〇年のコンドラチェフ循環をもたらす。この際、それぞれのより長い循環は、より短い循環にとっては「趨勢(トレンド)」として妥当するとみている。ある種の統計上の陶酔(einer Art statistischen Rauschen)という二次的現象からみながら、シュムペーターは、これまでの経済史における循環を明白に資料で裏付けることができると思い、ドイツ、イギリスおよびアメリカの経済史から、多くの詳細な事実や長期の流れを取り出そうと努力したのである。

さて、すくなくとも前ケインズ時代すなわち国家的な安定化政策の介入のなされなかったときに、多くの一連の現象が、そうした波動の運動の結合として完全に叙述されることができる。今日では、多分、スペクトル分析をもちいて行うことができるだろう。しかし、この問題は、――そして、この点に関して、多くの批判者たちは、たとえば後のノーベル受賞者クズネッツは、一九四〇年にすでに、シュムペーターの書物の初期の書評の一つ（アメリカ・エコノミック・レヴュー）の中で――一群のイノヴェーションの成立と終焉に関するシュムペーターのモデルと、経験的に観察されうる循環期間との間には、なんら明確な結びつきがないことを指摘した。換言すれば、理論と経験との間には隙間があり、『景気循環論』は二部にわかれた書物である。このことが、部分的ではあるが、経済学においてこの著作がシュムペーターをがっかりさせるほど軽視された事情を、説明する。今日においても、この著作は、一九一二年の『経済発展の理論』と一九四二年の『資本主義・社会主義・民主主義』に関する著作の影になっている。これは私の考えでは、不当である。というのも、シュムペーターの発展モデルは、『経済発展の理論』において行われているよりも、はるかに複雑で分節化された形で、叙述され得るものだからである。

○　経済システムの理論

シュムペーターは、その著作『租税国家の危機』（一九一八）のなかで、第一次大戦の終わりごろの当時の一つの緊急の問題について、時代を超えた経済システム論的な視点のもとに論じた。つまり、軍事公債の財政政策的な作用と同時に国家の負債の経済体制（今日いわれる経済システム）への作用についてである。シュムペーターは、この問題に関して、経済的活動能力は、課税が高すぎると麻痺させられうると論じた。国家歳出の増大は、ついには私的部門の活動能力を縮小させるにいたる。国家は、経済に過度に負担をかけるべきではないのであり、したがって歳出にさいして節約すべきであるという。

［シュムペーターは］市場と政府の相対的な役割（と、一方での市場の失敗と他方での政府の失敗の危険性と）をめぐり、繰り返し緊急になされる国民経済上の論争において、こうした明確な立場をとった。それとともに、この論文の結論部には、シュムペーターの後の著作において中心的な位置をしめるにいたる一つの思想が、存在した。つまり、資本主義の経済と社会そのものの発展傾向の結果として、社会主義の不可避的な勝利が生じるという思想である。シュムペーターは、「経済の発展によって、段々と、［…］私企業は、その社会的意味を失う」（KSS, s. 371）と書いている。

このテーゼは――われわれは後に詳細にその根拠づけに立ち入るつもりだが――シュムペーターによって一九二〇年代に繰り返し取り上げられ、もっとも鋭い形では、一九四二年に刊行された著作『資本主義・社会主義・民主主義』の中にみられる。これは最初はあまり注目されない著作であった。しかし、一九四七年に、したがって戦後直後の時期に、つまり第二次大戦における［枢軸国に対する］ソ連邦との共同での勝利の後に、東ヨーロッパの社会主義的改造がはじまり、しかも冷戦の出現する前の時期に、時代の神経に適合したのであった。そして、第二版の刊行とともに、この書物はよりポジティブに受け入れられた。それは今日では、『経済発展の理論』と並んで、シュムペーターの最も良く知られ、最も広汎に受容された著作である。

シュムペーターは、「良き経済学者ならその使用を避けようとつとめる言葉」である「資本主義」を定義して――かれが挑発的に述べているように（KZ, S. 234）――新しい生産に必要な生産手段が、それらのこれまでの生産的使用から、（共同経済的な思考におけるような了解によってでもなく、また、社会主義計画経済におけるように指令によってでもなく）購買力によって取り去られるような、ひとつの経済システムであるとした。したがって、この定義では、第一に、経済的均衡状態の変化の方法が問題である。まさしくシュムペーターの『経済発展の理論』に由来するモデルの伝統にたって、たえざる変化というこの契機が、明確に特別な特徴づけの要因にされている。

つまり、それは「[…] 資本主義の本質をなすところの創造的破壊の過程」(KSD, S. 171) である。

シュムペーターは、同時代の資本主義を二つの段階に区別した。すなわち、自由競争の支配する一九世紀の資本主義と、(差し当たりは重工業において) 寡占的市場の支配するような二〇世紀の資本主義つまり「カルテル化した」資本主義とである。たしかに競争的資本主義の実際の経験と関連がなくはないが、[二〇世紀の] 世紀初めのシュムペーターの著作は、とりわけ一九一二年の『経済発展の理論』や一九一八年の『租税国家の危機』(一九一八) は、資本主義経済システムの固有のダイナミズムについてオプティミスティックであったが、後期の著作はペシミスティックな特徴を持っている。シュムペーターは、たしかに、経済の成果を尺度として、資本主義をきわめて成功した経済システムだと考えた。このことは、競争的資本主義にも、独占的な段階にも妥当する。にもかかわらず、『資本主義・社会主義・民主主義』における考察の中心には、資本主義経済システムは没落の段階にあるという、すでに上述したテーゼがある。このテーゼの理由は、シュムペーターにとっては、価格論から推測されるような寡占市場 (ないしはシュムペーターの用語によれば独占市場) の効率の悪さと関連しているのではない。反対である。独占的状況は、資本主義に固有のものであり、例えば、どの革新者 (イノヴェーター) も、一時的な独占を持っているのだから。初期のシュムペーター (一九一二年) が、大企業をむしろ懐疑的に評価していたのに対して、『資本主義・社会主義・民主主義』(一九四二) においては、大企業の相対的にポジティブな像を特徴づけ、大企業は、小企業者よりも、より革新的であると特徴づけた。(KSD, S. 174; これはいわゆる「新シュムペーター的仮説」の出発点であり、わたしはこれを後に、より精確に述べるだろう)。

資本主義経済システムの没落の現実の理由は、シュムペーターにとっては、イノヴェーションを行う用意のある企業者のタイプが時代後れになったことと結びついている。このことは、一九一八年に、私的企業家の「社会的意義」が失われてしまったと、明確に述べられたことのなかに、明示されている。加えて、資本主義が、それを支える（古典的なブルジョワ家族のような）諸制度の没落により、また（小ブルジョワ階層や知識人たちのような）それを保護する社会階層に正当性を認められなくなることによって、社会的に受容される雰囲気が無くなったことがある。

シュムペーターは、多くの同時代人とは反対に、その時代におけるもう一つの選択肢であった中央計画的社会主義経済システムが、資本主義経済システムとおなじ合理性の格率を遂行するにちがいないし、また、大企業はいずれにせよ既に中央計画経済と確かな類似点を持っているという理由から、まさしく経済的に生存可能であると見なした。この可能性を、シュムペーターは、すでに一九二〇年に、かれの論文『今日における社会主義の可能性』（AÖT所収）のなかで、論じた。この論文の中で、かれは社会化委員会での活動で得られた洞察を伝えている。（同様の思想は、一九五〇年代および六〇年代の収斂理論のなかで、改めて浮かび上がった。しかし、一九八九年以後は、それはたしかにその説得力を失ったのである！）。

もちろん、シュムペーターは、社会主義を、個人的自由の保証が欠けているという理由から、望ましい価値のものとは見なさなかった。社会主義と民主主義とは、シュムペーターにとっては、何ら必然的に結びついたものではないが、かれにとっては、もちろん結びつき得ないものではなかった。しかし、これに対して、資本主義的経済システムと民主主義的政治システムとは、必然的に互いに結びついている。この結合は、公的権威の領域が資本主義経済システムとははっきりと区別されていることの結果として生じる。たしかに、「現代の民主主義は、資本主義的過程のひとつの産物なのである」と（KSD, S. 471）という。

○　経済分析の歴史

一九一四年に、シュムペーターは、マックス・ウェーバーに勧められて、かれの編集した叢書のために、『学説および方法論史の諸段階』（Die Epochen der Dogmen–und Methodengeschichte）を発表したが、これは一九四〇年代に拡充され、継続されて、記念碑的な著作である『経済分析の歴史』になった。この書物は、シュムペーターの生存中は、決して完結せず、かれの（第三番目の）妻の経済史家が、かれの死後の一九五四年に刊行したのであった。この著作と関係しているものとしては、とりわけ、種々の伝記や思想史に関する論文を挙げることができる。これらの論文は、おなじくかれの死後、一九五一年に集められて、『十人の偉大な経済学者、マルクスからケインズまで』（Ten Great Economists. From Marx to Keynes）になった。

○　シュムペーターの思想における経済学史の意義

シュムペーターは、『経済分析の歴史』の序文のなかで、どれほど理論史的研究を価値あるものと見ているか、明らかにした（HEA, S. 3–6)。

一、批評される理論の歴史的な位置づけのみが、情報をあたえ、適切な解釈を可能にする。社会科学的な分析は、客観的現実をより多く解読し、この際、単純なモデルから複雑なモデルへ進んで行くといった過程ではない。むしろ、独創的な思想上の作品は、かなり古い研究者の思想的な作品とのたえまのない討論（ディスクール）をおこなうものである。「それ故、『現在の科学の状態』を表現しようとつとめる論文は、現実には、歴史的に条件づけられ、それらが発生してきた歴史的な背景と関連づけてのみ意味をもつ、方法や問題や成果を表現する。」と述べている。

二、理論史的な研究は、一般的に新しいインスピレーションをもたらすことができるし、また、同時代の論争や早とちりの希望を相対化して捉えることができる。そして最後に、

三、それは人間の思想の発展に関する科学として、内在的な価値を持っている。

経済学については、その対象が歴史的に変化するという第四の論点が付け加わる。すなわち、経済法則は、時代の進行とともに［変化し］、たとえば物理法則よりも安定的なものではない（HEA, S. 34）。くわえて、経済の観察者は、社会的環境の産物であると同時に、かれの認識対象の諸連関の一部でもある。このことによって、かれはイデオロギー的な偏見（バイアス）を持つようになり、したがって、「客観的」ではあり得ない。（この点では、シュムペーターは、その後期の著作のなかで、K・マンハイムの『知識社会学』Wissenssoziologieを引用しながら、一九六〇年代に社会学の実証主義論争のなかである役割を果したような、若干の思想を前もって述べたのである！）

そのことによって、シュムペーターの創作活動の中期に（たとえば一九二〇年代の経済政策に関する諸論文において）確認できるような、非政治的で、それ故、疑似客観的な科学者を理想化［するという立場］は、克服されている。（『経済分析の歴史』における）後期シュムペーターにとって、いずれにせよ、経済的認識は、一方では、研究過程の客体及び主体を通じて時代と結びついており——このことは相対化する知に相応しいことであるが——他方では、認識の歴史的連続性もまた存在する。この二つの構成部分の間の区別に関しては、客観的な見解は存在し得ないといわれる。したがって、「技芸の状態（state of the arts）」の精髄は、国民経済学の諸学説の事実上の歴史によるたえざる修正を必要としていると述べている。

しかし同時に、シュムペーターは、かれの後期の著作においても、理論経済学に関するかれの元来の出発点に忠実である。というのも、かれは「経済思想の歴史」を書くことをめざさず、むしろ、「経済分析の歴史」を書こうとするからである。それによって何が考えられていたのか。経済思想の行政や社会に対する作用が問題なのではなく、科学に内在した歴史が、つまり国民経済学の認識の道具の歴史が問題なのである（HEA, S. 40）。このことが、以前の経済学者に関するシュムペーターの評価がある特殊な性格をもつことを、説明する。

○ **以前の経済学者の意義についてのシュムペーターの評価**

シュムペーターは、彼が取り扱った経済理論を、年代史的継起にしたがって、きわめて大雑把にグループ化し、むしろ――狭い道を切り開き、鋭い批判を行いながら――慣習的でないやり方で要約した。

シュムペーターは、経済学の二つの源泉である、哲学と実際的な商人の知識とを区別する。ふたつの綱は、フジオクラートとりわけケネーの理念において、初めて、一つになった。

これに反して、人びとが共通して経済学の父と特徴づけているアダム・スミスは、シュムペーターにとって全くわずかな意義しかもっていない。刺すようなイロニーをもって、かれは経済学説の博物館の雑誌室に片づけられている。「事実は、『国富論』は、単純な分析的観念や原理、あるいは一七七六年にはまったく斬新であったような方法を含んでいない。[…]［スミスは］、平明な常識を越えているようなものは何でも、嫌いだった。かれは、もっとも愚鈍な読者の頭脳を越えて行こうとはしなかった。」(HEA, S. 184f.)。もしも、シュムペーターが政治経済学の作用の歴史を書いたのなら、スミスの貢献は、ずば抜けていただろう。――スミスは、シュムペーターの眼からみれば、経済分析の手段の歴史にとって優れたものではなかったのである。

これに比べて、既に上述した重農主義者の理念とりわけケネーの循環思想とともに、本質的な点で (in nuce)（つまりかれのような）ダイナミックな考察方法をとった、ほかの全てのものが、シュムペーターにとって、重要である。つまり、さしあたりは、カール・マルクスの学説である。シュムペーターは、マルクスの価値論、剰余価値論、いわゆる貧困化論、集中理論などを、二次的なものとして軽視するが、その蓄積過程や景気循環についての叙述を賞賛している (KSD, S. 62ff をも参照せよ)。

最後に、ケインズを挙げなければなるまい。かれはシュムペーターと同年令の経済学の巨人であり、シュムペーターの著作は長年にわたり、その影に置かれていた。シュムペーターは、一方ではケインズの偉大さを承認したが、しかし、他方では、とりわけ私的なグループのなかでは、ケインズは過大評価されているという見解を主張していたように思われる。一九四六年に逝去したケインズへの追悼文（TGE, S. 280–287）のなかで、シュムペーターはケインズをとりわけ、

一、巨視的静態学の始まりと非難した。そして資本主義のダイナミズムに関するシュムペーターの強い主張についてわれわれが既に述べたところにから見れば、これが非難であったことは、容易に理解できる。
二、短期間を問題とする観察方法である。これもまた同じ程度に致命的な判断である。
三、一〇〇年に一度の世界的停滞のテーゼにおける出発点であり、シュムペーターはこれを否認している。かれは投資の可能性が無くなってしまったとはみていない。そして
四、礼儀作法への違反。つまり、『一般理論』というラベルを掲げて、特殊ケースの考察を行っていることである。

換言すれば、シュムペーター自身は、既に、ケインズを自分とは対照的な精神の持ち主と見ていた（このことはもちろん同じ程度の能力を持つものということを意味している）。振り返ってみるとはじめて、ケインズとシュムペーターとの対照性が目に見えるようになる。例えば、ケインズは、消費の断念したがって貯蓄は、単に消費財への需要の低下をもたらすだけでなく、所与の状況の一般化を通じて、投資財への需要の低下をも解き放すと論じる。それ故、節約は、デフレスパイラルを進展させ得るという（『一般理論』、三版、1966, S. 176）。ケインズは需

要という視点を正面へ押し出しており、かれの根本的な論調――周知のように世界経済恐慌によって特徴づけられているが――は、ペシミスティックである。これに対して、シュムペーターにとっては、消費断念したがって節約は、イノヴェーションのための資本を自由にすることを許すのである（とはいえこの点については、銀行信用による貨幣創造に比べると副次的であるが）。ところで、イノヴェーションは、あたらしい生産の可能性を作り出し、膨張的過程が始まる。シュムペーターの視点は、供給志向的であり、かれの根本論調は――おそらくは良き時代（ベルエポック）の精神的な特徴のゆえに――オプティミスティックである。シュムペーターの関心は、長期的観点からは有益であり、［他方］ケインズは現代の問題を論じている。

（4） シュムペーターの後世への影響

シュムペーターは、一九五〇年にアメリカ合衆国で死亡した。かれの死後ほとんど半世紀たった今日、経済学において、新シュムペーター派の潮流、つまりシュムペーターのインスピレーションと関係のある研究が、ますます重要になっていることが、観察できる。その際、つぎのようなかなりおおくのテーマが中心に置かれている。とりわけ、イノヴェーション理論と技術の分散の過程、企業者の態度の分析、および数学的志向をもった発展モデルなどである。

動態経済論についてのシュムペーターの元来の考察から出発して、今日では、新シュムペーター主義者たちは、たとえば、個別市場における変化や全国民経済における変化について、確信をもって分析している。こうして、一九九〇年のシュムペーター賞の受賞者であるW・ブライアン・オーサーは、ふたつの生産物市場、つまり原油の市場とヴィデオ・レコーダーの市場とを、対照させた。一九七〇年代における行政のイニシアティブによってはじめられた原油価格の高騰は、エネルギーの節約、新しい鉱油泉の探索、および既に開発された鉱油泉の徹底的な利用などを刺激した。かくして、アーサーによると、原油市場をふたたび均衡のとれた価格―量関係へ収斂させるような、消極的な自己調整効果が存在した。（本書一四二ページで論じたシュムペーターの経済変化についての分類の、非連続的変化・衝撃のケースに照応する）。これに対して、ヴィデオ―システムの導入に際しても、強化するような自己調整効果が存在した。三つの最初は競争している標準番号（Format）のそれぞれの製造者が、市場の分け前の増大とともに、ますます多くなる収益を実現することができる。販売されたヴィデオ・レコーダーが多いので、ヴィデオの販売人は、当該の形式でのフィルムの供給を拡大しようという気持ちになる。これがふたたびこの形式でのヴィデオ・レコーダーの使用価値を高め、ますます多くの人間がそうした装置を購入しようという気持ちになった。それ故、その市場は、最初は、非常に不安定なのである。

シュムペーターは、かれの考察によって、決定論的なモデルよりもよりよく、今日のハイテク製品のための市場を特徴づける、ダイナミックで非線型的な過程を分析するための、基礎を据えたのである。というのも、ほとんど全ての知識集約的な製品は、かなりたかい研究投資と相対的に少ない生産コストに基づいて――伝統的なミクロ経済学的仮定とは反対に――限界収益の増大を目指すからである。それ故、それは価格―量システムには収斂せずに、ときとしては爆発的な発展局面――これは経済変化に関してうえに述べた［非連続的変化・発展］の最初のヴィジョンに照応している――にいたるのであり、しかも、そうした不安的な契機を通して、産出水準の目に見える増大をもたらすのである。

第二節　動態、イノヴェーション、および景気循環

資本主義経済体制の構造上の特徴の一つは、非恒常性、変化、および「創造的破壊」に存しており、「資本主義の現実は、最初から最後まで、たえざる変化の過程である」（KSD、一二八）と、シュムペーターは見ている。したがって、現代経済のその時々の均衡状態は、一時的な性質を持つにすぎない。均衡状態は、時間の流れの中に存在し、繰り返し、破壊されるが、これもまた一時的なものであり、新しい均衡状態によって置き換えられる。

現代経済体制のこの契機は、われわれには明白である。いや、それどころか、あたりまえのものである。われわれは、通信技術に関する市場の魅力的な発展を例に取り上げよう。そこでは、たえず、新しい生産物が提供され、新しい企業が成立し、新しい生産方法や使用の可能性が考え出されている。確かにこう言ってもよいだろう。この本質的特徴を配慮しない、資本主義国民経済のモデルは、中心的な特質を捨象したものにすぎないと。

しかし、事実上、経済学者は、シュムペーターに対して、この視点を重視しなかったのであり、この視点はそのとき以来、どこでも受け入れられたわけではなかった。（この点に関して、後に、さらに、ある一つの例外について論議する予定である。）このことの理由は、アングロ・アメリカ的な特徴を持った形式的経済学が、経験的な――と同時に、時代と結びついており、したがって、変化を反映しているような――叙述を苦手としたことにあり、他方では、ダイナミックな分析は、今日までのところ、形式化するにはあまりにもあやまちの多いものであった点にあるだろう（数学の新たな発展、例えば複雑系の研究は、この点でもっと良い可能性をあたえてくれるだろう）。

（1） マルクスを模倣するシュムペーターか

一九一二年に、シュムペーターは、経済的動態に注目したという点で、――おそらくは自分のオリジナリティについての若者らしい強調の仕方で――自分をすべての以前の経済学者から区別している。かれは、マルクスとの間と同様に、アメリカの経済学者J・B・クラークとの間に、自分との一定の関連を見出している。シュムペーターは、この［経済的動態の］問題を解こうと努力し、その問題を意識した際に、かれらとの関連にもとづいて［それを］吟味しようとした（TWA, 84）。その際、シュムペーターは、もちろん、マルクスが、拡大再生産の図式というモデルをもちいて、［動態という］この視点に集中しただけでなく、現実分析的に、資本主義経済体制にとっての動態の本質的な意義を、苦心して取り出したと、述べたのである。

マルクスは、かれの『資本論』のなかで、「今日の社会は、堅い結晶ではなく、むしろ、変化しうる、たえず変化の過程にある有機体である」と書いた。同様の見解は、草稿（Dukutus）にまで跡を辿ることができる。そして、共産党宣言のなかでは、もっと明確に、このことが語られている。すなはち、「ブルジョワジーは、生産手段を、したがって生産関係を、そしてまた、全社会関係を変革することなしには、生存しえない。生産の持続的な変革、すべての社会状態の中断なき動揺、永続的な不安定と運動が、すべての他の時代に比べてのブルジョワ時代の特徴をなす」と。

事実、シュムペーターは、学生時代に、ルドルフ・ヒルファディング、オットー・バウアー等のマルクス主義者たちと交友があったが、彼はその経済的動態の思想を、マルクスの著作の教訓とは無関係に発展させたと考えていたように思われる。このことを物語るのは、『経済発展論』の初版刊行の二五年後に、自己批判的に、日本語版の序文の中に書かれているつぎの事柄である。「（経済生活の動態の研究という）この思想と、［それを実行しようという」この意図が、カール・マルクスの経済学説の根底に横たわる理念や意図と、まさに同じであるということが、わたしには、当初は、明確ではなかった。実際、かれの時代、あるいは、かれに先行する経済学者と、かれとを区別するものは、まさしく、一つの特別な、経済システムそのものによって、生み出された過程としての、経済的進化のビジョンであった」(TWE, XXIII)。

第二に、動態の理念は、一九世紀の終わりに、たしかにかなり多くの父祖を持っている。つまり、素早い技術的および社会的変化と、ダーウインやスペンサーの進化理論である。もちろん、シュムペーター自身の功績を、過小評価すべきでないし、過大評価すべきでもない。つまり、彼は、剽窃者でもなければ、無からものを創り出す創造者でもないのである。

(2) シュムペーターのモデル：イノヴェーションから景気循環へ

シュムペーターの経済的動態のテーマ設定への関心は、とりわけ、景気循環の現象と相互関連している。このテーマに捧げられた最後の章である第六章に、『経済発展論』における彼の議論のすべては、収斂している。彼のテーゼは、既にいまさきほど引用したマルクスへの言及のなかで明確になっているように、経済的変化は、体系的に、経済そのものから引き起こされる（したがって、資本主義的経済システムに内在している）と言う点にある。この際、経済不況は、破壊ではなく、「たえず新たになされる経済的社会的上昇の必然的な補完物」である(TWE, 363)。成長は、古きものの周期的に繰り返す破壊を、必要としている。

この見解を理由づけるために、彼は重層的な叙述を用いている（KS, 139–146)。その際、次のような処置が、区別できるだろう（モデルの修正には、もっと後で、立ち入るつもりである)。

一、経済的に見て潜在的に重要な発明や発見の恒常的な流れが、存在している。これらは、普遍的に利用しうるものである。このことによって、財貨の生産とその商業を通じての分配に関する、人間の知識の継続的であふれるばかりの貯水池が、成立する。

二、企業家的な能力は、――多くの他の能力と同じく――人種的に均質な人口の中に、近似的に正常分布している。すなわち、若干の人間は、企業家的な能力を持たず、大抵の人間は中程度の能力をもち、また、若干の人間は高度にこの能力をもっている。

三、リスクの確実な計算を可能にする枠組みの条件のもとで、すなわち経済の一時的に安定的な状態において、もっとも能力のある企業家（先駆者）が、イノヴェーションを実現し始める、すなわち、発見を利用したり、経済的諸事情を根本的に再組織し始める。

四、革新の導入にとっての最初の困難が克服された後、ますます多くの企業家が単に模倣的に行動するような事態が生ずる。その上に、「多重的な効果」が、作用するようになる。というのも、生産物が既に市場にもたらされたので、業務の締結は、いまや容易になるからである。イノヴェーションは、いまや、拡散する。その結果、イノヴェーションは非連続的に実現されるようになる。かくして、イノヴェーションは、景気循環における飛躍を生じさせる。つまり、それに続くイノヴェーションの大量の出現は、信用膨張、価格騰貴、および利子の騰貴をもたらす。生産の総量は、相対的に見て、恒常的なものにとどまる。というのも、あるイノヴェーションの循環の初めには、利用され尽くされていない生産の潜在的能力は、存在しないから。その結果、イノヴェーションを誘発するような需要が、直接に、個々の価格に作用しうるのであり、――しかも、需要構造は、生産手段に有利なように推移して行くのである。

五、価格構造におけるこの変化は、二つの結果をもたらす。

図2　シュムペーターの基本モデルの図式的叙述

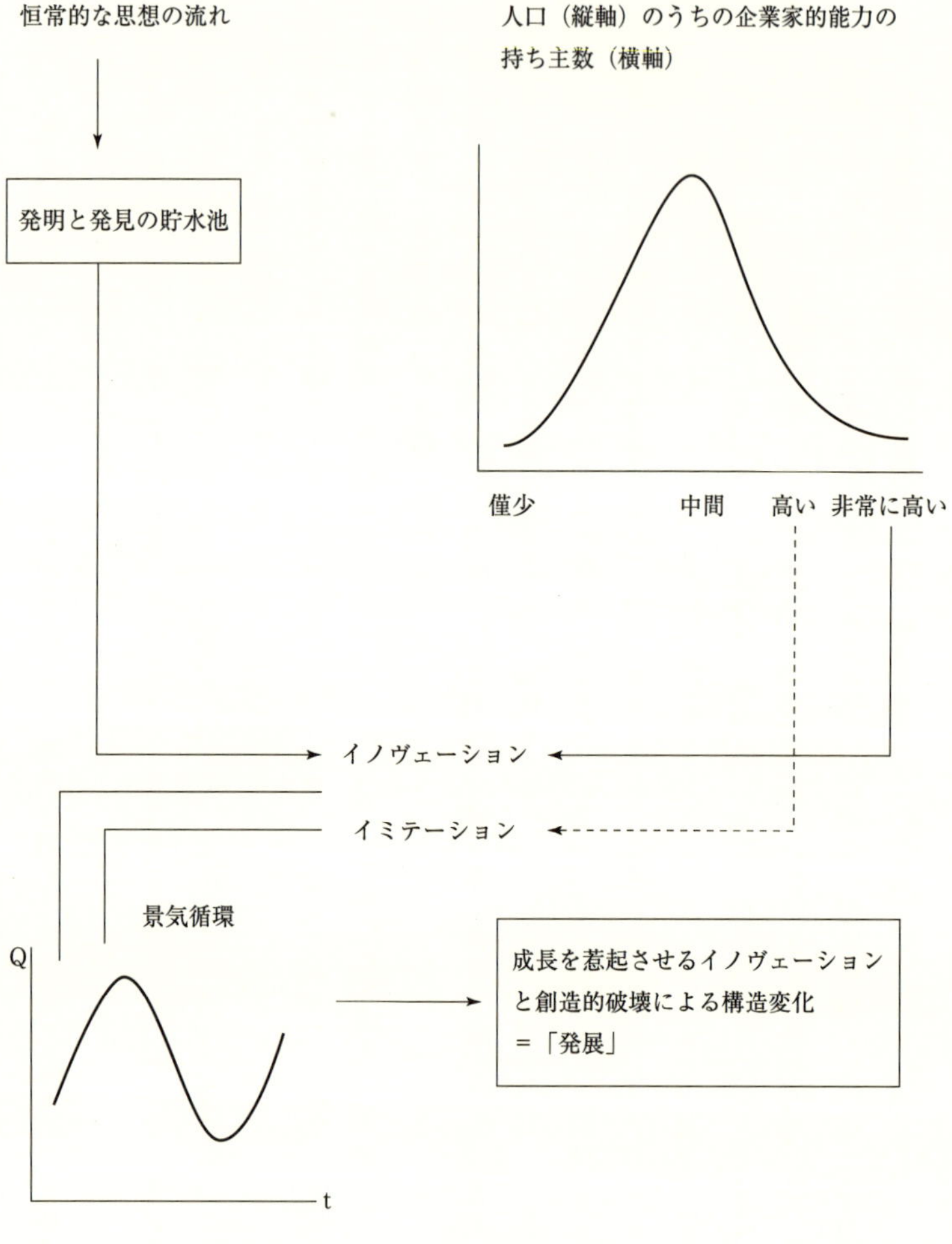

a　さらなるイノヴェーションのための収益計算は、一時期、特別にイノヴェーションが集中的になされるような産業部門においては、収益を約束するようなイノヴェーションがますます僅かになるという仕方で、変化して行く。

b　攪乱は、計画の安全性が縮小され、それと同時に、イノヴェーションのためのリスクが、極端に増大するという事態をもたらす。

それ故、このことによって、イノヴェーションの波を後退させるようなある種のメカニズムが、創り出される。

シュムペーターのモデルを思い浮かべるには、イノヴェーションの中心概念についての、二つの詳しい概念規定を必要としている。すなわち、イノヴェーションの様式とその金融の形態である。

シュムペーターは、イノヴェーションを「資源の新しい結合」と定義し、五つの仕方を区別した。

一、新生産物の製造（＝生産イノヴェーション）
二、新生産方法の導入（＝製造過程イノヴェーション）
三、新市場の開発
四、新素材の市場の開発
五、新組織、例えば、独占的地位の創出ないしは独占の破壊

後になって、シュムペーターは、あまり分類にこだわらずに、イノヴェーションは「経済生活の全領域において『［これまでとは］別の仕方をとることだ』」（KZ, 92）と、定式化した。そして、その実例として、（KSD, 114を

参照）テーラー化、したがって労働過程における専門化の利益の実現と、分配過程における集約化による規模の利益の実現である百貨店の設立という、対立した現象を挙げたのであった。

第二の特徴は、イノヴェーションへの融資に関わっている。「イノヴェーション」は、シュムペーターには、生産手段をその以前の使用から引き離すことを、意味している。それ故、革新者は（シュムペーターの用語では、まさしく、企業家は）、たしかに理念は持っているものの、がいして資本をあらたに得ることのできない者である。というのも、資本は、まだ別の用途に結びつけられており、他の所有者の処理に任されているからである。「鉄道を建設したのは、がいして、駅馬車の宿駅長ではなかった。」（TWK, 101）。それ故、信用にとっては、成長政策および景気循環政策上の手段の基軸的役割が増大し、信用業務を行う銀行にとっては、経済政策担当者の役割が、増大するのである。ケインズにおける場合と同様に（もちろん、先に詳述したように、反対の方向での結論を伴っていたが）、貯蓄と投資との間の決定的な関連が、否定されている。すなわち、信用は、購買力の新創造であり、将来存在する財貨の量によってのみ制限されている（TWE, 165）。

○　基本モデルの修正

基本モデルの修正は、シュムペーターの書物『資本主義、社会主義、民主主義』の中に、見出される。すなわち、以前のモデルにおいては、発明の出現はモデルにとって外性的であったが、シュムペーターは、後には、その時代以来ますます多数現れていた、大企業の研究・開発部門に注目することにより、発明を内性化したのである。シュムペーターは、ここでは、制度的、経済的に見て、潜在的に利用可能な知識が、生産され、「発明それ自身が、日常的事柄になっている」ことを、認識している。「技術の進歩は、ますます訓練された専門グループの仕事となり、かれらはかれらに要求されるものを提供し、それがあらかじめ語られた仕方で機能するように、配慮する」（KSD, 215）と。この認識は、シュムペーターの社会哲学的見地にとって、重要な帰結を持っている。それ故、われわれは、後に、もう一度、この問題について述べるつもりである。しかし、さしあたり基本モデルから引き出しうる帰結に従おう。

（3） 景気の「長期波動」

慣習的に受け入れられている、経済循環の短期波動と長期波動（約三年のキチン波と八年のジュグラー波）と並んで、シュムペーターは、ロシアの経済学者N・D・コンドラチェフの書物に依拠しながら、長期の五〇―六〇年の緩やかな景気循環波動、つまり「長期景気波動」を受け入れた。ちなみに、他の経済学者も、そうした長期波動の存在を想定したのであり、例えば、クズネッツは（一九三〇年）に、二五年の循環を仮定した。既に、コンドラチェフは、長期の経済的波動を革新の循環と結びつけている。すなわち、「長期波動の低落の期間に、生産技術や交通技術における特に多くの重要な発見や発明がなされるが、それらは通常には新たな長期の上昇局面において、大量に経済的実践に利用されるように配慮されるのである」（一九二六、『社会科学および社会政策雑誌』）。彼はこう書いている。「技術の発展そのものは、長期波動のリズムに編み込まれている」（1926, S. 594）と。そして、長期波動は、技術の偶然的変化によって引き起こされうると言う見解に、反対している。これが意味するところは、既に、コンドラチェフが、発明の遂行に関する内性的原因の理論を代弁していると言うことである。

シュムペーターによれば、どの長期波動も、「ひとつの『産業革命』とその作用の吸収から」成立する。つまり、かれは、「経済に対して一般的基調を与える、根本信条」（KSD, S. 114）について語っており、したがって、短期の景気循環と結びついて、現実の経済的変化を映し出す一つの傾向について、語っている。長期波動を解き放すものは、基礎的なイノヴェーションであり、したがって、包括的な新境地を切り開き、それに継続するイノヴェーションの「固まり」を解き放つような、そうしたイノヴェーションである。

クズネッツへの手紙（Swedberg 1994, 313）の中で、シュムペーターは、彼がコンドラチェフ波動と名付けた「長期波動」を時期区分し、しかも、一時的な静態的正常水準から、次の正常水準までを区分した。

一、狭い意味での産業革命、すなわち、一七八七年以来の繁栄から、景気後退と不況をへて、最後に、一八四二年の景気回復に至るまで。基礎イノヴェーションは、ここでは、蒸気機関である。

二、一八四三年から一八九七年までの、同じような局面を伴う、「ブルジョア・コンドラチェフ」であり、鉄道が基礎イノヴェーションである。

三、最後に、「新重商主義的」コンドラチェフ循環がある。これは、一八九八—一九一一年の繁栄から、景気後退を経て、一九二六—一九三八年の恐慌に至るものであり、基礎イノヴェーションとして、電気エネルギー、自動車、および独占化を伴っている。

この出発点に続いて、自動車、飛行機、化学繊維などの基礎イノヴェーションを伴う、第四の長波を考えることができると、人々は考えてきた。これは、一九四〇年に始まり、一九七三年と一九七九年の二つの石油価格危機に至ると見なされている（例えば、L. A. NEFIODOW. 1990）。四つの循環を担ったイノヴェーションは、石油価格の高値のもとでは、いかなる成長の潜勢力も与えなかったので、ついに、ミクロ電子技術、通信の改善、およびグローバル化に基づく、長期波動が始まった。

（4） 批判的評価と補足

シュムペーターのモデルは、矛盾のないものではない。その際、区別されるべきものは、システムに内在する批判、新シュムペーター的拡充、および、シュムペーターのモデルを根本的に告発する批判などである。

○ イノヴェーション理論の内在的論争

経済発展にとってイノヴェーションが中心的意義をもつので、新シュムペーター的経済学は、まさしく、イノヴェーションを決定づけるような原理を、明らかにしようと努める。その際、もちろん、イノヴェーションの概念は、生産イノヴェーションおよび生産過程イノヴェーションに、つまりは純粋に技術的な形態のイノヴェーションに、極限される。

一、二、三の論争は、四つの問題設定を手がかりして、明らかにされるべきである。

一、何がイノヴェーション出現の規定原理であるのか。

二、（初期のシュムペーターにおけるように）イノヴェーションは、過去とのラジカルな断絶と解釈されるべきか、それとも、（後期のシュムペーターにおけるように）それは、むしろ、日常的な研究の成果に照応するものなのか。

三、どのような景気循環において、イノヴェーションは、特に、目立ってくるのか。

四、経営の規模とイノヴェーションの頻度との間には、どのような関連があるのか。

（補論1） 何がイノヴェーション出現の規定原理であるのか。

a シュムペーターによれば、まさしくパイオニア的な企業家が、その将来の収益を非常に高く評価し、現在の、まだ不十分な需要に依拠することなく、イノヴェーションを行おうと決心する。それ故、本来のシュムペーターの出発点は、イノヴェーションの供給側理論である。すなわち、「なんらかの消費者が、イニシャチブをとり、鉄道に対する現実の需要が、郵便馬車の後退の中で、創り出されたから、鉄道が建設されたのではない。同様にまた、消費者は、電灯や化繊の靴下を持ちたいと言う願望、あるいは自動車や飛行機で旅行したいと言う願望、ラジオを聞いたり、チュウインガムをかみたいと言う願望を、示すものでもない。［したがって］消費財における変化の多くは、生産者の側から、消費者に強制されたものである。それらのおおくは、大抵の場合に、［…］洗練された宣伝の技術によって、初めて、教育されねばならないものである」（KZ, 80）。

b シュモークラー（SCHMOOKLER, 1966）によれば、イノヴェーションは、これに反して、需要水準ないしは需要構造の現存の変化に対する企業者の反作用と捉える場合に、よりよく理解される。

c この二つの立場を総合するには、とりわけ、基礎イノヴェーションは供給志向的であるのに対して、後続のイノヴェーションは供給志向的であると同時に需要志向的でありうると評価する必要がある。

（補論2） イノヴェーションは、（初期のシュムペーターにおけるように）過去との急激な断絶と解釈する事もできるし、（後期のシュムペーターにおけるように）日常化した研究の成果と解釈することもできるのだろうか。ネルソンとヴィンター（NELSON＋WINTER, 1982）は、彼らの経験的研究の成果として、「地域的研究」を、小企業の場合も、大企業の場合も、通常のケースと見ている。すなはち、これまでのものと類似した新技術の追求である。

そのことの原因は、費用を生じさせる摩擦の間でのトレイドオフのうちに見られるのであり、その摩擦は、素早い変化をもたらすとともに、その利得の可能性をもたらすのである。

（補論3） どのような景気の状態において、イノヴェーションは、特別に、際立ってくるのか。

a シュムペーターによれば、基本モデルにおいて示されているように、イノヴェーションは、劣悪な販売状況と利得状況においてみられる事例である。そして、この状況は、相対的に確実な計算を可能にする。

b それに対して、新シュムペーター主義者のフリーマン（一九八二）は、こう主張する。良好な販売状態と利益状態が、第一に、収益の期待を非常にポジティブなものと特徴づけ、第二に、イノヴェーションへの融資を自明のこととすると。

c ここにおいても、ひとは、次のように推測することができるだろう。すなはち、経験的真理は、二つの理論的に極端な推測のあいだの中間にある。例えば、経済的飛躍期には、生産イノヴェーションが支配するが、沈滞期には、（合理化イノヴェーションという意味での）生産過程イノヴェーションが支配する［とみることができよう］。

（補論4） 経営の大きさとイノヴェーションの頻度とのあいだには、どのような関連が存在するのか。

a 後期シュムペーターの古典的仮説は、大企業はイノヴェーションを喜ぶものである。というは、
――大企業は、研究のために、よりおおくの資金を使用することができる。
――研究への投資（施設・装置への支出）と研究成果（例えば特許）との間には、密接な関係がある。
――生産の個数が多い場合には、生産イノヴェーションおよび生産過程イノヴェーションは有益である。そ

して最後に、

——寡占的競争は、強い競争圧力を解き放す。いわゆる、イノヴェーションの指導性を巡るシュムペーター的競争である。（価格競争に注目する新古典派的モデルに比べて、シュムペーターのいっそう新しい見方であり、品質やサービスの競争と並ぶものである）。競争者の長期的な技術進歩を妨げるという必要性が、大経営的な構造をとった産業部門へイノヴェーションを拡散させてゆくことの、強力な推進力である。（これが、いわゆる「シュムペーター仮説」である。）

b　これに対して、小経営の経済が示すところは、小経営は、より柔軟で、危険性をより喜び、高水準の生産物を伴う大企業が必然的に残さざるを得ない供給不足を、利用しつくすことができる。

○　新シュムペーター主義の拡大

○　地域経済的な眺望の組み込み

経済、すくなくとも、生産は、（いまなお）空間と結びついているので、革新の波は、たんに、構造変化に係わる時代において発展を促すように作用するだけでなく、むしろ、地域経済的な内部構造を変化させもするのである。これは立地の総体的な重要性を変化させることによってなされる。（つまり、ポジティブには、余剰効果つまり発展の光の遅れた隣接地域への波及であり、ネガティブには、ミュルダールのいう逆流の効果であり、遅れた地域の開花である）。他方では、革新の過程は、いたるところで、同じ強度で存在するものではない。すなわち、イノヴェーションへの準備と能力は、国際的に、不均等に見られるのである。そうした地域経済過程の分析は、どこでシュムペーターの理論が顕著に作用しているかを模範的な形で示すのである。

この点に関する第一の実例は、立地の革新と関係している（Hirsch, 1982）。つまり、新しい中心は、古い中心の近くに成立するだろう。というのも、ここでは、技術の拡散は、最も明白であるから。このことによって、地域経済の「火山構造」が成立する。高い凝集密度を伴う中心は、創造的破壊の進む中で、経済的潜勢力を失う傾向をもっており、半周辺をうる（この意味において、われわれは、たとえば、香港の境界の近くでの特別区としての百万人都市深圳の成立を、ドラマチックな地域革新と解釈する）。

第二の実例は、世界経済関係における構造変化を、シュムペーターの目から解釈する（Welfens, 1989）。論議の出発点は、高度に工業化した国民経済における、社会の注目に値する変化ということである。すなわち、工業諸国における絶対的に低下する人口数は、世代交代の際の平均的な遺産の量を増大させ、かくして、一人当たり資産を高める。限界効用逓減の仮定の下では、より一層の資産形成への刺激は減少し、かくして、潜在的な資産形成のための革新をおこなうための、危険負担の準備は、低下する（「ブッデンブロック」症候）。これに加えて、企業家精神における文化的な相違には、また、その時々の国民的な革新の文化における相違が、付け加えられる。この相違は、それはそれで、教育制度や市場形態学（小経営ないしは大経営のさまざまな柔軟性、技術の拡散を促すネットワーク化等々）と、大いに関係がある。こうした見方からすると、新興工業経済群（ＮＩＥｓ）のような新しい世界経済的な成長地域は、「シュムペーター地域」と解釈することができる。

○ 革新の進展の複雑な表象

地域経済的次元とならんで、革新の進展という複雑な見方と、言及するに値する新シュムペーター的拡大の制度的次元での組み込みがある。

本来のシュムペーター的モデルについては、単線的な革新の過程を考えることができる。この過程は、インスピレーションにはじまり、発見（英語では、インベンション）を経て、狭い意味でのイノヴェーションであるところの商業的な使用にいたる。ついで、これと結びついて、投資（インベストメント）、したがって、広い意味でのイノヴェーションがなされる。（スローガン的には、五つのIである。）後になって、人びとは、革新過程が、けっして、単線的に進むものではないことを、発見した。むしろ、肝心な点は、フィードバックをも含む複雑な過程なのである。

一、かくして、後期のシュムペーターそのひとによって強調されているように、インスピレーションは、たんにミューズの女神のキスによるものであるだけでなく、むしろ、幾重にも、委託研究に基づいて、例えば、大企業の研究分野や発展分野において発生するのであり、したがって、この過程は、インスピレーションからイノヴェーションへ向かうだけでなく、その逆もみられるのである。

二、イミテーションもまた、とりわけ、フリーマンが強調したように、他者の革新の受動的なコピーではなく、むしろ、大抵は、使うことによって学ぶという、積極的な過程であり、それは本来のイノヴェーションの増幅された変更を採用することが、おこりうるのであり、これらの変更は、全体としては、独自のイノヴェーションをなしているのである。

三、最後に、一つの国は、他の国からもイノヴェーションを採用することがあり得る。この意味では、輸入は、模倣の特別な形態でありうるだろう。

最近、これに加えて、企業家の革新の成果は、技術発展、技術移転、および労働力の教育といっそうの訓練などの社会的制度によっても、規定されているということが、指摘された。諸制度の構造――その内部構造は企業の革新の成果に対して極めて大きな影響を及ぼすが――に関しては、新シュムペーター主義者ネルソン（Nelson,

1993）が、イノヴェーション・システムについて語っている。ここで挙げられた制度は、本質的には、国民国家的に構成されているので、**国民的な**イノヴェーション・システムについて語り、それらの種々のパーフォーマンスを比較したり分析したりすることは、容易に理解しうることである。

○ **モデルを越える批判**

シュムペーターのモデルに対する根本的に批判的な多くの注解のなかから、四つのテーマに言及できるだろう。

一、このモデルは、漸進的で、決して顕著ではない技術的及び制度的な変化（シュムペーターの用語では、成長をもたらすような変化）にくらべて、投機的な（シュムペーターの用語では、発展をもたらすような）イノヴェーションの過大評価に批判的である。かくして、たしかに、きわめて持続的な景気への刺激は、まさしく、簡単な拡大のイノヴェーションから発生するが、もっとも、これは小さな新しい結合にすぎない、他方では、多数の小さな変化もまた、経済状態の全く新しい質をもたらしうる。もちろん、シュムペーターそのひとは、「新しい事柄」は、なにも、壮麗なものである必要はないと、繰り返し、指摘した。つまり、「それはなにもベッセマー法での鉄鋼ないしは内燃機関である必要はない。そればデルフート・ソーセージであっても良いのである。」（ESS, 61947 7, S. 218）。

二、さらに、経済的に意義ある諸制度にたいする企業者の機能の過大評価も、批判されている。だが、そう批判するからといって、シュムペーターの社会経済的な見地によって、「人間的要素」がふたたび経済学的な思考のうちに導入されたという事実を、軽視すべきではない。

三、企業行動の波動的な出現（膨張と収縮）は、したがって、イノヴェーションの波が、多数の年月をへて、同じ間隔で出現するという不可避性は、ありそうも無いことである。クズネッツの言葉の中ではこう述べられている（1940, S. 262）。「可能なイノヴェーションの供給が不確実なものと仮定すれば、天才的企業家は、自らの先駆者的な第一歩が、非常に大規模に模倣され拡大されたために、均衡の破壊が競争場に立つかれを押し止めてしまうまでは、何故、次に来る先駆的歩みに従う必要があるのだろうか。」

四、最後に、シュムペーターの景気理論の単一原因論が、概して批判的に論及されている。

わたしは個人的には、とりわけ、第三と第四の点が、正当なものだと見る。しかし、すべての論拠を、その賛成と反対の両面について評価することは、シュムペーターの思想についてのこの入門書の枠組みを超えているだろう。とはいえ、主として意味を持つ作業は、シュムペーターの端緒的思索のもつ可能な経済政策的帰結について、さらに追思惟することである。これが、次章のテーマである。

（5）シュムペーター的な景気政策は存在しうるのか

○直接的な国家干渉にたいする狭い限界付け

以前に述べたところから明らかになったのは、シュムペーターが恐慌を経済の発展過程の必然的な要素と捉えていたことである。つまり、「［恐慌は］、経済発展のメカニズムの本質的契機であり、この契機を除去すれば、かならず経済発展の活力も萎縮してしまう」（TWE, S. 366）という。国家の反景気循環政策は、シュムペーターの景気循環理論の本質的な論理とは、矛盾している。というのも、「膨張と零落という両者は、理論的にも実践的にも、また、経済的にも文化的にも、相対的にコンスタントな所有の地位の存在よりも、はるかに重要であるから」（TWE, S. 369）。いやそれどころか、「この経済形態は、希望のない不適応物と結びついた存在を、完全に廃棄するという究極理由を、放棄できないからである」(TWE, S. 366)。

市場に対して楽天的な初期のシュムペーターにとっては、経済の上昇と下落をなめらかにするためには、本質的に、ただ一つの提案しかなかった。つまり、経済主体の情報の改善である。もしも、イノヴェーションが、例えば、とくに頻繁におこなわれる場合には、また、危険の信頼できる計算ができる場合には、国家的ヴィジョンの公開は――日本において産業省(MITI、通産省)の側から――シュムペーターの趣旨での促進的な経済政策となるのである。

その時には、社会政策的な理由から、あるいは極端なケース(「恐慌」)を避けるために、国家と大投資家の反循環的な投資行動による国家的な介入が、重要性の劣るものになる。例外的状況においては、企業家に特有の信用供与が、この二次的な手段に含まれうる。ちなみに、この信用供与は、恐慌の「二次的事態」に直面している人びとを、したがって、古きものの「創造的破壊」という固有の過程とは共通性のない諸勢力を、利するにすぎない。

しかし、根本的にみて、シュムペーターは、国家の支出政策にたいしては、いつも不満であった(KSS, S. 351以下を参照)。というのも、とりわけ、逆に不可避的になる強い課税が、経済のダイナミックな諸力を麻痺させるからである。

○ 産業政策の父としてのシュムペーター

その後期の著作である『資本主義・社会主義・民主主義』(一九四二)のなかで、シュムペーターは、景気政策を多様なものと見なした。関心の中心にあったのは、彼の場合いつも、「創造的破壊の過程」を進行させることである。「多くの企業が没落せざるをえないが、まったく強力で有用な企業はさらに存続しうる」。この場合のような、既に挙げた例外的事例とならんで、構造変化の秩序ある進展を保証するという、経済政策的行為の新しい次元が現れる。産業の秩序ある構造変化をもたらすための私経済的手段は、カルテル締結および自由競争のその他の制限であると、シュムペーターは見ている。この当惑させる見解のために、かれは非常に誤った像を必要とした。つまり「ブレーキを装備した自動車は、ブレーキの無い場合よりも早く走るが、**その理由は**、それがブレーキを備えているからである」(KSD, S. 146)。ところで、国家もまた、一つの役割をえる。つまり「時代後れの産業を無期限に保持しようとすることは、たしかに、無意味である。しかし、この産業の突然の崩壊を避け、出発点において、累積的な不況的な作用となりうるような、野蛮な逃亡を、秩序ある後退へと変化させようとすることは、意義あることだ」(KSD, S. 148)。と同時に、シュムペーターは産業政策の父祖の一人として語られうるだろう。というのも、とりわけ、かれが逆に「秩序ある前進」についても語っているからである。たしかに、シュムペーターにおいては、新産業の誕生を助けることが問題であるだけでなく、古臭い産業の死滅をたすけることも、重要である。そして、このことは、産業政策の現代の定義に、非常に相応しいものであり、たとえば、世界銀行においてもそうである。「政府は、生産性に基づく成長を助長するために、産業構造を変革しようと努める」(世界銀行『東アジアの奇跡』一九九三年、三〇四頁)。

○ 新シュムペーター的経済政策の活動様式

どのシュムペーターの理論が考察の中心に置かれているかにおうじて、新シュムペーター的経済政策の三つの現代的活動様式が区別できる。

一、「**新シュムペーター的仮説**」をその熟慮の中心に置き、したがって、イノヴェーションの能力を経営の大きさの機能とみなす者（たとえば、アーサー）は、国家の側の企業を鼓舞して、攻撃的に、生産イノヴェーションと過程イノヴェーションを追求させようとする。イノヴェーション・カルテルへの資源集中、共同企業、および行き詰まった構造の解消へのおだやかな国家的衝撃などを、人びとは、同様に、この活動様式のうちにまとめあげる。市場経済とは調和しない個々の部門への補助金供与、あるいは投資管理などもこの活動様式に類似しているだろうが、これらはもはやシュムペーターによって鼓舞されたものとは、語られないものであろう。

二、複雑で、フィードバックされたイノヴェーションの経過を中心に置く者にとっては（例えば、クルツ）、競争政策的には、多様な規模の企業の混合が、好まれている。とはいえ、**国民的なイノヴェーション・システム**の進行への国家的な投資は、成長促進への優位の手段と見なされている。

三、最後に、シュムペーター的競争を、中心的なメッセージと見なす者（例えば、ヘルムシュテター）は、競争政策的には、一方では、持続的な独占を妨げようとし、市場参入を保証しようとするが、他方では、模倣者の余りに急速な前進にも対抗しようとする。というのも、新古典派的な競争の理想――この理想にあっては、企業利潤は競争過程の最後に消滅するのであり、全ての供給者を費用をカバーする価格を携えて登場させるが――にあっては、たしかに、シュムペーターの見方からすれば、先駆的な利潤を得ている、一時的な独占は、技術的および経済的進歩の原動力であるからである。この立場に類似したものは、オイケンおよびエーレントのオルド自由主義である。

第三節　企業者の理論

シュムペーターは企業者を経済的進歩の原動力、つまり「資本主義の舞台の主役」（ESS [1946] S. 193）と見なしたので、かれの企業者理論に独自の一章をあてることがふさわしい。

（1）企業者の経済理論

定義

シュムペーターによると、企業者とは、イノヴェーションの担い手であり、そしてまた、企業とは「イノヴェーションの遂行を行うような行為」（KS, S. 110）と、定義されている。この定義は何を意味しているのか。このおよそ慣例的でない定式化の四つの側面を取り出すことができる。

一、「企業者であることは」、シュムペーターの見解では、職業ではなく、むしろ経済的機能なのである。このことは、同時に、現実の人格が、いつでも「企業者」ではないということを、意味している。

二、このことによって、機能的には、「企業者」は、企業家の別の役割、つまり、生産手段の所有者としての資本家、現存の経営の管理者としての経営者（マネージャー）、新しい理念の生産者としての発明者などから、区別される。とりわけ、シュムペーターが理解するような企業者は、「資本家」ではなかった。――いずれにせよ、シュムペーターの初期の見方においては、例外的な事例においてのみ（資本家なのであった）。そのうえ確かに、企業者は、種々の生産の要素を企業に総括することをその機能とする限りでは、資本家に対立する利害をもっている。「かれはいずれにせよ、最終的には、かれが関係する集団にたいして、他の全てのものの弁護人であるのだ」（WP [1927], S. 166）。しかも興味深いことは、企業者は、この機能を果たす際に、何らリスクを負わないのである（つまり資本家がリスクを担うのであるが、TWE, S. 217）。これは、確かに問題のある主張である。というのも、およそ一度失敗した企業者の信用能力は強く低下するからである。

三、企業者をイノヴェーションをおこなうという機能に限定することによって、シュムペーターは、新古典派理論の利潤極大化とことなる別の態度を定義した。そして、そのことによって、後期の「企業の選択理論」を先取りした。例えば、非利潤極大化行動、生物に類似した理論等を先取りしたのである。

四、それ故、シュムペーターにおいては、「企業者」という独自の社会階級は、存在しない。この点は、後期にはいささか異なってくる。この点については、さらに、後ほど立ち入るつもりである。

○ 信用の意味

シュムペーターの企業者は、既に述べたように、必ずしも資本所有者ではない。しかし、企業者は、新結合を作り出すために、どのようにして、必要な資金を得るのか。根本的にみて、三つの異なった可能性がある。

一、危険な資本を動員すること。シュムペーターはこの可能性を無視していたが。おそらくは理論的な鋭さに関心を持っていたので、［一九世紀から二〇世紀への］世紀転換期のウィーン——そこでは完全に発達した危険資本が存在していたが——には経験的な証拠があったにもかかわらず、この融資形態は軽視されている。

二、留保利潤。もちろん、とりわけ、連続的イノヴェーションの枠組み内においてではあるが、シュムペーターによって強調された可能性である。

三、最後に、信用融資。これはシュムペーターによって特に強調された可能性である。

信用は、シュムペーターにとっては、企業者のための新しい購買力の創造を意味しており、およそ、現存の購買力の再配分ではないのである（TWE, S. 153）。類似の仕方で、資本は、どの時点においても企業者に引き渡され、処理されうるような、ある貨幣額と定義されている」（TWE, S. 173）。「資本は［…］この言葉の通常の意味での財貨ではない。それは、新結合を遂行するような事象であり、方法である」（TWE, S. 201）。

信用によるイノヴェーションへの融資という、シュムペーターの理論については、預金通貨（Giralgeld）は、単に、投資信用によってだけではなく、短期信用によっても生じるのであり、したがって、購買力は、イノヴェーションの実現とは異なる企業目的のためにも、作り出されるということが、批判的に、強調されている。

○ **企業者の報酬と利得**

何が経済的な連関の中で（したがって倫理的にではなく）企業者利潤を正当化するのか。一面では、経済発展が始まるとともに、企業者の国民経済上の報酬が成立する。他面では、企業者は、シュムペーターによれば、規則的に、三つの種類の困難事を解決しようとする（TWE, S. 124–126）。

一、新しいことを客観的に知らないということ。よく慣れた経路の外では、日付とインフォメーションが、欠如している。定義によれば（qua Definiton）、これまでの態度からの推定は不可能なのである。

二、主観的な障害。新しいことを敢行するためには、個人的な抵当を必要とする。
三、社会的抵抗。新しいことを開始することは、外部からの、つまり新しいものによって脅かされる集団からの反対の圧力に直面する。共同のパートナーは、消費者を納得させるときにはじめて、動員されうるのである。

革新者（イノヴェーター）と国民経済上の有効性の地平での困難な問題に対決すると、企業家活動の個人的ないしは経営学的な補償に関する問題に行き着く。慣習的な理論（J・S・ミル）によれば、企業の経営者には、管理賃金、自己資本への利子、危険プレミアムなどの、さまざまの収益がもたらされる。シュムペーターは――かれにとっては資本家と企業者とは全ての点で一致しているのではないのだが――危険性という議論を資本所有者に割り当て、［それとは］区別された企業者利得つまり一種の独占利潤を導入した（ESS, S. 255）。企業者には、彼の革新へのプレミアムとして、企業者利潤が割り当てられる。すなわち、静態的なモデルにおいては、ある経営の全収入は、まさしく経費をまかなうに充分なくらいの多さであるのにたいして、動態的な国民経済においては、「発展の中で実現される新しい結合は、必然的に旧い結合よりも利益のあるものであり、かくして、そこにおいては全体的な収益は、［…］あの経費よりも大きいのである」（TWE, S. 208）。

たとえ、企業者利得についてのこの説明が、内在的に同意できるものであるとしても、つまりシュムペーターの一般的なモデルに適合しているとしても、この理論をもってしては、何故、資本の持ち分の所有者が、利子配当金を越えて、企業者利得の分配にあずかるのかという問題は、説明できない。そのかぎりでは、［この理論は］現実の事態と確かに矛盾しているのである。

（2）心理学的および社会学的な視点

さらにそのほか、企業者概念の心理学的および社会学的側面についてのシュムペーターの貢献が、語られるべきだろう。まず、第一に、何が企業者の活動性の動機なのかという問題である。

一九一二年にわれわれに示されたような本来の理論的見解において、シュムペーターは三つの動機を挙げている（TWE, S. 138f）。

一、「私的な王国を樹立したいという意志」
二、「勝利への意志」
三、「成功それ自身のゆえに成功をえたいとのぞむこと」「外見に対する喜び」

企業者がもっているとされている外在的な動機、つまり「利得を得ようとする努力」をもって仲介されているのは、すべて内在的な動機なのである。このことは、パラドックスである。というのも、カーリン（CARLIN, 1956）が確認しているように、資本主義の主役である企業者が、そのことによって「シュムペーターのいうような動機に従っていることによって」本質的に、非資本主義的動機に従っている限りでは、そうなのである。企業者（entrepreneur）は、古典派（および新古典派）の経済人（homo economicus、ホモ・エコノミクス）とは、鋭く対立している。

さらに、シュムペーターは企業者の能力のプロフィルを述べている。

一、主導権をとる能力（KZ, S. 139）。
二、感激させる能力と人が意欲するものを知る能力。
三、直接的利益への集中を可能にするような、ある種の精神的な［自己］限定。決断を行いうるということは、ある状況の全ての詳細について理論的に洞察することよりも重要である。――逆に、「根本的な予備労働と専門的知識、知的な理解の深さ、論理的な分析の能力などは、事情によっては、不成功の源泉になりうるのである」（TWE, S. 125）。

○ **現代の具体的説明**

世界的に有名な企業者であるリチャード・ブランソンは、あるインタヴュー（FR 23. 08. 97）において、企業者についてのシュムペーターの特徴づけと、驚くほど類似しており、［かれの］理念型的な像の有効性を認めるものと理解できるような、おおくの回答を与えている（この際、この二つの認識論的概念［Unternehmer と Entrepreneur］の混同をゆるしていただきたいが）。ブランソンは、まず、最初はマイク・オルドフィールドとローリング・ストーンを生み出したヴァージン・レコード会社の所有者であったが、この商標を一九九二年に売却し、「ヴァージン・アトランティック」航空会社を再建しようとした。様々な別の会社の獲得により、一言でいって、イギリスの鉄道の大きな鉄道網の購入により、かれはある複合的なコンツェルンのトップに立つに至った。インタヴューのなかで、次のように語っている。

一、「わたしは喜んでそれについて学びます。そして、わたしはいつも、新しい事柄に挑戦されることを好みます。西欧で業務を行うのは、わたしを退屈にさせるような、慣習的な仕方なのです。もし、あなたがある部門において、それをある程度まで成功させることができる場合、あなたがそこに生涯の終わりまで留まらねばならないということは、いやな考えでしょう。[…]もしわたしが、競争者よりもはるかにうまくやることができるということを洞察するときには、わたしはいつもそれに手出しするのです。」

二、「わたしがイギリス鉄道の若干の重要な延長に着手していらい、わたしはまったく遠慮することなく、大英帝国の当時最大の鉄道事業を指導すると主張することができたことを、考えてみなさい。わたしはそれ以前には鉄道部門について、実際、何の心配もしていませんでした。同じことが、航空会社についても、また、ソフト・ドリンク部門についても、妥当します。それにもかかわらず、わたしは市場の指導者を攻撃しました。また、わたしは正しい人びとを私のそばに持っていました。正しい人びとを発見し、かれらに多くの自由を与えることは、わたしの偉大な才能なのです。」

三、「わたしは他の経済界のボスのようには、計算しませんでした。わたしは帳簿係を信じません。もし、あなたが簿記係に、あなたがある事業に参加すべきかどうかについて、計算するように依頼する場合には、かれらはあなたに、二つの可能性を正当化するような計算書を与えるでしょう。しかし、それがどうなのでしょうか。わたしは腹のなかから決断し、私の直観を信じています。」

(3) シュムペーターの企業者像の根源

哲学史に携わったことのある人は、シュムペーターの企業者像には、ニーチェとの類縁性があることを見過ごすことはできないであろう。事実、『理論経済学の本質と主要内容』の結論の章における、動態について考慮するための最初の計画のスケッチのなかで、かれは次のように述べている。「われわれは、にもかかわらず、統計がうまく適合しないような興味ある事柄について、ここで[動態の枠組み内で]取り扱い、あの光彩陸離たる意義深い現象に立ち向かうべきだろう。人びとは、その現象を、ポピュラーなかたちでは、『権力への意志』とか『主人の意志』などの［ニーチェの］言葉によって特徴付け得るものであり、その助けを借りて、一般理論を獲得しようと努力するのであるが」（WH, S. 618）。

時代に制約された精神的な類縁性は、マックス・ウェーバー（1864–1920）の「カリスマ的指導者」の姿にも、また、オズワルト・スペングラー（1880–1936、『人間と技術』一九三一年刊）の「企業者的な指導的人間」――この人間にとっては、業績や力量が重要なのであり、内容は必ずしも重要ではないのであるが――にも見られる。そして、スペングラーの歴史哲学は、それはそれで、ゲーテやニーチェの影響を受けているのである。

他方では、シュムペーターが、企業者の類型にたいしてある種の距離をとっていることも、看過することはできない。企業者は、シュムペーターにとっても、成り上がり者であり、その「偏屈さと文化的貧弱さ」が認められている（KSS, S. 370）。「かれ［企業者］には、全ての個人的な輝きが欠けており、［…］かれの課題は非常に特殊である。つまり、その課題を解決しようとする者は、あらゆるその他の点で、知的でも興味深い人物でもある必要がないのであり、また、教養を持っていたり、あるいは何らかの意味で『高尚である』必要はないのである。［…］。かれは典型的に［…］成り上がり者であり、したがって、かれのオフィス以外では、しばしば、まったく指導者ではないのである」（TWE, S. 130）。

この箇所で、すこし、伝記的な指摘をおこなおう。ヨゼフ・A・シュムペーターは、企業者の家族出身であり、かれの父は［電気エネルギーで動く］第三世代の、織物工場を所有していた。かれはシュムペーターが四歳の時に死亡した。父の死亡後、母は、貴族出身の将校と結婚した。義理の父は、ヨゼフ・シュムペーターが社会的に上昇することを助けた。つまり家族はウィーンへ引っ越し、若者はエリート高校に通学したのである。企業者像を部分的に貴族化することにおいて、シュムペーターはブルジョワ的な父親の影響と貴族的な義父の影響とを結びつけたと、スヴェトベルクのシュムペーター伝は考えている。

（4） シュムペーターの企業者概念における修正

企業者の経済的機能に関するシュムペーターの描写は、三つの段階を区別できる。

第一段階

企業者像の第一段階として、『経済発展の理論』の中で表明され、これまでの章で論じて来た見解を挙げるべきだろう。

第二段階

シュムペーターは、企業者像の理想化をやめることによって、彼の見解を変更した。

一、シュムペーターは、企業者の行動の動機として、個別的で並外れて高い利得のためのチャンスを実現しようとすることを、付け加えた（KSD, S. 123）。

二、この非理想化に含まれるのは、そのほかに、シュムペーターが企業者階層の社会学的側面をより強く強調したことにある。すなわち、「たしかに、企業者は、必然的にも典型的なやり方ででも、最初からこの［ブルジョワ］階層の分子であるのではないのであり、むしろ、成功した場合に、この階層へ入り込むのである」。さらに、かれは、企業者を、「われわれが産業家、商人、金融家、あるいは銀行家と名付けているような多くのひと」から、区別している。「これらの人びとは、企業者の冒険と相続された財産の単なる一時的な管理との、中間段階にいるのである」（KSD, S. 217）。しかし、第一段階の［企業者の］機能の定義との相違は、明白である。

とりわけ、シュムペーターは、企業者に関する思索の第二段階において、トラスト化のなされているという印象のもとに、企業者機能を、後期資本主義体制が機能するためには時代後れのものと、見なすに至った。シュムペーターはこう考えた。「技術的発見を採用することは、かつては、企業者の主要課題のひとつであった。――今日では、技術的な革新は、詳細な点まで計算されつつ、企業者の使う技師によって遂行されている」（AWP [1929], S. 239）。予想された大経営への傾向から、シュムペーターは、企業者の姿の類型や選択も変化したという結論を導き出した。訓練された経営管理者兼個人的指導専門家が、旧式の『工場主』に取って代わった。「もはや、競争戦における確証の指標が選ばれるのでないし、また、よりよい生産物ないしはより安い生産物という指標が選ばれるのでない。むしろ、政治的な選択、ないしは任命、とりわけ『昇進』と、よりおおく関係するような、ある種のやり方が［取られるのである］」（AWP [1929], S. 239 以下）。

変化の内生化、例えば、消費者による新しいものの高い受容、ないしは、制度化された技術的進歩などによって、古典的な企業者機能は時代後れのものになる。シュムペーターによると、もはや、社会的な上昇への衝動にかられた攻撃的な小企業者ではなく、有給の支配人が、資本主義の独占的発展段階においては、経済的にかなめとなる決定を行う。このことにより、かれは企業の官僚化の進展を洞察している。――「もっとも目下のところ、これは印象にすぎない」（ESS [1947], S. 224）、と述べている。

第三段階

シュムペーターは、死の直前に、三つの論文、すなわち、「経済史における創造的反応」（1947）、「経済成長の理論問題」(1947)、「経済理論と企業者史」(1949)(ESS, S. 216以下)のなかで、企業者概念をもう一度、修正した。一方では、企業者は、いまなお、発明者とは区別され、また同様に資本家とは対立する革新者として、規定されている。新しい点は、次の点である。

一、(このテーマに関する彼の思索の第二段階よりもはるかに強く)、「企業者」の経済的企業者機能とその社会的類型との分離がなされている。たとえば、企業者機能は、あるチーム(「団体的個性 corporate personality」)によって引き受けられる。また、国家によってさえ引き受けられる。「どの社会的環境も、企業者機能を充足する独自の方法を持っている」(ESS [1949], S. 255)。

二、企業者と銀行との関係は、新たに評価されている。『経済発展の理論』のなかでの仮説は、銀行は新しい資本を信用創造によって準備すると、述べていた。新しい仮説は、銀行は自己の利害から企業者をコントロールするに違いないし、したがって、企業者は、自己金融を銀行信用よりも優先するだろうと、述べている(ESS [1949], S. 262)。

三、仮説の経験的な確証は、不可欠だと見なされている。そのために、ある「調査計画」のなかで、さまざまのテーマが語られ、また、それをテストするためのそれ以上の仮説が、論じられた。巨額の企業者利得は、新産業によって作られ、とりわけ、パイオニァー企業によって、作られるのか。競争者は、どの程度迅速に、革新者(イノヴェーター)に従うのか。成功した企業者は、可能な競争者にたいして自己を守るために、(例えば特許権のような)どのような手段を持っているのか。過去および現代において、国家的機関は企業者の役割を演じることができるのか。

そして、この時代に、「企業史研究センター」が、ハーバート大学のなかに、設立されたのである。全体として、こう言っても良いだろう。シュムペーターは、晩年の著作においては、より控え目になったと。――「われわれは有効な一般化をおこなうに充分な知識を持たないのであり、なすべき一般化が存在しうるかどうかについて確信をもつに充分な知識も持たないのである」と（ESS [1947], S. 226）。

○ シュムペーターの企業者像にたいするもう一つの選択肢はあるのか？

つぎに、簡単に、シュムペーターに対する効果的な「もう一つの選択肢」として、マクレラン（Mcclelland）の経済心理学的な労作（一九六七）を述べよう。かれはとりわけ成功した企業者の動機を取り扱った。そして、とりわけ、詳細に計算された、中規模のリスクの消滅、行動への個人的責任にたいする願望、彼の行動の具体的帰結を体験したいという願望、そして、活発にかれの環境を探索し、経験から学び、障害を克服したいという願望等が、指摘された。もちろん、これらの理念には、シュムペーターに対抗するもう一つの選択肢が提出されたというよりは、むしろ、シュムペーターの提出した端緒の拡大がなされたということが重要であると、私には思われる。とりわけ、内因性の動機の強調が、重要な接点をなしている。

（5） まとめ

企業者は現代の経済学的な思索（新シュムペーター主義者を別にして）のなかで一定の役割を果たしているが、この場合、企業者の経済的機能は、二つの重要な点で、シュムペーターに比べて、根本的に別の形で解釈できる。一、企業者の役割は、一般的に言って、今日たいていの場合に、シュムペーターが行ったよりも、はるかに広く捉えられている。すなわち、たんにイノヴェーターとしての意義だけでなく、鞘取り売買の可能性ないしは再配置の利用の際の活動もまた、「企業者的なもの」として、定義されている。その他の点では、企業者的活動は、たしかに危険性の伴うものと見られている（危険性はいたるところに存在するから、このことは、もちろん、かならずしも、内容のある発言とはいえないのである）。

二、他方では、企業者的行動の重要性の減少という、後期シュムペーターのテーゼは、今日まで、有効性を認められない。反対に、より多くの市場経済的要素を導入している開発途上国、つまり、東欧及びアジアの過渡期経済において、また、失業という特徴をもった高度に発展した産業国家において、——いたるところで、新しい（初期の）「シュムペーター的企業者」が、ダイナミックな勢力として、大量に、登場している。

このことによって、おそらくは、シュムペーターの『資本主義・社会主義・民主主義』（一九四二）に由来する、企業者の衰退というのヴィジョンは、傾向についての叙述と警告についての叙述との混合であると、（あるいは自己破壊的な予言であると）いうことが分かるだろう。

第四節　経済体制の理論について

ヨゼフ・A・シュムペーターが、まさしく東欧という、もはや存在しない社会主義の廃墟での経済政策や日常のメディアにおいて、繰り返し呼び起こされていることは、歴史のアイロニーであるだろう。というのも、彼自身は、まさしく、資本主義の没落の不可避性と、中央集権的な計画経済と国家所有に基づく経済体制の経済的な生存能力を信じていたのであるから。シュムペーターは、前述したように、市場経済と生産手段の私的所有とに基づく体制が没落する根拠を、経済的な領域にではなく、むしろ、文化的でイデオロギー的な領域に、見ていたのである。すなわち、「腹のたつことには、資本主義は自分自身を信じていないのである」(アフォリズム一〇六、スヴェドベルク)と。では、元来、シュムペーターは資本主義をどのように理解していたのか。

(1) シュムペーターの経済体制

○ 定義

シュムペーターは資本主義の経済体制を三つの特徴をもって特徴づけた(KSD, S. 267, ESS [1946], S. 184)。

一、生産手段の私的所有。
二、私的イニシァチブにもとづき、営利獲得を目的とした生産。
三、私的銀行による支払手段の創出、したがって、生産手段をその現在の使用の仕方から奪い、将来生産されるべき財貨のための購買力を作り出すために必要な、銀行信用の制度。

○ 時期区分

この定義によって、資本主義的経済体制の概念は、一定の歴史的時期に限られたものとする必要がなくなる。それゆえ、例えば、イギリスにおける「本源的蓄積」を出発点として選んだカール・マルクスのように、あるいは、マックス・ウェーバーにおけるように、「資本主義の成立」を説明する必要性は、否定される。発生的な分析ではなく、機能的な分析が、シュムペーターにとっては重要である。すなわち、歴史的な経過の中では、相互に区別されるような経済体制は、(たとえば、原始社会—奴隷社会—封建社会—資本主義—共産主義のような俗流マルクス主義的な区別は）見られないのである。むしろ、古代より、既に存在した資本主義の諸要素が、ますます増大するというのである。つまり「どこにも鋭い断絶はないのであり、まったくゆっくりした連続的な転形が見られるのである」（ESS [1946], S. 184）。

もちろん、全体としての社会経済体制における資本主義的要素の比重におうじて、四つの特別な段階が区別される。

一、ギリシャ、ローマ的な古代とヨーロッパ中世（その際、シュムペーターは、他の大陸における発展に光を当てることに対しては、ヨーロッパ中心主義を守ったのである）。

二、重商主義の時代。シュムペーターによれば、その時代は、およそ一五〇〇年から一八一五年までであるが。シュムペーターは、重商主義を、資本主義的経済体制と支配する封建的な政治体制との一つの共生であると、定義した。

三、シュムペーターによれば、一八一五年から一八九八年の期間がそれにあたる「完全な資本主義」の段階。この時期には、経済体制と政治体制との両立性ないしは補完性が、存在した。例えば、財政政策は、最小支出、赤字予算の回避、および、所得分配にとって中立的な、最小限の課税という特徴を持っていた。そのことによって、経済的側面は、政治的側面によって、適切に制約されるというのである。

四、前世紀の終わり頃からシュムペーターの同時代までの段階は、結局、「独占的資本主義」と特徴づけられている。この時期の特別な特質は――シュムペーターは、もしかすると、この時期を資本主義の最終局面と考えていたとおもわれるが――さらに述べられるべきだろう。

この歴史的な考察を批判しようとすれば、はるかな過去を部分的に資本主義的なものと特徴づけることは、比較的最近の民俗学的および歴史的な探究のきわめて詳細な成果からは、認められないものであるということに注目すべきだろう。こうした関連において、シュムペーターの一人の同時代人であるカール・ポランニーの著作(『大転換』、一九四四)を指摘したい。そこでは、市場システムの時代拘束性(歴史性)が、確信をもって明らかにされている。

○ 資本主義的システムの特徴

経済体制は、よく知られているように、中心的なメカニズムの特徴的事実にしたがって、区別される。その際、一般的に、つぎのようなシステムに不可欠の構成要素が、区別される。

一、情報のメカニズム(例えば、価格により、また、計画量の基準値等により)。

二、短期的な[資源・労働力などの]配置メカニズムと長期的な投資メカニズム(例えば、市場あるいは集権的計画による決定)。

三、経済的行動を引き起こすための動機のメカニズム(例えば、消費欲望の充足によるか、あるいは、模範労働者として顕彰することによるか)。

四、分配メカニズム(例えば、生産過程にもたらされた個々の要素の供給と需要に従った分配、あるいは、二次的に、社会的原理に従った分配、あるいは、「それぞれにはそれぞれの欲望にしたがって」という原理に従った分配)。

五、同様に、管理メカニズム(費用とか価格との事後的な ex-post 差異にしたがった報奨と処罰、あるいは、数量的な計画の実施にしたがった[報奨と処罰])。

シュムペーターは、資本主義経済体制の分析に際して、繰り返し、他の経済体制に対するそれの長所を挙げている。とりわけ、経済活動を引き起し、長期のシステムの安定性をもたらす、動機のメカニズムが重要であり、また、全体性の実行能力、すなわち、その時々のメカニズムの短期的および長期的な効率――とりわけ国民経済的な一人当たり産出高（ないしはその分配）によって測定したそれ――が、重要である。

一、シュムペーターは、決定的な特徴を、資本主義的経済体制の動機のメカニズムに見出した。これは、コストを縮減するものであるとともに、納得の行くものである。

地代、資本利子、管理者俸給、企業者賃金（生産要素の企業者的結合に対する報償としてのそれ）、瞬時的な状況の徹底的利用からの投機的利得（「日常の獲物」）――マルクスの用語法ではおそらく平均利潤率の要素――等は、シュムペーターによれば、企業の日々の活動を動機づけるものである。

しかし、既に何度も述べたように、経済発展にとって決定的なのは、イノヴェーションの実現であり、これは一時的な独占利潤により、まさしく企業者利得により報いられるものだと、シュムペーターは言っている。すなわち、それは「資本主義経済のなかで、新生産方法ないしは新商業的結合の首尾良い実行と、結びついているプレミア」である（AWP [1927], S. 166）。

これらの構成要素をともなう動機メカニズムは、きわめて不平等なものであるある。というのも、個々人ないしは諸企業の同じ努力が、きわめて不平等に報酬を受けるからである。ひとりの者、あるいはひとつの「業主」が、かれらの努力に対する平均的な補償を得ようと努力するのに対して、「企業者」ないしは「企業」（それはシュムペーターの定義によれば、イノヴェーションを**実現するが**）は、特別な企業者利潤を達成するのである。

シュムペーターは、この動機のメカニズムを、平等的なメカニズムよりも、かなりの程度有利なものと見ている。というのも、プレミアムを獲得しようと、より強い努力が引き起こされるからである。とはいえ、経済全体についてみると、この努力のすべてが、報酬を与えられるわけではないのであるが。シュムペーターは、その際、宝くじゲームとの類比で、次のように論じている。五〇の少ない利益を二〇人に配分することよりも、**ひとりのもの**に一〇〇〇ドルの主要な利益を懸賞金として提供することの方が、はるかに多くの損をする買手を動員すると。「主要な利益」の潜在的可能性が、「不平等の刺激的な雰囲気」（ESS [1946], S. 199）が、国民経済の発展を保証するのである。

二、それ以上の事柄を、シュムペーターは、システム理論に関連して、一般的な福祉水準の増大という意味での資本主義の測定可能な成果を、歴史的な縦断面のなかで、指摘している。そして、（もしも、東西ドイツの経済的成果、南北朝鮮の経済的成果、南北ヴェトナムの経済的成果、台湾と中国大陸の経済的成果などを対照させる場合には）、ある見方からすれば、一九八九年以後の時期をも、一般的に現在の横断面として、付け加えることができる。ヨーロッパにおける資本主義的国民経済の経済的成功は、シュムペーターにとっては、私的な利潤追求の努力の動機のほとんど妨げられることのない作用の結果にもかかわらずというよりは、まさにその結果のゆえに、一九世紀に開始されたのであり、それは社会政策的干渉に負っているというよりは、労働組合の闘争に負っているのである（もっとも、歴史的な認識からして、このことを疑っても良いだろうが）。シュムペーターは、かれの結論を、（J・B・クラークの）賃金の限界生産力理論から引き出している。この理論によれば、技術進歩の成果は、生産要素の所有者の競争メカニズムを超えて、技術進歩へのかれの関与に照応して、与えられるのである（AWP, S. 178）。完全競争の行われる経済体制においては、社会政策は、いずれにせよ、生活水準の向上にとって余計なものになるというのである。そのうえ、社会政策は、（たとえば、経費によって条件づけられる過度の利潤税によって）、資本主義の推進力が大きな負担を欠けられる場合には、反生産力的になりうるという。つまり、お菓子は、分配される前に、はじめて焼かれなければならないのである。

もちろん、この議論の基本的な前提である完全競争が、発展した資本主義において無力にされる場合には、生産力発展の自動的な移転も、その［生産力発展を］引き起こした人については、もはや妥当しないのである。しかし、シュムペーターは、労働市場の寡占状態をともなう独占化された資本主義を、なお活動能力のあるものと見なしている。市場賃金率よりもはるかに高い、労働組合が交渉によりつり上げた賃金率は、たしかに、非自発的な失業を発生させるが、それにもかかわらず、国民経済における賃金の割合、したがって、国民経済の産出高のうちの被傭者層の取り分は、高められるのである。

（2）資本主義の限界か？

発展をへて次善の状態（パァフォーマンス）にいたるまでを観察するなかで、シュムペーターが資本主義の「黄金時代」は彼の時代に終了したと見ていることが、明らかになった。ついで、このことは、資本主義的経済体制そのものが、もはや最適には機能しないので、没落していると断定すべきかどうかという問題、および、もう一つの（社会主義的）メカニズムが、概して、実行しうるのかどうかという問題に、導くのである。

○ 経済に内在する限界か？

シュムペーターは、その著書『資本主義・社会主義・民主主義』（一九四二）のなかで、まず、できるかぎり資本主義経済に内在する限界について論じた。根本的にみて、この議論においては、シュムペーターの［つぎのような見解との］対決が、重要である。つまり、（一）競争的資本主義にたいする自由主義的な賛美、（二）ケインズおよび市場メカニズムの作用様式と資本主義の（短期的な）安定性についてのかれの悲観主義的見解、（三）マルクス主義的な帝国主義論などの見解との対決である。これら三つの端緒について、シュムペーターはつぎのように説明している。

（第一点）独占的な実践は、疑いもなく、増大するが、それは体制と矛盾するものではなく、むしろ、反対に、資本主義の内在的な構成要素である。「完全な競争」は、フィクションにすぎない。つまり、どの供給者もひとつの――それが些細な市場の断片であろうと――いずれにせよ独占者である。そして、革新者（イノヴェーター）の一時的な独占は、すでに何度も述べたように、資本主義の必須条件（conditio sine qua non）である。

（第二点）第二の見解、とりわけケインズとその弟子たちの見解は、同様に厳密に拒否された。ケインズそのひとの名を挙げることなしに、『資本主義・社会主義・民主主義』（一九四二）の大きな部分は、ケインズ主義の論拠に対する反論に捧げられている。ケインズは、とりわけ、つぎのような理由から、資本主義はある定常的な状態で運動すると論じた。すなわち、その理由というのは、

――人口増大の低下のために（『人口減少のいくつかの経済的帰結』一九三七）

――あるいは、成長の潜在的可能性の枯渇、とりわけ、投資機会の減退。

そして、それと結びついて、

貯蓄性向の増進（ケインズ、『一般理論』、第三版、1966, S. 27, 91, 319）。これは、国家の**超過支出**（deficit spending）による持続的な購買力創出を、必然的なものにする。

この文脈に含まれるものには、成長についてのそのほかの悲観主義的な憶測がある。たとえば、南半球への進

入後は資本主義システムの地理的膨張可能性が制限されているというテーゼ、および発見や発明の可能性の枯渇というテーゼである。

すべてこれらの停滞のテーゼは、シュムペーターによって、率直に、否認された。

a　根本的に見て、欲望の充足は、シュムペーターにとって、運動の目的であり、したがって、かれは投資の機会について、なんら確定的な限界を承認しなかった（一九七〇年代以来、新マルサス主義者たちによって、環境学〈エコロジー〉と経済学〈エコノミー〉との間の矛盾の一つとして、意識化されて来たような、資源の限界という問題は、時代に制約されて、シュムペーターには認識できなかったのである）。

b　貯蓄と投資との特殊な問題に関して、シュムペーターもまた、古典派とは異なって、なんら固定的な結びつきを見出していない。かれは、節約ないしは消費の断念が、景気循環に対して抑制的な作用をもち、恐慌を悪化させうることを認めるが、ケインズに対しては、「新理論［つまり、ケインズ理論、ハンス・バス］を支持するような大きな論拠は、その有効性が疑わしい」と強調するのである（ESS [1946], S. 199）。

（第三点）　これについては、シュムペーターは、マルクス主義者の帝国主義論にたいして同情的な態度を表明する。その帝国主義論によれば、生産手段の集中は、現存の大衆的購買力に比べて、過剰生産力をもたらし、これは、コンツェルンの外国市場略奪への関心と、外国企業の生産物の同時に行われる［輸入］遮断をもたらす。そして、ついには、攻撃的な外交政策および植民政策をもたらす。

○　資本主義の経済にとって外在的な限界

資本主義体制の推定上の歴史的限界についての、本来の原因をば、シュムペーターは、経済体制の外部に、見出している。その原因は、社会的および文化的性質を持っており、とりわけ、資本主義社会の制度的な構造の変化に存している。

一、**ビッグ・ビジネス**への集中は、企業者のタイプを余計なものにする。大コンツェルンは、ますます、経営者（マネージャー）によって管理され、したがって、企業者ではなく官僚的職員層によって管理される。イノヴェーションが個人的になされないので、企業者機能は曖昧になる。現実の企業者たちは、この世界においては、「永久平和を完全に知っている社会の将軍のような」（KSD, S. 213）ものである。消費者の側についても、パイオニァ的な企業者の実行力は、ますます必要でなくなるだろう。というのも、いずれにせよ消費者は、革新の絶え間ない出現に、慣れきっているからである。

二、資本主義的システムは、自由な経済的決断に基づいているが、また、資産と非自発的失業の不平等性にも基づいているという。この側面は、とりわけ、知識人によって、ますます受け入れられなくなっている。

三、シュムペーターは、生産手段の所有の集中への傾向を、観察した。シュムペーターは「まったく官僚化した巨大産業経営体は、［…］小企業ないしは中企業を駆逐し、それらの所有物を『収奪する』」（KSD, S. 218）と、マルクスの集中法則（反対傾向については、KSD,S.227を参照せよ）に苦情を述べながら、書いている。経済的没落に脅かされた小ブルジョワ層は、たしかに短期的には生活の不確かさを生み出すものの、長期的には成功をおさめるこのシステムの正当性を、疑ったのである。

四、それに加えて、近代資本主義は、ブルジョワ家族のための余地をますます少なくするということがある（文字通り、つまり都市計画的にもそうである）。家族は、シュムペーターによって、もともと前資本主義的な制度と見なされているが、にもかかわらず、家族は資本主義経済体制の機能のために、きわめて重要な役割を果たしているとされている。費用と効率の比較というまさしく本来の資本主義的原理が、家族に適用される場合（子供の教育のための犠牲と次世代のもつ効用［が比較される場合］）、この瞬間にその原理は、「収穫をもたらすかどうかにかかわらず、未来のために働くように、説き聞かせる」資本主義的倫理の、推進力を破壊するのである（KSD, S. 259）。

シュムペーターは、すべてのこれらの論拠から、「資本主義的システムには、自己破壊への傾向が内在している」（KSD, S. 261）という結論を導き出すのである。この文章は、しばしば引用されて来たが、私の考えでは、シュムペーターの議論を完全に知ったうえで引用されることは稀であった（たいていの場合には、「福祉国家」への暗黙の批判を伴って、資本主義はその成功のゆえに、崩壊すると、言われている）。

（3） 社会主義的経済体制は、機能することができるのか

シュムペーターの意見によれば、上に述べたような傾向は、資本主義的経済体制の没落をもたらすものである。おそらく、かれは静かに、このことが自己破壊的な予言であると、思っていた。しかし、資本主義の推進力が麻痺するだろうという予言は、残っている。国家所有に基づく、計画経済的な社会主義は、取りうるもうひとつの道なのか。たとえば、シュムペーターの同時代人である、後のノーベル賞受賞者フォン・ハイエクは、この問いに対して、猛烈に否と答えている。だが、シュムペーターは、社会主義的経済体制が理論的には機能しうるというのである。

すなわち、シュムペーターによれば、「経済的な態度の根本的な論理は、商業社会においても、社会主義社会においても、同じである」（KSD, S. 277）。すなわち、

一、二つの経済体制において、需要と供給の法則は、消費財の価格を決定し、その結果、複雑な価格体系を決定するという。

二、二つのシステムにおいて、効率の指標が、経済的態度を規定するに違いないのであり、すなわち、選択の一般的な論理が、注目されねばならない（KSD, S. 291）。それぞれの経済にとって根底に存在する合理性の原理は、配置メカニズムないしは動機メカニズムのシステム特有の特徴よりも、もっと普遍的な性格を持っているのである。

転形過程についても、シュムペーターはなんら根本的な疑問を持っていなかったようにおもわれる。「社会化は、大企業を超えて行く一歩を意味しており、その道は大企業によってあらかじめ指示されている」（KSD, S. 313）。この道は、シュムペーターの見るところでは、個人の自由の保証を欠いているために、事実上、望ましくないものである。――このことは、既に先に述べておいたし、現実性がないので、これ以上深めるにはおよばないだろう。しかし、次のような問題を提出することを許していただきたい。つまり、経済体制の変化に関するシュムペーターの見解は、経験的に、事実上、論駁されたのかどうかという問題である。

（4）シュムペーターは論駁されたのか

シュムペーターは、おそらくは、二重の仕方で、論駁されている。

一、一方では、まさしく、資本主義的市場経済から社会主義的計画経済への転化が生じず、むしろ、東ヨーロッパおよび東アジアの諸国がほとんど全て、反対の道すなわち再転化の道を取ったことによってである。しかしおそらく、それは事実上、用語法の問題にすぎない。つまり、操縦された資本主義は、たしかに、社会主義と呼ぶことができる（ESS [1946], S. 204）。

二、他方では、資本主義的なイノヴェーション過程は、その発見者が信じていたよりも、はるかにうまく機能していた。大企業の間の隙間には、繰り返し、新しいパイオニアー的企業が、入り込んでくるのであり、これは産業の巨人を打ち負かしさえする（ビル・ゲイツ対IBMを見よ）。したがって、資本主義は、あきらかに、再生力を埋め込まれている。シュムペーターは、この反対傾向（「とりわけ、小生産企業や商業企業の余地は、大企業によって破壊されるだけでなく、たしかにある程度までは、創出されもする」こと、KSD, S. 227）を洞察していたのであるが、かれはそれを明らかに過小評価していたのである。

かくして、わたしの考えでは、シュムペーターのいくつもの様相をとるシステム理論の萌芽が、論駁されるのかどうかという問題は、未解決である。俗流的な、シュムペーターの単純に述べられた端緒的理論は、たしかに論駁されている。しかし、この論駁は、シュムペーターには好ましいものだっただろう。

次章では、これまでの議論の決算がなされるべきであろう。そして、もう一度、シュムペーターの「リバイバル」の理由が、問われるべきだろう。

第五節　決算の試み

○　何処に受容の歴史への鍵があるのか

疑いもなく、シュムペーターはわれわれの世紀［二〇世紀］のもっとも重要な経済学者の一人である。よく知られた逸話の述べているように、シュムペーターはこのことを――全くのナルシシズムなのであるが――意識していた。その逸話によれば、シュムペーターは、いつも、ウィーン一番の人気者、オーストリアで最高の騎手、および世界最大の経済学者になりたいという、かれの計画について語っていたという。しかし、ふたつの実現されたという目的が、何れであったのかという問題は、忘れてはならないのである。

ところで、シュムペーターの活動の歴史の秘密は、何であったのか。

一、**［個人的な貢献のパースペクティブ］** 時として、次のように言われている。シュムペーターは折衷家であり、元来、完結したシュムペーター「体系」は存在しない。むしろ、他の作品のために、何度も岩石として役立ちうるような、若干の光り輝く建築用礎石であると。しかし、その光彩陸離たるゆえんは、かれがある種の奇人であり、自らを天才とみなし、専門家を因習的でない思想によって驚かせ――もっとうまくいえば衝撃を与え――ることに、満足を見出していたということと、結びついている。このテーゼに同意しうる重要な理由は、たしかに、シュムペーターが、事実上、なんら一元的な思想を提示したのではなく、むしろ、かれの活動のさまざまの段階において、その立場を新しい認識や現実の経済的変化に適合させたということに、存している。加えて、かれは一九一二年以後、かれの理論的認識が、経験的吟味に耐えるものとなり、そのうえ、この吟味を刺激し、まさしく新シュムペーター的経済学に、インスピレーションを与えるものであると、表明したのである。

二、**［経済政策と経済学のパースペクティブ、理論的判断の中間的次元］** 第二に、現代経済学に対するかれの持続的な影響についての政治的理由をあげるべきだろう。実際、保守主義者の側からの日々のアクチュアルな論争のなかで、好んで、シュムペーターのテーゼが持ち出される。たいていの場合に、極めて短縮した形で。

他方において、二〇世紀の終わりに、後期ケインズ主義のアポリア（失業と高額の国債の併存）の現れた時点に、経済政策の新シュムペーター的萌芽――それは発展に役立つ地域政策や目指されたイノヴェーションの助長をともに含むものであるが――が、有望であるように思われる。たしかに、シュムペーターの鍵となる概念である、イノヴェーションは、現実の経済の中で、以前には予想されなかったような意義をもつにいたっている。イノヴェーション的活動の増大から、世界的な規模で、経済問題や社会問題の解決を期待している。

三、［メタ次元］学問の歴史においては、いつもある特定の指導的な学問が形成されてきた。たとえば、一九世紀においては機械学であり、医学（重農主義の循環論はそれに影響された）であり、あるいは、二〇世紀においては、社会学と民族学である。現代では、指導的なパラダイムは、生物学、とりわけ（適応による分岐のような鍵となる概念を伴う）進化生物学、および、（創発的進化や不安定性などのキー概念を伴う）熱力学である。そして、シュムペーター理論に関するそれらの理論の類似性は、見過ごすことができないと、わたしには思われる。

いずれにせよ確実に、シュムペーターの理論は、多様な思考への衝撃を与えている。ヨゼフ・A・シュムペーターは、それ以上をもそれ以下をも期待しはしなかった。しかし、かれは、かれのボンにおける告別の演説において、こう述べたのであった。「わたしは結論を語ろうとは思わない。もしわたしが機能を果たすとすれば、それはドアを閉めておかずに開けておくという機能です。そして、わたしはシュムペーター学派のようなものを生み出そうとは努力して来なかった。シュムペーター学派は存在しないし、存在すべきでもない。むしろ、わたしは、わたしに時間が与えられているように、提案を行おう。うまくいっているときには、良い提案を、うまくいっていないときには、拙劣な提案をおこなおう」（ESS）[2]。

原著者注釈

（1）　発展（Entwicklung）」は、『経済発展の理論』の英語版では、「発展（development）」と訳されている。シュムペーター自身は、『資本主義・社会主義・民主主義』の米語でのオリジナル版のなかでは、「進化（evolution）」という概念を用いており、これはドイツ語には、「Entwicklung」と訳されている。

（2）　構造の成立の自発的な経過　熱力学において、ある危機的な価値以上ないしは以下への温度の変化によって生じざるをえなかった、ある別の局面への移行に際して、物質がそれ以前の状態において持っていなかったような特性が、出現する。典型的に見られるのであるが、この新しい特性は、多かれ少なかれ、突然成立するのであり、けっして持続的に存立するのではない。それは、自然発生的なもの、予見できないものという性格を持っている。熱力学的な段階の移行は、高度に不安定な中間状態を通じての経過である。

文献目録

Schumpeter, J. A. (1952), Aufsätze zur Ökonomischen Theorie, Tübingen : J. C. B. Mohr (Paul Siebeck).

Ibid, (1985), Aufsäetze zur Wirtschaftspolitik (herausgegeben von W. P. Stolper und C. Seidl), Tübingen : J. C. B. Mohr (Paul Siebeck),

Ibid, (1951), Essays on Economic Topics (ed. by R.V. Clemence), Port Washington N.Y. : Kennkat Press.

Ibid. (1972), History of Economic Analysis (ed. from Manuscript by Elizabeth Boody Schumpeter), London 1954 : George Allen & Unwin Ltd., 8thpr.

Ibid., (1993), Kapitalismus, Sozialismus und Demokratie, Tübingen u. Basel : UTB/ Francke, 7. Aufl.

Ibid., (1976). Die Krise des Steuerstaats,in : Rudolf Goldscheid, Joseph Schumpeter, Die Finanzkrise des Steuerstaats. Beiträge zur politischen Ökonomie der Staatsfinanzen (herausgegeben von Rudolf Hickel), Suhrkamp,.

Ibid. (1961), Konjunkturzyklen. Eine theoretische, historische und statitische Analyse des kapitalistischen Prozesses, Göttingen.

Ibid., (1966.), Ten Great Economists. From Marx to Keynes, London : George Allen & Unwin Ltd. 4th impr.

Ibid., (1993), Theorie der wirtschaftlichen Entwicklung. Eine Untersuchung ber Unternehnergewinn, Kapital, Kredit, Zins und den konjunkturzyklus, Berlin : Duncker & Humblot, 8. Aufl. (=unveränderter Nachdruck der 4. Aufl. 1934).

Ibid., (1970), Das Wesen und der Hauptinhalt der theoretischen National Ökonomie, Berlin : Duncker & Humblot, 2. Aufl.

追加参考文献

Allen, R. L., Opening Doors : The Life and Work of Joseph Schumpeter, New York : Transaction Publishers, 1994.

Augello, M. M., Joseph Alois Schumpeter. A Reference Guide, Berlin etc. : Springer, 1990.

Frisch, H., (ED.), Schumpeterian Economics, East Bourne + New York : Praeger, 1981.

Kleinknecht, A., Mandel, E., Wallerstein, I., New Findings in Long-Wave Research, New York : St.Martin's Press, 1992.

Kromphardt, J. und Teschner, M., "Neuere Entwicklung der Innovationstheorie", Vierteljahreshefte zur Wirtschaftsforschung, Heft 4 (1986), S. 235-248.

Kurz, R., Innovation als Element dynamischen Wettbewerbs, List-Forum für Wirtschafts und Finanzpolitik, Bd. 16 (1990), H. 1, S. 42-54.

Magnusson, L. (ED), Evolutionary and Neo-Schumpeterian Approaches to Economics, Boston etc. : Kluwer, 1994.

Nelson, R. R., National Innovation Systems, A Comparative Analysis, New York und Oxford : Oxford University Press, 1993.

Osterhammel, J., Varieties of Social Economics : Joseph A. Schumpeter and Max Weber, in ; Mommsen, W. J. und Osterhammel, J., Max Weber and his Contemporaries, London : German Historical Institute, 1987.

Swedberg, R., Joseph A. Schumpeter, Eine Biographie, Stuttgart : Klett-Cotta, 1994.

Wegner, G., Innovation, Komplexität und Erfolg. Zu einer ökonomischen Handlungstheorie des Neuen, in : Seifert, E. K. und Priddat, B. P., Neuorientierungen in der ökonomischen Theorie, 1995.

Werner, J., Das Verhältnis von Theorie und Geschichte bei Joseph A. Schumpeter, in : Montaner, A., Geschichte der Volkswirtschaftslehre, Köln + Berlin 1967, S. 277-295.

Witt, U., Evolutorische Ökonomik-Umrisse eines neuen Forschungsprogramms, in : Seifert, E. K. und Priddat, B. P., Neuorientierungen in der ökonomisnhen Theorie, Marburg : Metropolis, 1995, S. 153-179.

Wood, J. C. (ED.), J. A. Schumpeter. Critical Assessments, London, New York : Routledge, 1991.

Jahrbücher der International Joseph A. Schumpeter Society :

Evolutionary Economics (1988, Hg. : H. Hanusnh)

Evolving Technology and Market Structure (1990, Hg. : A. Heertje, M. Perlman)

Enterpreneurship, Technological Innovation, and Economic Growth (1992. Hg. : F. M. Scherer, M. Perlman)

Innovation in Technology, Industries, and Institutions (1994, Hg. : Y. Shionoya, M. Perlman)

Behavioral Norms, Technological Progress, and Economics Dynamics (1996, Hg. : E. Helmstädter, M. Perlman)

・訳者あとがき

ブレーメン大学経済学部世界経済国際経営研究所（現職：ブレーメン州立経済工科大学教授）のハンス・H・バス博士は、同研究所と愛知大学大学院との学術教育交流協定に基づき、一九九七年度に短期の派遣教員として来学し、本学大学院経済学研究科修士課程で特殊講義「J・A・シュムペーター。新シュムペーター的観点からみたシュムペーターの労作の概論」を英語で行った。その際、英文でのテキストが提供された。今回、この講義に基づき、独文での小冊子が完成され、送られてきた。目次に見られるように、シュムペーターの生涯と著作についての簡単な紹介の後に、ダイナミズム、インフレーションと景気循環、企業者論、および経済システム論などについて論じており、近年、欧米およびわが国において影響力を強めているシュムペーターの主要理論について、新シュムペーター派的な観点からの紹介がなされている。

我が国においては、既に、シュムペーターの主要著作は、中山伊知郎氏、東畑精一氏、都留重人氏、吉田昇三氏、大野忠男氏、玉野井芳郎氏などによって邦訳されており、また、大野忠男氏、金指基氏、塩野谷祐一氏、八木紀一郎氏をはじめ、多くの研究者によってその学説の特徴が、明らかにされてきている。

ちなみに、我が国で作成されたシュムペーターの著作目録には、金指基「シュムペーター著作目録、第四版、一九九一」(日本大学経済学部「商学集志」第六一巻第二号、一九九一年九月、五九—九五頁、所収)がある。また、我が国におけるシュムペーター学説に関する研究論文の文献目録には、米川紀生「増補 Joseph A.Schumpeter 関係文献目録、一九九一年七月 (Bibliography on Joseph A. Schumpeter, July 1991)」(三重大学人文社会学部紀要「法経論叢」第九巻第一号、一九九一年一一月)がある。また、我が国へのシュムペーター学説の導入過程とその研究の動向については、大野忠男「最近におけるシュムペーター研究の動向」(経済学史学会年報、第二一号、November 1983, 11–17頁)、および金指基「シュムペーター研究の過去と未来」(経済学史学会年報、第三〇号、November 1992, 91–95頁)があり、これらにもとづき、わたしも、一九九八年九月二—四日に、ブレーメンにおいて開催されたブレーメン大学世界経済国際経営研究所と愛知大学とのワークショップ「シュムペーターと東アジア経済のダイナミズム」において、「日本へのシュムペーター学説の導入とその影響」について英文にて報告した。

したがって、シュムペーターを専門的に研究する者からすると、本稿で述べられているところの多くは、既知のものであるかもしれない。しかし、本稿は、シュムペーターの原典にもとづいて、新シュムペーター的な観点から、現代経済とりわけその経済発展を理解する上で有益なシュムペーターの理論を解説しており、ヨーロッパにおけるシュムペーター研究の関心の一端を知ることもできる点で、現代的意義をもっているとおもわれる。こうした理由から、あえて、訳出したものである。我が国のシュムペーター研究を志向する人びとに多少なりと役立つことができれば、幸いである。(保住敏彦)

第二編　アジア経済危機にいたる過程と将来の社会の編成——実証——

第一章　東アジア経済における金融制度の問題点

――韓国およびタイと日本の高度経済成長期の比較――

奥野博幸

はじめに

アジア経済研究所とアジア開発銀行は、一九九七年の東アジアの経済危機が発生する以前、次ぎのような韓国とタイの長期経済成長の見通しを行った。アジア経済研究所によれば、韓国に関しては、一九九六年―二〇〇五年の平均成長率は五・八%、タイは七・二%の高度経済成長率であり、アジア開発銀行によれば、一人当たりGDPでのアメリカに対する割合について、二〇二五年の予想は韓国は八二・六%、つまり、四半世紀後には韓国はアメリカに肉薄するとの予測である。同様に、タイについては、四七・四%との見通しであるから、これも四半世紀後にはタイの一人当たりのGDPはアメリカの半分になるとの予測である。

タイの通貨危機に端を発した経済混乱は、一九九七年中に東アジアの各国に波及し、大規模な通貨・経済危機に発展していった。直前まで東アジアの奇跡と言われていた高度経済成長の実績は崩壊し、中国、台湾それに小国のシンガポールを除いては、未だ順調な成長路線に復帰しているとは思われない。

また、通産省の東アジア経済の成長の持続性に関する見解は、労働、資金調達および技術の三点から検討して、労働に関しては学校教育と職業訓練のさらなる充実、資金に関しては、公的金融機関のウエイトを下げて市場メカニズムを通じる効率的な金融方式および資本市場のさらなる発展、および技術に関しては、貿易・投資の一層の自由化と知的所有権の保護等の課題は残るが、東アジアの持続的経済成長に対する障害は考えにくいとの論調である（経済企画庁調査局海外調査課、一九九七参照）。

しかし、一九六〇年一二月に閣議決定された国民所得倍増計画に先立つ一九五六年から始まり一九七〇年代の初頭に終了する日本の高度経済成長期における日本の経済インフラ、とりわけ金融制度を現行の東アジア諸国の金融制度と比較したとき、はたして、東アジアの経済インフラ、とくに、現行の金融制度の下で持続的経済成長は可能だろうかとの疑問は拭えない。本稿では、高度経済成長期の日本の金融制度の特徴と現行の東アジアのそれとを比較して、東アジアの持続的経済成長の可能性について検討する。

第一節　持続的経済成長を可能にする条件

（1）長期経済成長の必要条件

経済成長を可能にする条件には、経済的要件の他に文化的および科学的要件が含まれ、経済発展はその国の総合力として実現される。しかしながら、歴史的および地理的には、近代の経済発展はイギリスから始まり、ヨーロッパとアメリカ大陸に移行した。換言すれば、現代の経済は欧米を中心として展開し、ソフトとハードの両面において欧米方式の経済運営が進行しているのである。もちろん、中東のイスラム圏では欧米経済とは異なる方式で社会・経済が運営されているし、旧ソ連では社会主義計画経済が営まれ欧米経済とは異質であったけれども、ソ連崩壊後は欧米流の市場経済が導入されつつあるが、しかし、これら諸国の経済力は微弱であり、現代の経済は、欧米流市場経済、象徴的な表現を用いれば、アングロ・アメリカン型市場経済の方向に移行しつつある。

国民所得倍増計画に代表される日本の経済成長は、欧米の学者や財界からは「アジアの奇跡」と受け取られたし、また、一九八〇年に入ってからの東アジア諸国の経済発展は、日本の奇跡に次ぐアジアの「新しい虎」として評価された。一般的には、日本と東アジア諸国には基本的に相違は存在せず、日本にできたことは東アジア諸国にも当然できるとの認識を持ちがちであるが、高度経済成長期の日本の状況および経済環境と現行の東アジアの現状には格段の相違が存在することに留意しなければならない。

（2） 開発途上国に対応した金融制度――高度経済成長期の日本の金融機関

一九九六年から始まった日本の金融ビッグバンは、為替・資本取引の完全自由化を皮切りに金融業務の自由化を完成した。その間、一九九七年に純粋持株会社、一九九八年には金融持株会社の解禁が行われ、二〇〇一年には大規模な銀行持株会社が出現し、金融の自由化が実現した。この流れは開発途上国の金融制度にも波及し、ここでは、銀行を中心とした金融制度が成熟する前に経済発展の撹乱要因となる可能性を含むアングロ・アメリカン型の市場金融方式が導入された。

このような金融自由化の潮流の中で、規制の多かった日本の金融制度は先進国はもちろんのこと開発途上国からも否定的な評価を受けているけれども、一九五六年から一九七〇年までの日本の高度経済成長は日本銀行と大蔵省の監視下にあった規制の多い金融制度に支援されてきたことは否定できない。一九七一年のニクソン・ショックまでの固定為替制度と厳しい金融規制が、一〇数年間にも渡って一〇パーセントの経済成長率を可能にしたのであり、日本独自の金融制度が過去の持続的経済成長を支えた大きな要因であった。

日本の金融制度の特徴を要約すると、①長期金融と短期金融の分離、②銀行と信託の分離、③銀行と証券の分離等の市場分離、④銀行を中心とした間接金融方式の優先、⑤公的金融による民間金融の補完と競合、および⑥これは外生要因ではあるが、固定為替制度と資本取引の規制、である。

右に述べた特徴を備えた一九六〇年代の高度経済成長期における日本の金融機関は次ぎの通りである。

図1　高度経済成長期の金融機関

民間金融機関

公的金融機関

大企業向け金融機関
　都市銀行
　長期信用銀行
　信託銀行
中小企業向け金融機関（農漁業金融を含む）
　地方銀行
　相互銀行
　信用金庫
　信用協同組合
　農業協同組合
　漁業協同組合

大企業向け金融機関
　日本開発銀行
　日本輸出入銀行
中小企業向け金融機関
　中小企業金融公庫
　国民金融公庫
　農林漁業金融公庫
　環境衛生金融公庫
　中小企業信用保険公庫
地域および地方公共団体向け金融機関
　北海道東北開発公庫
　沖縄振興開発金融公庫
　公営企業金融公庫

右記のごとく日本の間接金融は、市場の競争で優位な大企業に対しては重要産業の育成を目的とした日本開発銀行および貿易振興策としての日本輸出入銀行を対応させ、競争力の低い中小企業に対しては、中小企業専門の民間金融機関と公的金融機関を実に手厚く配置している。相互銀行や信用金庫の上位行は基盤となる法律において大企業への融資が原則として禁止され、資金獲得能力の低い中小企業に資金が流入する仕組となっている。

さらに、民間金融機関の信用金庫、信用協同組合、農業協同組合および漁業協同組合においては、組織が左記のごとく垂直構造となり、資金が効率的に流れる工夫がなされている。

信用金庫――全国信用金庫連合会

信用協同組合――全国信用協同組合連合会
農業協同組合――信用農業協同組合連合会――農林中央金庫
漁業協同組合――信用漁業協同組合連合会――農林中央金庫

これらの上部組織では、下部組織で調達した資金のうち貸付後の余裕資金を預金として吸収し、広範に渡って貸付を行い、この組織で余裕資金が生じた際には、さらに上部組織に預金し、この上部組織が日本全国のすべての借手を対象に貸付を実施する。例えば、愛知県に所在する単位農協に資金余裕が生じるとこの農協は愛知県信用農業協同組合連合会（県信連）に余裕資金を預金し、県信連は愛知県全域で貸付を行い、資金不足に陥っている地域の農業金融を調整する。さらに、県信連で資金余裕が生じると農林中央金庫に預金し、農林中金が全国規模で資金の調整を行うことになっている。しかし、国民所得倍増計画は農業部門の労働者を製造業へ移行して経済成長を計る策であったため、現実には、農協で調達した土地の売却代金を含む資金は農業部門では過剰となり、大部分は第二次および第三次産業の中小企業へと融資されていった。

また、公的金融の出口となっている日本開発銀行や中小企業金融公庫等は、自身では資金調達は行わず、郵便貯金、簡易保険および財政投融資計画のなかで分配された資金を融資した。つまり、郵便貯金（郵政省）―資金運用部（大蔵省）―政府系金融機関、という金融が効率的に行われた。公的金融は政府、とくに大蔵省の指導のもとで、競争ではなく資金割当方式で行われたのであるが、資金不足の一九六〇年代では、日本経済にとって必要な分野に少ない資金を割り当てる良策であったし、当時の官僚は効率的な資金配分に大きな成功を収めたと評価できる。

第二節　開発途上国の金融制度の特徴——タイのケース

(1) タイの現状

次の表に示されるごとく、タイの経済成長は順調に進展し、八〇年代後半から金融危機の勃発までは実質GDPおよび製造業生産指数の成長率は一〇パーセント近くを達成していた。また、これまで問題であった物価上昇率は、消費者物価および卸売物価ともに一桁に落ち着き、理想的な経済成長を実現してきた。ただし、経常収支は赤字のままであり、輸出は伸びているが輸入も伸びるという開発途上国のパターンを示している。日本の高度経済成長期のように、輸入は投資財と原油・原材料に限定されるのではなく、部品や半製品を含んでいるために輸出の増加は自動的に輸入の増加をもたらすのである。

他方、直接投資受入額は近年では百億ドルを超え、また対外債務残高も一千億ドルに達しようとした。このことは、タイの企業がタイの国内資金で経済発展しているのではなく、日本を含む海外の企業が経済の中心を担っていることを示し、また、資金も海外から流入していることを示している。タイの国内企業やタイ政府の戦略や政策でタイ経済が動くのではなく、海外の多国籍企業およびその関連企業や海外の資金の動向でタイ経済が左右されることを物語っている。

表1　タイの主要統計

年	実質GDP成長率	製造業生産指数伸び率	消費者物価上昇率	卸売物価上昇率	経常収支(GDP比)	マネーサプライ(M2)増加率	直接投資受入額(百万ドル)	対外債務残高(10億ドル)
71	4.9	…	0.5	0.5	▲2.4	16.5	…	…
72	4.1	…	4.9	7.8	▲0.6	23.9	…	…
73	9.6	…	15.4	23.1	▲0.4	22.3	…	…
74	4.6	…	24.3	28.8	▲0.6	20.5	…	…
75	4.9	…	5.2	3.5	▲4.1	16.3	…	…
76	9.4	…	4.3	3.9	▲2.6	21.8	…	…
77	9.9	…	7.4	8	▲5.5	20	…	…
78	10.2	…	8	7.4	▲4.8	19.6	…	…
79	5.3	…	10	11.2	▲7.6	14.1	…	…
80	5.1	…	19.8	20	▲6.4	22.4	…	8
81	5.8	…	12.8	9.5	▲7.4	16.3	…	11
82	5.5	…	5.2	0.9	▲2.7	24.2	…	12
83	5.5	…	3.8	2	▲7.2	23.8	…	14
84	5.7	…	0.9	▲3.2	▲5	19.4	…	15
85	4.6	…	2.9	0	▲4	10.3	870	18
86	5.7	…	1.8	▲0.4	0.6	13.4	953	19
87	9.3	…	2.6	1.6	▲0.7	20.2	1,947	20
88	13.4	17.5	3.8	8.2	▲2.7	18.2	6,250	22
89	12.2	15.8	6.4	3.6	▲3.5	26.3	7,995	24
90	11.2	9.4	6.6	3.5	▲8.5	26.7	8,029	28
91	8.6	9.7	5.4	7.3	▲7.7	19.8	4,988	38
92	8.1	10.3	3.6	▲1.3	▲5.7	15.6	10,022	42
93	8.4	7.5	3.7	▲2.8	▲5	18.4	4,285	53
94	9	6.4	5.7	3.4	▲5.6	12.9	5,875	66
95	8.9	9.3	5.8	7.9	▲7.8	17	16,492	83
96	5.9	8.6	5.6	6.3	▲8.1	12.6	13,124	91
97	▲1.7	▲0.6	5.6	4.6	▲0.9	16.4	10,616	94
98	▲10.2	▲12	8	13.6	12.8	9.5	6,564	86
99	4.2	14.1	0.3	▲6.6	9.1	2.1	4,290	…

出所：The Bank of Thailand, *Quarterly Bulletin* および『国際比較統計』より作成

表2　通貨・金融危機以前の金融制度

	総資産（百万バーツ）	シェア（%）	信用残高（百万バーツ）	
商業銀行（外銀を含む）	5,013,724	65.5	4,855,688	不動産向け　8.2% FC向け　3.0%
ファイナンス・カンパニー	1,588,126	20.8	1,301,393	
特殊金融機関	546,778	7.1	310,301	
政府貯蓄銀行	210,487	2.8	39,438	
タイ産業金融公社	118,117	1.5	76,531	
政府住宅銀行	154,058	2.0	142,040	
農業協同組合銀行	36,000	0.5	25,600	
タイ輸出入銀行	28,116	0.4	26,691	
その他	1,051,475	13.7	21,093	
計	7,653,326		6,178,173	

出所：経済企画庁調査局『アジア経済1998』1998年6月　185頁

（2）タイの金融制度

通貨・経済危機以前のタイの金融制度（一九九五年末）を概観すると、左記の通りである。

タイの金融機関は、商業銀行、政府系銀行およびファイナンス・カンパニーFC等のノンバンクに分類できるが、上記の一九九五年末では商業銀行の貸付残高は七割に達し、商業銀行が大きなウエイトを占めている。FCは預金業務は認められていないが、手形を発行することによって資金を調達できるので、銀行と同様の業務を行っているが、融資先は消費者や不動産業者である。さらに、FCは証券業務を認められているので、タイの地価と株価の高騰には大きく関与することになる。

（3）タイの金融自由化と破綻銀行の処理

アメリカを中心とした金融自由化の流れの中で、一九九〇年代に入るとタイにおいても金融自由化は為替・資本取引の自由化を嚆矢として急速に進展していった。タイにおける金融の自由化の重要項目を末広（一九九九）を参照しながら、列挙しよう。

一九九〇年五月　外国為替管理の自由化第一段階の実施―IMF八条国移行
　第一次金融開発三ヵ年計画
一九九一年四月　外国為替管理の自由化第二段階の実施―経常・資本勘定の自由化
一九九二年一月　貯蓄預金金利の上限撤廃―金利の自由化完成
一九九二年六月　貸出金利の上限撤廃
一九九三年三月　BIBFオフショア市場創設
　第二次金融開発三ヵ年計画
一九九五年一月　国内商業銀行の新設を認可
一九九五年三月　中央銀行、金融制度開発計画五ヵ年計画（一九九五年三月～二〇〇〇年二月）

一九九七年七月の通貨・経済危機は、タイの金融機関に多大の不良債権を発生せしめ、以下の七銀行はいったん国有化により国の管理化におかれ、買収先を探すこととなった。国有化された銀行と今後の動向は次ぎの通りである（高野、二〇〇〇、五八―六三頁）。

図2　タイの銀行の動向

国有化された銀行	時期	その後の予定
*バンコク・メトロポリタン銀行	一九九八年一月国有化	再建の後、民営化
*サイアム・シティ銀行	一九九八年二月国有化	再建の後、民営化
*ファースト・バンコク・シティ銀行	一九九八年二月国有化	金融機関開発基金（FIDF）が損失負担　ク

		ルンタイ銀行へ
＊バンコク商業銀行	一九九八年二月国有化	不良資産は資産管理会社、優良資産はクルンタイ銀行へ
＊レムトン銀行	一九九八年八月国有化	ラタナシン銀行へ
＊ユニオン銀行	一九九八年八月国有化	タイ銀行へ
＊ナコントン銀行	（一九九六年六月国有化）	金融機関開発基金（ＦＩＤＦ）が今後発生する損失を負担するとの条件のもとで、スタンダード・チャータード銀行が買収。

この結果、二〇〇〇年六月末現在の銀行数は次の表の下段に示されるごとく一三行に再編された。

図3　再編後の銀行

	再編後
バンコク銀行	①バンコク銀行・華僑系大銀行
タイ農民銀行	②タイ農民銀行・華僑系大銀行
タイ軍人銀行	③タイ軍人銀行・特別銀行
サイアム商業銀行	④サイアム商業銀行
クルンタイ銀行（政府系）	⑤クルンタイ銀行・経営困難
（ファースト・バンコク・シティ銀行）	
（バンコク商業銀行）	
ラタナシン銀行（国有）	⑥ＵＯＢラタナシン銀行

（レムトン銀行）	
タイ銀行（国有）	⑦タイ銀行
（ユニオン銀行）	
バンコク・メトロポリタン銀行	⑧バンコク・メトロポリタン銀行
サイアム・シティ銀行（京都銀行）	⑨サイアム・シティ銀行・華僑系
アジア銀行	⑩アジア銀行・ABNアムロ銀行
タイ・ダヌ銀行	⑪DBSタイ・ダヌ銀行
アユタヤ銀行（山城銀行）	⑫アユタヤ銀行・華僑系
ナコントン銀行	⑬スタンダード・チャータード・ナコントン銀行

一九九七年の経済危機の結果、金融会社FCが閉鎖され、この閉鎖されたFC五六社の優良資産を引き継いで、国有ラタナシン銀行が一九九七年に設立された。同様に、政府系FCのクルンタイ・タナキットおよび一九九八年に閉鎖されたFC五社の資産を引き継いで国有タイ銀行が設立された。このように新設された国有ラタナシン銀行は、不良債権の分離後、シンガポールのユナイテッド・オーバーシーズ銀行へ売却された。また、国有タイ銀行は経営破綻し国有化されたユニオン銀行を吸収合併した。他方、政府系クルンタイ銀行は、ファースト・バンコク・シティ銀行とバンコク商業銀行の受け皿となり両銀行を買収したが、その結果、資産内容が悪化し、金融機関開発基金（FIDF）より資本注入を受けることとなった。

この結果、新設銀行を含めて一七行あった銀行は、一三行に整理・統合され、タイではタイの地場銀行は八行のみで、四行が国有化し民間に買い取られるのを待っている状態であり、四行はすでに海外の金融機関に買収されている。ただし、タイの地場銀行は特殊銀行のタイ軍人銀行を除いてすべて中国系の銀行である（高安、二〇〇〇、二三八頁参照)。なお、国内外の既存商業銀行に加えて新規に参入したＩＢＦなどが規模の拡大に走ったこと、急激な短期資金の流入が同時に発生したことにより、投機的な案件にも多額の資金が融資されて、株式・不動産市場などでバブル発生の一端を担ったことである(高坂、一九九三、五五頁)。

なお、タイにおいて勢力のある財閥は、サイアム・セメントから重化学および素材産業まで幅広く展開するタイ王室の財産管理局を除くと、すべて華僑系であり、財閥と銀行との関係は次の通りである。

ソーポンパニット家は、潮州系の陳姓でバンコク銀行グループのオーナーである。ランサム家は、客家系の伍姓でタイ農民銀行グループのオーナーである。また、テーチャパイブン家は、潮州系の鄭姓で、バンコックメトロポリタン銀行グループのオーナーである。ラッタナラック家は、潮州系の李姓でアユタヤ銀行グループのオーナーである。

このように、東アジアの金融業務は中国系の人々が牛耳っているのであるが、植民地を免れたタイでは華僑の銀行が大きな勢力を占め、グローバル・スタンダードでかつ効率的な経営を行なっている。

(4) タイの銀行の特徴

タイの金融制度の第一の特徴は、銀行業務の中核を独立採算・自助努力の中国系銀行が握っていることである。タイで突出した企業グループを保有する複数の中国系大財閥が金融界を牛耳っており、政府が金融機関をタイの地場企業の下支えとして利用しようとの経済政策とは一致しない。タイの大銀行バンコック銀行を支配するソーポンパニット家は国際的企業グループとして行動するので、タイ政府は銀行を経済発展の用具としては利用できない。

第二の特徴は、経済の発展につれて国民の貯蓄が拡大しているのであるが、国民の零細な貯蓄を吸収する金融機関が存在しないことである。

最後に、グローバル・スタンダードで活躍する国家を必要としない企業と国民国家との利益相反が銀行業務にとりわけ突出して現れるので、政府の経済政策や金融政策の運営が難しいことである。

第三節　開発途上国の金融制度―韓国のケース

(1)　韓国の現状

韓国では、表3に示すごとく、実質GDPおよび製造業生産指数の成長率は七〇年代から一〇パーセント近くになり、早い段階から高い成長率を達成し、ゆるぎない韓国経済を実現しつつある。七〇年代には高かった消費者物価および卸売物価は八〇年代以降は安定し、物価安定と国民所得拡大の両立に成功している。また、韓国政府は直接投資の受入を制限し、多角経営の財閥を育成してきたので、直接投資受入額は毎年一〇~二〇億ドルという低い水準を示している。このように、最近までは民族資本による韓国経済の拡大は順調に進展してきた。

実物経済に関しては韓国経済はアジアの優等生であるが、資金面では東アジアのその他の諸国と同様の欠点を抱えている。つまり、成長資金が国内資金で賄いきれず、対外債務残高は一五〇〇億ドル近くになり、資金面での不安定性は大きな欠点として現れている。

表3　韓国主要統計

年	実質GDP成長率	製造業生産指数伸び率	消費者物価上昇率	卸売物価上昇率	経常収支(GDP比)	マネーサプライ(M_2)増加率	直接投資受入額(百万ドル)	対外債務残高(10億ドル)
71	9.1	15	14.6	8.6	▲8.7	20.8		
72	5.6	13	10.8	13.5	▲3.5	33.8		
73	14.5	34.6	3.5	7	▲2.3	36.4		
74	8	27.1	23.9	42.5	▲10.8	24		
75	6.9	19.1	25.5	26.6	▲8.9	28.2		
76	12.9	30.2	15.4	12	▲1.1	33.5		
77	10.1	19.6	10.5	9.1	0	39.7	19	
78	10	23	14.2	11.6	▲2.3	35	31	
79	7.3	11.8	18.1	18.9	▲6.8	24.6	16	
80	▲2	▲1.8	28.8	38.9	▲8.5	26.9	12	27,170
81	6.6	12.6	21.3	20.5	▲6.7	25	22	32,433
82	7.5	5.2	7.4	4.7	▲3.5	27	98	37,083
83	11.8	15.5	3.4	0.1	▲2	15.2	103	40,378
84	10.3	15.1	2.2	0.6	▲1.6	7.7	48	43,053
85	6.1	4.6	2.5	1	▲0.9	15.6	64	46,762
86	11.5	20.4	2.6	▲1.5	4.8	18.4	158	44,510
87	11.6	18.1	3.1	0.4	8.3	19.1	320	35,568
88	11.3	13.4	7.1	2.8	8.3	21.5	156	31,150
89	6.4	3.2	5.7	1.5	2.5	19.8	392	29,372
90	9.5	8.8	8.7	4.1	▲0.8	17.2	813	31,699
91	9.2	9.5	9.2	4.7	▲2.8	21.9	1,027	39,135
92	5.4	5.9	6.3	2.2	▲1.3	14.9	1,098	42,819
93	5.5	4.4	4.8	1.5	0.3	16.6	1,016	43,870
94	8.3	10.9	6.2	2.7	▲1	18.7	2,030	97,437
95	8.9	12	4.5	4.7	▲1.7	15.6	2,761	127,491
96	6.8	7.9	4.9	3.2	▲4.4	15.8	3,595	163,489
97	5	6.8	4.5	3.9	▲1.7	14.1	2,994	159,237
98	▲6.7	▲8.2	7.5	12.2	12.8	27	3,468	148,705
99	10.7	24.5	0.8	▲2.1	6	28.4	2,148	137,069

出所：韓国銀行『経済統計年報』および日本銀行調査局『国際比較統計』より作成

（２）　植民地時代の金融機関

沈晩燮（一九八七、一二四頁）によれば、日本統治時代の韓国金融制度の特徴は、①政策金融機関の比重が高く、一般銀行は補助的役割を担っていたに過ぎない、②銀行には現地の農業や中小企業を振興する役割は課されていなかった、③韓国の国内預金は韓国内で用いられなかった。つまり、当時の韓国では政策銀行が重要産業、第二次大戦が近づくと軍需産業に資金を重点的に貸し付け、地場の韓国企業を育成する姿勢は見られなかった。このような金融環境は、現在の開発途上国と北海道を混合したような地域の金融環境と考えられ、資金と技術は地域外から持ちこまれ、政策銀行は外資の導入と国内貯蓄の運用に関わるが、調達された資金は韓国の中小企業には融資されず、主として日本系の大企業に融資された。日本統治時代の韓国では、政策銀行および地場銀行の両者ともに韓国の中小零細企業を育成するための金融ルートを築いていなかったと判断される。このことが独立後の韓国の金融制度において民間銀行が韓国経済の復興に自力で寄与できなかった理由と考えられる。

一九四五年八月一五日に韓国が日本から独立する直前の金融制度は次ぎの通りであった。

図４　独立以前の金融機関

銀行機構 　朝鮮銀行	中央銀行、銀行業務を兼業
国策銀行 　朝鮮殖産銀行 　朝鮮貯蓄銀行	銀行業務、日本市場で国債発行および長期貸付 貯蓄の受け入れ、貸付および日本国債の購入

一般銀行	
朝興銀行	現地銀行
朝鮮商業銀行	現地銀行
他五行	
日本の銀行の支店	
非銀行金融機関	
金融組合	農業、中小企業貸付
金融組合連合会	同上
朝鮮信託株式会社	信託業専門
朝鮮無尽株式会社	無尽業専門

(3) 新生韓国の金融制度—朝鮮戦争終了後の助走期の金融制度

次に示すのは、中央銀行の韓国銀行が包括する新生韓国の金融機関であるが、まず、気の付くことは、政府系の特殊銀行および開発機関が主流であって、民間銀行のウエイトが低く、特に中小企業金融に重点が置かれていないことである。韓国政府は、韓国の経済拡大を財閥を核として遂行する方針をとったが、日本の財閥の中心に銀行が位置したことを他山の石として、財閥には総合金融会社や保険会社の創設は認めたけれども銀行の保有を禁止した。その見かえりとして政府系の金融機関から重点的に資金を財閥に注入するルートを確立した。この結果、韓国の財閥の上位はわずか二〇年余で世界の大企業グループにまで成長した。

製造業を中心とした韓国企業の躍進とは反対に、韓国の民間銀行は幹部の人事にまで政府の干渉を受け、日本の銀行のようにメインバンクとして企業を支配する経営能力を伸ばす余裕が無かった。このため、韓国では、軍人や官僚、民間では財閥に優秀な人材が流入し、民間銀行は国内銀行としてまた国際的銀行として力を付ける前に、今回の通貨・経済危機に直面し破綻していったのである。

図5　独立後の韓国の金融機関

1　通貨金融機関 (1)韓国銀行 (2)預金銀行 ①一般銀行 ②特殊銀行	 中央銀行 市中銀行七行、地方銀行一〇行および外国銀行五三行 八機関
2　非通貨金融機関 (1)開発機関 (2)投資機関 (3)貯蓄機関 (4)保険機関	 韓国産業銀行、韓国輸出入銀行および韓国長期信用銀行 韓国証券金融、総合金融会社六社、投資金融会社三二社、投資信託会社三社 相互信用金庫、信用協同組合、相互金融、逓信預金および銀行の信託勘定 生命保険会社五社、大韓教育保険株式会社、国民生命保険および逓信保険

さて、一般銀行および特殊銀行の個別銀行名を列挙し、少し詳細に検討してみよう。

一般銀行七行
朝興銀行　韓国独立以前から営業
韓国商業銀行　同じく朝鮮商業銀行より名称変更
第一銀行　同じく朝鮮貯蓄銀行→韓国貯蓄銀行より名称変更
韓一銀行　同じく朝鮮信託株式会社と朝鮮無尽会社を起源
ソウル信託銀行　独立後創設されたソウル銀行と韓国信託銀行が合併
新韓銀行　独立後、在日韓国人が創設
新美銀行　アメリカ系銀行

特殊銀行
韓国外換銀行
中小企業銀行
国民銀行
韓国住宅銀行
農業協同組合中央会―農業協同組合
水産業協同組合中央会―水産協同組合
畜産業協同組合中央会の信用事業部門

朝興銀行、韓国商業銀行および第一銀行は日本統治時代から銀行業を営んでいたが、当時においては日本の統治政策に束縛されていたので、民間商業銀行としての経営経験はなかった。また、独立後は、韓国政府と東西冷戦の影響下に置かれ、急速に拡大する韓国企業を金融面から下支えする能力を涵養することができなかった。ソウル信託銀行は信託と無尽が本業であったこともあって、商業銀行としての経営能力は信用できない。新設の二銀行は、日本とアメリカのいわゆる外資系銀行である。

これらの銀行は、新しく台頭する韓国財閥とは直接かかわりなく銀行業務を行うので、企業の成長がそのまま銀行の成長に反映する日本の都市銀行やドイツの大手銀行とは異なり、韓国の経済成長のリーダーの地位を獲得することはできなかった。

(4) 銀行と財閥との関係

韓国の財閥は、当初の軽工業から、七〇年代に入ると膨大な設備投資を必要とする重化学工業へと重心を移して行った。しかし、その資金調達は、韓国政府の支配下にあった銀行から政策金融として財閥に配分されて行った。八〇年代に入り、五大銀行が政府の手から離れ、次々と民営化されて行き、財閥への融資規制のため財閥は自前での資金調達に直面した。このため、一つは民間銀行からの新しいルートを通じた借入と、もう一つは生命保険会社や投資会社等のノンバンクを保有することであった。このように財閥が銀行や証券市場を通じて資金調達を積極的に行わなかったために、韓国の銀行は優良企業を取引先とする融資訓練の機会を持つことができず通貨・経済危機に直面した(大塚、一九九九、六三頁参照)。

銀行と財閥との関わりで大きな問題は、第二次大戦後日本から独立した韓国は、銀行と結びついた日本の財閥を悪と見做し、韓国の財閥には金融制度において勢力を持たせないようにしたことである。ドイツの銀行は、巨大企業の株式を保有し、さらに株主総会において顧客から預かった株式の権利行使が認められているため、巨大企業とは強く結びついているのであるが、第二次大戦後の日本では銀行の株式保有は制限されていたし、純粋持株会社も禁止されていた。韓国では、金融資本の弊害が大きく意識され、持株会社の禁止と財閥の銀行保有の禁止を貫徹しているのが特徴である。韓国政府が、銀行頭取の人事を掌握していたことは、天下り先の確保もあるが、財閥と銀行の接近を阻止したこと、また、財閥系の人材が銀行の頭取に就任することを防止するためであると考えられる。

植民地の金融制度から一転して独立国、それも高度経済成長に成功した韓国が意識的か無意識的かを問わず、金融資本に神経質になり過ぎたことが弱体で未成熟な銀行を存続させて来たと思われる。このため、韓国では世界的な企業は続々と誕生しているけれども、国内的に信用と権威を持ち、メガバンクとして世界で活躍できる銀行は現存しないし、近い将来に育ってくる可能性は低いと思われる。

(5) 韓国の銀行再編

東アジアの通貨・経済危機に遭遇して、韓国財閥の多角経営と積極的投資という方針は多くの財閥を経営破綻に直面させた。大手企業である財閥の経営悪化は中小企業に影響を及ぼし、韓国の銀行は不良債権を抱えて経営困難に陥って行った。韓国政府は、一九九七年末のＩＭＦ支援の受け入れと共に金融制度の改革に取り組んだ。つまり、金融資本市場の開放を行い、経営内容の悪い金融機関の再編整理を実施した。金融機関の中では金融監督の不充分な総合金融会社の整理に着手、次いで、五大銀行と地銀等の銀行再編を促した。しかし、銀行自身には不良債権を独自に処理する能力がなかったので、政府は、一九九八年六月、財務体質の悪い地方銀行五行を上位五行(国民、住宅、新韓、韓美およびハナ)に合併させることを発表した(深川、二〇〇〇、三一～三四頁)。

図6　最近の韓国における金融機関

都市銀行	
ハンビット銀行	
韓国商業銀行＋韓一銀行	
国民銀行	二〇〇一年七月に住宅銀行と合併予定
国民銀行＋韓国長期信用銀行	
住宅銀行	
外換銀行	独・コメルツ銀行により買収
朝興銀行	
新韓銀行	在日韓国人の銀行
第一銀行	
ハナ銀行	
ハナ銀行＋ボラム銀行	
ソウル銀行	英・ＨＳＢＣにより買収
韓美銀行	米国系の銀行、ドイツ銀行が買収協議
平和銀行	
地方銀行	
大丘銀行	
釜山銀行	

慶南銀行	
光州銀行	
江原銀行	朝興銀行へ吸収合併
全北銀行	
忠北銀行	朝興銀行へ吸収合併
済州銀行	

出所　山本栄治編著（一九九九）『アジア経済再生』日本貿易振興会。経済企画庁調査局編（二〇〇〇）『アジア経済一九九八〜二〇〇〇』およびShave, S. et al. (2000), Major Financial Institutions of the World 2000 に基づいて作成。

（6）韓国における金融制度の問題点

第一に、銀行の歴史が短いことを挙げ得る。イギリスおよびヨーロッパ大陸では、製造業が主流になる以前から金融の中心として銀行が発達していた。日本でも消費者金融が中心ではあったが、欧米流の銀行組織の基礎は造られていた。これに対して、韓国では、古くは契という形で私金融が発達していたが、一九七二年になってようやく第二金融圏の金融機関に組み込まれた。また、契以外にも私債市場という闇金融市場があり、一九九三年の金融実名制度を導入し、闇金融の撲滅を期したが地方ではいまだ温存されている可能性が大きい。日本統治下では日本の金融制度と日本の銀行が韓国に展開し、韓国系の銀行でも民族企業と二人三脚で経済拡大を遂行するという環境ではなかった。一九四五年の独立後も韓国の銀行は国有銀行として政策金融に携わり、銀行としての経営能力を切磋琢磨する機会はなかった。

第二に、韓国政府が銀行を政治的に抑圧したことである。開発途上国としての日本は、明治においても第二次大戦後においても、富国強兵や国民所得倍増計画を目標として、まず、郵便貯金や銀行制度をイギリスやアメリカから導入し、金融制度の整備を行った。これに対して、新生韓国では、まず、財閥を育成し、政策金融で資金が財閥に流れるようにし、そして、経済にとって最も重要とも言える銀行が財閥と結び付くことを排除した。このため、銀行は政府と財閥の狭間で弱体化し、銀行としての機能を果たすことができなかった。日本の財閥を否定して、羹に懲りて膾を吹くという愚を犯したのかもしれない（高橋・関・佐野、一九九八、一八〇〜一八五頁）。

第三に、国民のための貯蓄機関が存在しなかったことを挙げ得る。所得の階層を問わず、貯蓄する習慣を教育する余裕がなかったために、一般の人々は貯蓄銀行、逓信預金あるいは銀行へ資金を預けるのではなく、私的無尽である契に参加して住宅建設や行事の経費を賄うために利用した。このため、零細な預貯金を確実に吸収し、産業金融に振り向ける仕組みが不充分であったため、韓国の高度経済成長資金のかなりの部分を海外資金に依存することとなった。

最後に、アングロ・アメリカン型金融自由化の影響を大きく受けたことである。経済規模のあまり大きくない開発途上国の銀行が金融自由化に巻き込まれると、苦労して資金を調達し、慎重に貸し付けるという銀行本来の姿勢を失いがちとなる。このため、利益の追求が第一となり、安易な無担保融資が増大し不良債権を出すこととなった。

第四節　東アジア経済が抱える問題

(1) 東アジアにおける経済インフラの整備の遅れ

道路、空港、港湾および上下水道等の適切な経済インフラ、とくに、公共交通機関の整備は持続的経済成長には不可欠の条件である。欧米ではインフラ整備は軍事上の必要性からも着実に整備されてきたが、東アジアでは国民所得の数パーセントを毎年投資しているけれど、経済規模の拡大に追いつけないのが実状である。このため、シンガポールを除く東アジアのいずれの国においても、社会資本投資を政府が拡大するよりも早い速度で民間設備投資が行われ、経済の拡大に経済インフラの整備が追いつかないという悪循環に陥っている。

この結果、相対的に高い経済発展段階にある韓国や台湾では、年々高速道路や市街地の道路では交通渋滞が深刻化しつつある。経済インフラと経済の拡大のアンバランスが持続的経済成長の阻害要因として明示的に現れてきている。

(2) 導入された外資の不安定性

現時点において東アジア諸国の国内総生産の総計と日本の国内総生産を比較すると、日本の国内総生産の方が大きい。東アジアの各国は、このように低い経済基盤から出発しているので、貯蓄率は高いにもかかわらず国内貯蓄の絶対額は小さいし、租税収入も限定されている。このため、高度経済成長を指向する際には、一つには企業の設備投資のために、今一つには社会資本投資あるいは経済インフラのために、海外からの資金導入が大きな課題となる。

事実、韓国では、経済拡大のための金融政策は三つの基本的政策から構成されていた。第一は意図的な低金利政策、第二は外資導入、および第三は輸出振興策である。国内資金のみではなく外資を利用したことが成長を速める効果と成長を不安定にする作用の両面を持っている（鈴木、一九九三、二二四頁参照）。

開発途上国の導入可能な外資の形態は次ぎの通りである。

短期資金　国際機関貸付、政府貸付、銀行貸付、コールマネー、政府短期証券あるいは政府短期国債

長期資金　国際機関長期貸付、長期銀行貸付、社債、株式、国債

直接投資　通常は合弁会社や現地法人の形態

東アジアの各国政府は社会資本整備のための長期資金の導入、また民間企業は設備投資資金のための長期資金の導入に取り組むこととなる。しかし、貸手である海外の銀行、資産運用会社および機関投資家は開発途上国に対してはできるだけ短期で資金を運用することを希望する。資金の不足する市場での金融においては貸手の方が優位であるため、開発途上国に導入される資金は相対的に期間の短いものとなりがちである。このため、政府のインフラ整備のための民間資金導入は困難となり、長期資金は外国政府あるいは国際機関に限定され、社会資本の整備は遅れがちとなる。

国内貯蓄の不足を補填するために導入される資金は、当初は長期資金のウエイトが高かったとしても、時間の経過とともに短期化し、政府の長期資金の調達は困難となって行く。このため、政府は産業基盤整備のための社会資本あるいは経済インフラの整備に失敗し、民間企業は長期資金の調達に困難となって行く。その結果、ハー

ドのインフラ整備が遅れ、外部経済効果がマイナスに転じ始め、持続的経済成長を間接的に阻害する。他方、設備投資に導入された短期資金は借換えを前提にしているが、開発途上国の為替レートの下落が予想されたり、開発途上国の経済そのものが縮小する懸念が生じた場合には、借換えを中断し海外資金は流出する。このように、開発途上国に導入された資金は、国内貯蓄に基づく資金と異なり不安定である。

(3) 経済を支援する金融制度形成の失敗

東アジア諸国の金融制度は、第二節および第三節で詳論したごとく未発達の段階にある。その理由は、タイを除く諸国は欧米や日本の植民地であったため、第二次大戦後に社会主義国や日本類似の金融制度を導入した。このため、ハードは間に合わせることはできたものの、最も重要なソフトを習得するための時間が不足した。また、タイにおいても、経済の実権を掌握しているのは華僑あるいは華人であるから、銀行の設立も中国系タイ人に大きく委ねられ、銀行は経済発展の下支えではなく、商業融資を行う独立した事業と位置付けられた。このため、これらの銀行は、所属するグループや人脈との取引を重視し、政府の経済政策に協力し、支援する組織にはなっていなかった。日本の銀行とは異なって、銀行が企業を支援し、次ぎに銀行が、成長した企業あるいは拡大した国民経済の恩恵を受けて拡大するという良循環は形成されなかった。

(4) 日本の高度経済成長期と現在の東アジア諸国の発展過程の比較

東アジア諸国の経済発展は、一九九七年のタイの通貨危機を契機としてもろくも中断され、多くの国において経済は低迷したままに留まっている。これに対して、一九五六年から一九七〇年までの日本の高度経済成長には基本的に断続はなかった。次の表は、高度経済成長期の日本と最近の東アジア諸国の環境および条件を比較したものである。

図7　日本の高度経済成長期と東アジア諸国の対比

	日本の高度経済成長期	東アジア諸国の現状
経済環境	閉鎖経済	開放経済
為替制度	固定為替制度	変動為替制度
社会資本	相対的に整備	不充分
資金調達先	国内貯蓄	高い外資依存率
金融制度	整備されている 間接金融方式 公的金融のウエイト大	未成熟
企業	国内企業	合弁や外資多い
技術	高水準	相対的に低水準
教育	一〇〇年前から整備	不充分

まず、置かれている国際経済環境が一八〇度異なっていることを挙げうる。日本の高度経済成長の当時は閉鎖経済と固定相場制度であったので、経済小国が世界の経済動向から直接的に影響を受けることはなかった。次に国内の経済・社会環境に大きな格差が見られ、現在発展中の東アジアの諸国は、未整備な社会資本、未成熟な金融制度および相対的に低い技術水準の状況にあり、日本の高度経済成長期よりもはるかに低い水準にある。最後

に、日本の場合は自助努力であらゆる困難を克服しなければならなかったのに対して、東アジアのいずれの国に対しても先進国からの援助の手が差し伸べられている。これらの支援のうち技術移転や合弁による企業進出は不可逆であったり転出の摩擦が大きいために開発途上国から急速に消滅することはあり得ないが、資金の移動は瞬時に生じるため開発途上国に多大の利益と弊害の両者をもたらす。とくに、東アジア諸国と日本における金融制度と外資受入状況の差異は見過ごすことのできない問題である。

結びにかえて

開発途上国の中で東アジアの諸国は高い経済成長率を達成しているが、今回の通貨・経済危機によりこの高度成長を持続的経済成長路線に乗せることに失敗した。アメリカに代表される先進諸国の経済規模に比べて東アジアの経済規模は小さ過ぎるために、先進諸国や多国籍企業の動向にあまりにも影響を受け易い。現時点では、開発途上国が世界的な資金移動や為替変動から保護される制度は模索されてはいるが確立していない。このような経済環境に鑑みて、東アジアの開発途上国は、ＥＵやアメリカと共に日本の現状を批判するのではなく、日本の高度経済成長期の各種の制度、とりわけ、規制の多かった日本の金融制度から教訓を汲み取り、できる限り自助努力で経済発展することが必要と思われる。

小額貯蓄を調達するための仕組みの必要性

高度経済成長期において、日本の一般国民は株式市場はおろか社債市場や公社債市場に接近する意思も能力もなかったので、政府は直接金融にはあまり重きを置かなかった。さらに、高度経済成長の開始直後の一九六〇年における株式市場の不振は国民所得倍増計画に悪影響を与えたので、株式市場育成策よりも逆に直接金融への規制と保護が強化された。この結果、閉鎖経済における国内資金の吸収は、零細な預貯金を含む小額資金から大口の預金資金の獲得に集中した。このため、銀行の預金は、決済資金としての預金貨幣の役割よりも、一般の人々には預金は貯蓄の運用先と考えられたし、民間金融機関は預金を資金の吸収口と位置付けた。このような流れのなかで、世界に比類のない多様な有期預金が発達した。他方、日本には、郵便貯金（郵政省）―資金運用部（大蔵省）―政府系金融機関という公的金融のルートが整備された。郵政省の郵便貯金は資金の調達が業務であり、大蔵省は資金運用部と政府系金融機関を管轄していたので、公的金融は政府・大蔵省がコントロールしてきた。民間金融も大蔵省が実質的な権限を有していたので、日本の国内資金の流れは大蔵省が管理していたと理解しても誤りではない。

為替・資本の流出入は大蔵省の権限下にあったので、日本の産業資金は大蔵省が統括しており、内閣の経済政策・国民所得倍増計画の資金面での支援は整備されていた。民間企業が主体であることはもちろん事実ではあるが、高度経済成長期は社会主義計画経済の手法が大きく取り入れられていたのである。この残滓が現在の日本経済に見られるため、日本では悪しき計画経済として小泉首相の構造改革により破壊されようとしているのであるが、政府による資金管理は開発途上国にとって学ぶべき点は多々あると思われる。

権威ある金融機関の創設

江戸時代においては金融業務は都会では大手の商人によって、地方では地主や醸造家によって営まれた。また、明治時代にも支配階級だけが入れ替わったのみで、金融業務は従来からの商人、新興の事業家および素封家によって引き継いで担当された。かって都市銀行として活躍した第一勧業銀行や地方銀行の十六銀行は、国立銀行法に基づいて設立された国法銀行番号の名残りである。明治政府は都会および地方で名望のある素封家の信用を利用して銀行を創設し、欧米でも例の無い信用と権威を銀行に付与したのである。

このような民間銀行に加えて、特定郵便局を基盤とする公的金融機関を創設した。地方の素封家から土地と建物を有料で借り受けると同時にこの素封家を郵便局員に任命する特定郵便局に加えて郵政省（古くは逓信省現在は郵政事業庁）直属の郵便局を全国に配置して、貯金・簡易保険・郵便の三事業が国営で行われた。この郵便貯金は、地方の素封家の信用と日本政府の保証によって二重に護られていることと庶民の金融機関としての便利さから、設立当初の不人気を一気に解消して貯金残高を伸ばして行った。

さらに、第二次大戦後は、中小企業金融のために信用金庫や相互銀行が新たに設置されたが、これらの小規模な銀行は大蔵省の厳しい監督下に置かれ、都市銀行と比較して資産額や信用はおとるけれども、倒産することの無い金融機関として営業した。このため、日本ではいずれの金融機関も倒産することはないという大前提の下に銀行業務を行ってきたし、一九五六年から一九七〇年の高度経済成長期においては超優良貯蓄銀行と位置付けられた。

経済官僚による間接的企業支配の評価

人気の高い小泉内閣のもとでは、新聞やテレビを中核とするマスコミは今までにも増して執拗に官僚叩きに熱中し、この流れにそって官僚の民間企業に対する支配力は縮小しつつある。しかし、一九五六年から一九七〇年に至る高度経済成長期では、製造業や流通業における通産省の行政指導や大蔵省の金融機関に対するコントロールは強力に実施された。この間、日本は、地場あるいは民族系の民間企業、これを金融面から下支えする地場あるいは民族系民間金融機関および公営金融機関が一体となって持続的経済成長が遂行された。

しかし、現在の東アジア経済では、開放経済の下、資金、人材および技術が外国企業の現地法人および合弁企業という形式で海外の企業あるいは多国籍企業から導入されている。他方、銀行や金融会社を経由して流入した短期資金および株式購入で流入した資金は株価下落および資金流出として東アジア経済に悪影響をもたらす。多国籍企業やヘッジファンドの行動を規制する規定は、国際決済銀行や国際通貨基金等の国際機関には元来準備されていない。東アジア諸国の国益に反する経済行動を抑制することのできるのは各国の政府および官僚のみである。市場経済を導入しつつある中国は社会主義大国であるから、現在も国益と経済的利益を勘案して国民所得拡大政策を遂行している。韓国やタイ等の自由主義経済においても、日本の高度経済成長期の内閣、通産省および大蔵省等の国益に基づいた対内と対外規制は必要である。各国の政府の経済に対する関与なくして、これからの東アジアにおける持続的経済成長は考えられない。

日本のメインバンク制の利点—銀行による適切な企業コントロール

第二次大戦後、文科系大学卒業生の就職先として第一に選ばれたのは大蔵省を筆頭とする国家公務員、次ぎは日本銀行、日本興業銀行、上位都市銀行等の銀行、その次が巨大企業であった。もちろん、トヨタに代表される巨大企業も高度経済成長期はアメリカの自動車会社にいつでも買収されるような危うい地位にあり、銀行を除く民間企業の評価は低かった。このような状況下で大企業は複数の銀行と取引を行う場合、預金および借入において他の銀行よりも取引で抜きん出た銀行を持つ慣行、つまり、メインバンク制ができ上がった（Aoki and Patrick eds., 1999 参照）。大企業は株式や社債による資金調達は可能ではあったが、市場を通しての資金調達は市況に大きく影響されるために、安定資金の供給源として銀行に依存したことが最大の理由である。アメリカの銀行は巨大企業に対応する資金を銀行規制のために保有できなかったが、高度経済成長期では日本の都市銀行は大企業の中長期資金需要を借換を繰り返すことによって充分満たすことができた。次ぎに都市銀行は内外の豊富な情報を保有していたし、経営のノウハウやコンサルタント業務にも秀でていた。最も便利なことは、黒字経営でありながら資金繰りの悪化で経営破綻に直面したとき、メインバンクは緊急の資金供給に応じてくれる。メインバンクは取引企業の株式保有を当初一〇パーセントその後五パーセントに制限されているので、取引企業を子会社として保有しているわけではないが、重役と社員を派遣する場合がある。この場合は、メインバンクが取引企業の経営に参加し、企業の立て直しにまで関与するのである。高度経済成長期に大型倒産が少なかったのはメインバンク制の貢献と見なしても誤りではない。

金融機関の中小企業に対する経営コンサルタント

アングロ・アメリカン型金融方式のイギリスやアメリカにおいては、金融機関あるいは金融業界は自身の売上高の規模で国内総生産の増加に貢献しているのに対して、高度経済成長期の日本の金融機関は自身の売上高はもちろんのこと製造業や第三次産業の売上高の拡大を通じても国内総生産の増加に貢献した。その貢献の一つは少ない資金の効率的融資であるが、それに加えるに、経営ノウハウの乏しい中小企業に経済・経営情報を提供し、経営コンサルタントの役割を果たしてきた。日本企業の大部分を占める中小企業は、技術指導を大手取引先から受け、経営指導は取引先金融機関から受けるのが常であった。つまり、大企業の場合は、メインバンク制と呼ばれる形態で金融機関と取引を行ったが、中小企業の場合は継続的な取引を維持し、経営ノウハウの提供を受け、中小企業が経営困難に陥った際には金融機関から取締役が派遣され、ときには最高経営責任者の派遣を受けることもあった。いわゆる銀行管理下の企業に対しては、金融機関は貸付金利の減免、返済の猶予あるいは債権の放棄に至ることもあった。

このように、都市銀行、地方銀行、相互銀行および信用金庫と金融機関の規模は異なるけれども、取引先企業の規模を拡大することを通じて個別金融機関はその業務と規模を拡大していった。換言すれば、金融機関と企業は運命共同体として共生し、企業の拡大や日本経済の拡大が金融機関を拡大したのである。

経済の自由化・金融の自由化の流れの中で、権威とすべての責任とを担う銀行を中心としたドイツ・日本型の金融方式が批判され、個々の取引者が危険を分担するアングロ・アメリカン型の金融方式が主流になろうとしているけれども、株式市場を中心とした市場型金融は急激な価格変動と国際的な資金移動を伴うため、小規模な開発途上国には必ずしも適切な金融方式ではないと思われる。

参考文献

深川由紀子（二〇〇〇）「第二幕を開ける韓国の金融再編ドラマ―市場主導型の再編と経営戦略の明確化が課題―」『金融財政事情』春季特大号
岸真清（一九九八）「タイの金融・資本市場の発展過程」大蔵省財政金融研究所編『ASEAN4の金融と財政の歩み』
高坂章（一九九三）「アジア諸国の金融改革」大蔵省財政金融研究所『ファイナンシャル・レビュー』第三号
野末祐史（一九九九）「タイの短期資金流入に関する一考察」『世界経済評論』
大塚恵一郎（一九九九）「韓国における財閥の改革―構造調整を中心に―」『国際金融』一〇三二
末広昭（一九九九）「タイの経済危機と金融・産業の自由化」一橋大学経済研究所『経済研究』Vol. 50 No. 2
鈴木満直（一九九三）『開放下における韓国の金融システム―資本輸出国への道―』勁草書房
高橋琢磨・関志雄・佐野鉄司（一九九八）『アジア金融危機』東洋経済新報社
高野裕子（二〇〇〇）「タイ経済の現状―長期化する金融部門再生―」『国際金融』一〇三九

高安健一（二〇〇〇）「第二段階に入るＡＳＥＡＮの金融再編」『金融財政事情』春季特大号
沈晩燮（一九八七）『論攷韓国経済論』第三章　韓国の金融制度
経済企画庁調査局海外調査課（一九九七）「アジア経済一九九七から―九六年のアジア経済と東アジア経済の今後の成長の持続性―」『ＥＳＰ』No. 302
Aoki, M. and Patrick, H., eds. (1994), *The Japanese Main Bank System : Its Relevance for Developing and Transforming Economies*, Oxford University Press.
Horiuchi, A. (1984), "Economic Growth and Financial Allocation in Postwar Japan," Tokyo University Faculty of Economics, *Discussion Paper* 84-F-3 (August).
Royama, S. (1983-84), "The Japanese Financial System : Past, Present and Future," *Japanese Economic Studies*, 12 (2) (Winter).
Tongzon J. L (1998), *The Economies of Southeast Asia–The Growth and Development of ASEAN Economies.*
Tutui, W. M. eds. (1999), *Banking in Japan, Vol.II : Japanese banking in the high-growth era, 1952-1973.*

第二章　中国経済高成長の要因と今後の課題

嶋倉民生

第一節　中国経済の変貌

（1）工業製品輸出国となった中国

中国の輸出商品構成は、一九八〇年には一次産品五〇・三％・工業製品四九・七％であったが、九九年には、一次産品一〇・二％、工業製品八九・八％と激変した。中国の輸出総額のうち三〇・二％が機械・運輸設備であり、軽工業・紡織製品の割合一七・一％を大きく越えた。（表1）

表１　中国輸出商品構成の変化

（％）

	80年	85年	90年	99年
１次産品	50.3	50.4	25.6	10.2
工業製品	49.7	49.3	74.4	89.8
内・化工製品	6.1	5.1	6.0	5.3
内・軽工業・紡織製品	22.1	16.4	20.3	17.1
内・機械・運輸設備	4.4	2.9	9.5	30.2
全輸出	100.0	100.0	100.0	100.0

（資料）「中国統計年鑑」2000年から作成

最近、日本貿易振興会（ＪＥＴＲＯ）が発表したところによると、二〇〇一年上半期日中貿易の対中輸入の品目別シェアは音響映像機器や半導体などＩＴ関連を含む機械機器が二九・三％で、繊維製品二六・九％を抜き一位となった(1)。日本経済新聞社の調査によると、世界に占める中国と日本の製品別生産量シェアは、工作機械では、日本の二三・六％に対し、中国五・六％であるが、その他のデスクトップパソコンでは、中国一一・九％、日本三・四％、ＶＴＲでは中国二三・二％、日本二・五％、エアコンは中国三八・七％、日本一八・五％などであり、携帯電話も双方一二％台で世界市場を分け合っているが、対前年の伸びをみると、これも中国が日本を凌駕していくであろう(2)。

日本を含む諸外国の企業が中国に資本進出し、これら製品を生産し輸出しているのであるから、これをもって異とするに当たらないが、中国経済の変貌がこのように急展開するのは瞠目に値する。

（２）　貿易依存度急上昇の中国経済

中国経済は開放政策に転換することにより当然ながら貿易依存度を急上昇させた。ニクソン訪中前、日中国交前の一九七〇年、中国の対外貿易依存度を国内総生産額に対する中国の総輸出入額の比率でみると、五・〇％であった。文化大革命を終わらせ、「四人組」を排除した、七八年になると、これが九・八％となった。八五年には二三・〇％、九〇年には二九・九％、そして、九五年には四〇・九％となった。九九年には三七・二％である

表2　中国の産業構成の変化

(%)

	1次産業	2次産業	3次産業
1972年	32.8	43.0	24.1
1999年	17.6	49.3	33.0

（資料）「中国統計年鑑」2000年から作成

が、三〇％後半から四〇％台で推移している。海洋貿易立国日本の貿易依存率は近年一六～一八％であり、大陸国家中国の対外貿易依存度が四〇％に近いことは、今や、中国が海外諸国との貿易・経済交流無しには、その経済が成立ち行かぬものとなりつつあることを示すものであろう。

上述の中国経済の変貌は、中国経済の産業構成を表2に示すように変化させた。すなわち七二年日中復交当時三二・八％の構成比を占めていた一次産業は九九年には一七・六％に低下し、七二年四三・〇％であった二次産業は四九・三％と半ばを占め、交通・運輸・倉庫・郵電・流通・飲食・金融などの三次産業は二四・一％から三三・〇％へと成長した。要するに工業半分、三次産業三分の一で、今や一次産業は二割以下となった。

（3）外資の利用とその寄与度

世界の対中直接投資は一九九一年までは、いわば本格的なものではなかった。表3に見るように、七九～八五年の六年間累計でも四八億ドルで、九一年でも四三・七億ドルであった。それが九二年に一一〇億ドル台になると、九三年二七五億、九四年三三八億、九六年四一七億となり、その後五年間四〇〇億ドル台を続けた。二〇〇一年も一～六月期で二〇七億ドルであり、〇一年も四〇〇億ドル台にのるであろうから、六年連続の四〇〇億ドル台となるであろう。この結果二〇〇一年末累計の世界の対中直接投資額は、三六九三億ドルに達している。八九年「六・四天安門」事件に対するサミット諸国による経済制裁のゆるむ、九二年から一挙に一〇〇億ドル台から激増してゆくのである。外資の活用が如何に大きな役割を中国経済に果たしたかは明らかである。

例えば九八年全中国の直接投資受け入れ額のうち二六・四％を広東省一省で占めているが、その年の全中国総貿易聡額の四〇・六%を広東省一省が占めているのである。

全額あるいは相当部分が外資であるいわゆる三資企業の貿易が、中国の輸出入総額に占める割合は、九一年には二一・三%であったが、九五年には三九・一%、九六年以降はずっと四七%以上であり、二〇〇一年一～六月期には五〇・八%と過半数となっている。

中国系の経済誌「中国経済週間[3]」によると、中国の固定資産投資総額に占める海外直接投資額は一九九六年から、九九年までの四年を見ると、一五・一%、一四・八%、一三・二%、一一・二%と外資依存度を低下させているとの統計も示しているが、この経済誌でも機械・電気製品の輸出総額に占める外資系企業の割合は一九九六年の四三・七%から九九年には、五二・四%に達しているとしている。

こうしてみると外資の寄与度が如何に大きいかが分かる。

表3　中国の貿易に占める外資企業の割合

（億ドル・%）

	輸出入総額(A)	内・三資企業(B)	B／A
1991年	1357	289	21.3%
95年	2809	1098	39.1%
2000年	4743	2367	49.9%

（資料）中国海関統計

（出所）日中経済協会「中国経済データハンドブック」2001年から作成

（4）高成長の持続とその成果

中国の二桁の高成長は表4に示すように一九八三年に一一・一%に始まり九四年一二・六%に至る十年余断続的に続いた。八九年～九一年は「六四天安門事件」に対する、G7の制裁もあり、停滞したが、制裁無かりせば二桁の伸びであったかもしれない。九二年一四・一%、九三年一三・一%、九四年一二・六%と続き、九五年以降も九～八%の高い成長を持続している。

日本の二桁成長を回顧して見るとき、同じく**表４**に示したが、一九五九年に一一・二%を示し、その後一九六九年までおおよそ二桁の高成長をした。一九六〇年に中国は史上空前という自然災害に見舞われ、中ソ両国の協力関係が打ち切られ、更に六〇年代後半からは、文化革命による、政治経済の制度破壊が行なわれ、中国は最悪とも言うべき時期であった。中国最悪期に高成長期にあった日本の対中認識は今も影響を残しているように思われる。逆に近年日本経済の「失われた十年」などと言われる低迷苦吟の中で、高成長を持続する中国側に高姿勢が見られ、このすれ違いが両国相互に相手を軽視する素地をもたらしているように思われる。

ともあれ、中国の二桁成長は、日本より約四半世紀遅れて、実現してきたといえるのかも知れない。

高成長を持続してきている中国は、国民一人当たりＧＤＰを著しく高め、毛沢東末期、一九七八年三七九元であったものが、十年後の八七年には三倍の一一〇三元、二〇年後の九七年には一六倍の六〇五三元、そして九九年には六五三四元に達している。八〇年代にはインフレ問題も有ったが、近年は物価は安定というよりデフレ気味ですらあり、庶民の生活は際立った向上を見せている。

中国経済は高成長・対外貿易の発展によって、外貨準備高は一九七九年当時僅か八・四億ドルに過ぎなかったものが、八五年には二六・四億ドルとなり、九〇年一一一億ドル、九六年からは一〇五一億ドルと千億台に達し、九九年には一五四七億ドルを持つに到っ

表４　日中高成長の年代比較

GNP・実質　(%)

中国		日本	
1979年	7.6	1959年	11.2
80	7.8	60	12.1
81	5.2	61	11.7
82	9.3	62	7.5
83	11.1	63	10.4
84	15.3	64	9.4
85	13.2	65	6.2
86	8.5	66	11.1
87	11.5	67	11.0
88	11.3	68	12.3
89	4.2	69	12.0
1990	4.2	1970	8.3
91	9.1	71	5.1
92	14.1	72	9.3
93	13.1	73	5.0
94	12.6	74	△0.7
95	9.0	75	4.1
96	9.8	76	3.8
97	8.6	77	4.6
98	7.8	78	5.5
99	7.1	79	5.1

（資料）日本は「経済白書」平成12年版：中国は「中国統計年鑑」2000年版

ている。この金額をインドの二七三億ドル・韓国の七四〇億ドル・シンガポールの七四九億ドルなどと対比するとき中国経済が如何に余裕を持ち始めたかを示すものであろう。なお九九年の日本の準備高は、二八六九億ドルである。

第二節　中国経済変貌の要因

（1）基本政策の転換

中国の毛沢東時代からの転換は一九七八年一二月の一一期三中全会からと言われるが、まさにそのとおりであろう。この会議の構成メンバーは未だ毛時代の勢力を残しているが、会議の農業政策に関する決定は、その後展開される鄧小平政策の性格を伺わせるに充分なものであった。つまり人民公社における分配について、均等分配分と按労分配分の比率の逆転を示唆したのである。つまり労働に応じる分配を増やし、均等分配は減らすという基本が示されたのであって、以降、人民公社の解体へ一挙に進むのである。

一九七九年からは対中円借款が開始され、合弁法も施行される。八〇年には経済特別区が設けられ、八四年の「中共中央の経済体制改革に関する決定」いわゆる「先富論」と言われる格差の肯定へと進む。すなわちセクターであれ、地域であれ、階層であれ、先行牽引の役割を担う部分がまず豊かになり、後発部分を引き上げるのであれば、格差の拡大も容認されるとの見解が普及されることとなる。

一九八七年の一三回党大会では「社会主義初級段階」論が提起される。初級段階は一〇〇年にも及ぶ長期の段階であり、初級段階にある中国では未だ市場経済同様の利子・配当・地代・企業者利得など、従来「不労所得」として否定されてきたものの容認が行なわれ、市場経済展開が公認されてゆく。そして対外開放は現代化の必要条件であるとし、国を閉ざしていれば、世界の科学・技術から遅れるばかりであると、開放政策を確認してゆく。

社会主義中国が誕生してから五〇年経過した。初級段階が一〇〇年もの長期を要するとするならば、二一世紀の半ばまでも、この市場経済の成熟は追求されるかもしれない。香港返還時に今後五〇年「一国二制」で行くと言っていることは、二一世紀半ばまでもの長期の市場経済との共存共栄を示唆しているのかもしれない。

一九九二年の一四回党大会は、「社会主義の初級段階の基本路線」を決めた。「この基本路線を簡潔に概括すれば〈一つの中心・二つの基本点〉となろう」としている。一つの中心とは経済建設を中心とするということで、政治中心ではない。二つの基本点の内の第一は四つの原則で社会主義・独裁・党・思想を堅持すること。第二は改革・開放を堅持することとしている。

今後長期にわたる中国の政策の「基本路線」は、要するに経済中心・開放堅持・独裁堅持ということになろう。「軟経済・硬政治」と集約される開発独裁の途であろう。なお付言すれば、中国は必ず「改革・開放」と表現する点を見落としてはならない。何故なら外国にいくら開放しても中国のような大国では、各省・各地域が自己の利益を追求し守るために、省が壁を高くし地域化が進むならば、対外開放しても、国内のブロック化の弊害が大きくなるからである。「諸侯経済」の閉鎖性を克服すべく、中央政府は国内の経済体制改革を対外開放とともにスローガンとせねばならないのである。

（2）農業先行重視政策の成功

中国の人口の四分の三以上が農業と農村に結びついて生きていた状態から出発するならば、経済発展のスタートに当たり農業から取り組むのが正道であろう。前節でも述べたが鄧小平は七八年末の復権から少なくとも八四年迄の六年間は、農業を重視した政策を展開した。それは八四年一〇月の経済体制改革に関する党中央の決議の初めに、八五年からは都市・工業の改革・発展に入るのだと宣言していることからも明らかである。

毛沢東は農村から立ち上がり都市を包囲し革命を成功させた農民出身の革命家であるから、人民中国になってから農業重視の政策をまず手懸けたかというと逆で、重化学工業化を急ぐ余り、農業・農村に対する財政支援を後回しにした。鄧は農業を先行させた。

鄧小平の農業政策は次の三点に依って成功に導かれた。第一に人民公社を解体し、農家戸別請負生産責任制にしたことである。公社の集団労働は農民の真の自発性を殺していたと見抜いていた。また気候に左右され、生物を相手とする農業は規模零細であれば一層のこと戸別・農家家族経営の方が生産性は高いと鄧小平は判断していたのであろう。

第二に国が農民から買い上げる農産物生産者価格を七九年に鄧小平らしい大胆さで大幅に引き上げたのである。穀類は三〇・五%、食用油は三二・七%、畜産物は二二・六%、農産物買い上げ価格全体で二二・一%という荒ら業とも見るべき農業刺激政策を行なった。食糧管理特別会計の連年の莫大な赤字に悩まされた日本財政の経験から見て、一挙に二割もの値上げは国家財政負担の上から如何に重大であるか想像できようが、この決断は中国農業と農村を豊かなものに踏み出させた。

第三に化学肥料の大幅投下である。表5に見るように、鄧小平が政権を指導し始めた一九七九年から化学肥料

表5　化学肥料投下量と食糧生産量

	投下化学肥料（万トン）	食糧生産量（億トン）
1978年	884	3.05
80	1269	3.21
84	1740	4.07
85	1776	3.79
90	2590	4.46
95	3594	4.67
99	4124	5.08

（資料）「新中国50年農業統計資料」「中国統計年鑑2000年」双方共・中国統計出版社

の使用量が急増し始めている。「四つの近代化」を国民経済計画のスローガンとしていた周恩来総理がその晩年に極左「四人組」の洋奴哲学との批判を浴びながらも断行した輸入尿素プラント一三工場が順次稼働し始めたからであって、鄧小平の功績ではない。しかし一九七八年僅か八八四万トンであったものが、八〇年には、一二六九万トン、八五年には一七七六万トン、九〇年には二五九〇万トン、九五年には三五九四万トン、九九年には四一二四万トンと四・七倍増となっている。化学肥料の使用経験のほとんど無い農地・農民にとって化学肥料の効果は驚異的なものであったはずである。

この結果、中国の食糧増産は目覚ましく、同じく表5に見るように、七八年当時三億四八〇万トンであったものが、これから改革を都市と工業に進めると宣言した八四年当時には、四億七三〇万トンに達し、九〇年には五億四五〇〇万トン、九九年五億八四〇万トンと過剰の恐れさえ言われるに到っている。古来中国では食充ちて政治は安定してきたのである。

(3)　中ソの経済改革の相違

中ソの経済体制改革・市場経済化の結果は、現在時点で中国の大きな成功とソ連の思わしくない結果を見ていることは誰もが肯定するであろう。この相違については北京大学の薛・孫両氏の論文「市場経済に向かう中国の漸進的改革」が説得的であるので、その要点を私見を加えながら紹介しよう(4)。

まず、西側国家の市場経済は私有制の基礎の上に発展してきたからといって、私有化を実行すれば、市場経済に到達出来るというものでないことは、ロシアや東欧が大規模な私有化を行なって、その市場経済化が旨く行かないのを見ても明らかであるとする。

中国成功の理由は要旨以下の諸項目に述べるが、それは中国式の漸進的改革であったからであるとする。

第一にソ連モデルなるものは重工業重視で、中国もそのモデルの影響を受けてきたが、鄧小平の時代に入ってから発展戦略の変更を行ない、まず、農業・軽工業の発展を速め、過度に高い蓄積率を低め、適度な人民生活の改善からスタートしたのである。これによって個人消費水準が高まったことが、中国の漸進的改革成功の一つの要因となっている。中国の改革一〇余年来の経済成長の二大支柱は農村の住宅建設と都市の家電製品の普及であるが、中国の改革は農村と農業の振興から着手されたことは既に前節で述べた。食糧に不安を持たず、豊かになった農村には人民公社から開放された農家の建築ブームが起こった。「万元戸」と呼ばれる富農層には旅行ブームも報道された。そのころロシアは深刻な食糧難に度々見舞われていた。

第二に、戸別農家・家族経営下での生産請負制を推進力にして改革を農村から都市へと展開する中で、想像以上の農村工業・郷鎮企業が発展したのである。この零細といえども広大な農村県城地域に発展した軽工業は、中国製造業の裾野の広い下請けを支えて行くものとなりうるものであり、中国経済の強みである。この点ロシアは二一世紀に向けて中国に決定的な遅れをとるであろう。ロシアにはこのような中小軽工業の広がりは僅少である。中国の郷鎮企業の大発展は毛沢東時代にもその根拠があるであろう。人民公社時代その公社の理念とする農工一体・都市農村一体の格差のない国造りの構図は、農村工業の振興を謳っており、「農村五小工業」と呼んで、小型の農機具・肥料・食品加工・炭鉱・発電・セメント等々の建設を呼び掛けていたのである。これらは貧弱なままに見るべきものとはならなかったが、自由化・市場化の条件を得て、海外華僑などの小規模資金や技術の導入などによって一気に大成長を見ることとなった。ロシアにはない条件である。

第三に、対外開放にいち早く手をつけたことである。その戦略は対外開放で対内改革を推進したことである。市場経済化に躊躇する守旧派を対外開放の展開で改革に引き込む効果があったであろう。注目すべき事は海外華僑・華人の活用である。いち早く設立した経済特別区はまず香港と陸続きの深圳であり、マカオ続きの珠海であり、台湾と海峡を挟むアモイ等である。沿海部からまず開放し、外資優遇政策を行い、技術・経営管理の吸収を進め、それを徐々に内陸部に展開して行く、漸進的手法をとったのである。

第四に、国営・国有企業の私有化・私営化を急がなかったことである。市場化、経営自主権の拡大、価格の自由化などを進め、外資や私営の企業の成長をまちながら、徐々に国営を国有のまま経営者に民営化委託してゆく漸進的手法をとり、政権は依然監督権を保持しながら、国営・国有企業の一層の民営化を模索しているかのごとくである。

第五に、先にモデルで試行して、成功のメドが立てば普及して行くという、伝統的手法である。鄧小平は「大胆に試せ」と大号令を掛けている。有名な九二年旧正月の彼の「南方講話」には、証券・株式市場について「断固実験すべきだ。正しいと見定めたら、一～二年やってみて、正しかったら自由化し、誤っていたら、是正し止めればよい。止めるにしても、すぐに止めてもいいし、ゆっくり止めてもいい。また尻尾を残しておいてもよい。何も恐れることはない」と述べている。[5] トップの英断と号令が中国の経済改革を成功に導いてきたのであろうが、大国中国にとってはいくつかの経済特別区の実験の成否などは大地図の小さな点における成否に過ぎなと見ていたのかも知れない。

（4）アジアＮＩＥｓと中国の相違

二〇〇一年版の日本の「通商白書」が発表されると、日本経済新聞は大きく「中国台頭アジア多極化」「日本

表6　日本とアジア諸国の機械類相互輸出入の発展
（アジア諸国の対日械類輸出入比の変化）

（％）

年	1979	84	90	91	92	93	94	95	96	97
中　　国	…	0.5	15.7	17.0	14.1	17.1	24.1	40.9	57.0	72.0
台　　湾	11.1	13.8	24.0	25.3	24.1	24.7	34.5	32.8	40.2	34.0
韓　　国	8.5	11.5	18.0	18.5	18.8	22.2	28.5	32.1	28.8	31.5
シンガポール	6.2	12.8	25.3	35.1	42.3	52.4	59.2	27.2	31.3	26.1
フィリピン	3.3	2.2	12.2	17.2	20.2	22.7	30.3	25.1	37.2	46.0
マレーシア	0.1	2.8	8.9	16.6	18.6	21.0	29.4	32.1	39.3	34.1
タ　　イ	0.5	4.0	16.5	21.2	23.4	24.8	26.1	23.7	28.0	35.4

（資料）　日本関税協会「外国貿易概況」各年の12月号から算出。大蔵通関統計。
（注）　①　日本と各相手国の機械類の輸出額の比率：日本の相手国からの機械類の輸入額／日本の相手国への機械類の輸出額
②　機械類とは一般機械・電気機器・運輸関連・精密機器など機械類全体を包括する。

主導崩れる」と題して報道した(6)。つまり日本が先頭に立って、軽工業、重工業、情報産業と順を追って先行し、次いでアジアＮＩＥｓ、ＡＳＥＡＮが順を追って産業構造を発展させると見るいわゆる「雁行型発展」論は、中国の成長よって崩れたと、紹介した。雁行型発展なら、先行国と後発国の間に国際分業が成立し得るのである。しかし中国は「低賃金が武器となる労働集約的な産業から高い技術が必要な産業まで幅広い分野で同時に成長している」と指摘し、中国の成長は「雁行型発展」では説明できないとしている。

表6は、日本と主なアジア諸国との機械類貿易の比率を示したものである。ここでの機械類とは一般機械・電気機器・運輸関連・精密機器など極めて広範なものである。

後発国は先行国から機械類を輸入して発展するが、次第に自らも機械類の製造を始め、先行国からの輸入に代替させ、また自らも機械類輸出を増加させてゆく発展を示したものである。機械類の相手国への日本からの輸出額と相手国からの日本への機械類の輸出額の金額の日本を分母とする比率であるが、中国の数値は他のアジア諸国との対比で見て異常である。つまり中国以外の国は機械類の輸出を徐々に高め九五年以降凡そ三〇％台で増大を鈍化させたかにみえるが、中国のみは七九年鄧小平登場当時数値にならぬほど小さかったものが、九四年二四・一%、九五年四〇・九%、九六年五七・〇%、九七年七二・〇%と驚異的伸びを見せ、今や日中貿易は製造業製品の水平分業の様相を示すに至っている。つまり中国は他のアジアの国々と日本との関係を「雁行型」で説明するようにはいかない急成長の機械類輸出国なのである。[7] 今回の通商白書の指摘するとおりであろう。

中国の発展形態が他のアジア諸国とことなる要因として挙げられることは、第二次大戦以前から中国大陸には西側列強の製造業があり、旧満州には日本の重化学工業の蓄積が他のアジア諸国とは比較にならぬほど在ったこと。人民中国になってからは、五〇年代までは中ソ蜜月時代でソ連の経済技術援助で多くの重化学工業プラントが供与されたこと。毛沢東時代の経済発展モデルはソ連型であり、重化学工業重視型であったこと。しかし、毛沢東は人民公社に小型工業を求めたり、戦争・侵略に備えて「三線建設」といわれる重化学工業の内陸部地方分散をはかったりしたことが、現在の郷鎮企業の発展や「西部大開発」にとって、経済発展の基礎を図らずして提供することとなっているのかもしれない。

第三節　中国国際経済交流の今後の課題

(1)　対米過大依存と日本の地位の低下

表7に示すように中国の対外貿易は日本・欧州・北米の三地域に一八%前後のほぼ同比重で行なわれている。

表7　中国の輸出入総額に占める
日・米・欧・亜の構成比と差額

構成比（%）

	1985年	90	95	99
世　界	100.0	100.0	100.0	100.0
日　本	30.4	35.4	20.5	18.3
北　米	12.7	11.9	16.0	18.4
欧　州	20.5	19.2	18.1	18.9
アジア	59.6	63.7	60.5	56.6

輸出入差額（億ドル）

世　界	△149.0	87.4	167.1	292.3
日　本	△89.2	14.2	5.3	△13.5
北　米	△36.8	△32.5	74.5	225.9
欧　州	△52.4	△35.2	△48.2	28.4
アジア	△37.4	155.5	139.5	8.8

（資料）「中国統計年鑑」通関統計より作成

しかし、傾向としては米国の比重が高まりつつある。だが、その輸出入差額をみると九九年中国の黒字二九二億ドルのうち中国の対北米黒字は二二五億ドルと圧倒的に多額である。このことは中国貿易の対米依存の大きさを示すと共に、他の発展途上国の対米輸出期待を抑える側面をも示すであろう。さらに中国自体にとっても、仮に米国経済の急激な失速と対中輸入減少があれば、中国経済自身を苦況に到らせるであろう。

また、中国の貿易における日本の地位が低下していることも特徴的である。すなわち、九九年には一八%であるが、八五年、九〇年当時には中国貿易のほぼ三割を占めていた日本は近年は二割以下の地位に比重を低下させているのである。

（2）中国の利用外資の主要国別変化

表8は中国が実際に使用した外資の金額とその構成比である。前節で中国貿易に占める日本の地位は三割から二割以下に低下していることを示したが、対中投資においても、欧米勢の比重向上がみられ、構成比でみると、九五年と九九年の対比でフランスは〇・八%から二・一%へ、ドイツは一・〇%から三・三%へといわば三倍増である。アメリカも八・一%から九・九%へと対中投資を増大させている。

世界最大・世紀の大ダムと言われる長江・三峡ダムの水力発電タービンの入札に日本は欧州連合に敗れた。上海の地下鉄はドイツのベンツが建設し、自動車産業も欧米勢に後れをとった。日本の誇る新幹線技術も北京～上海高速鉄道への売り込みも芳しい反応を中国は長らく示しておらず、むしろドイツに関心を示していると言われる。

日本の対中経済交流が欧米勢に対し投資の面でも立ち後れを見せている中で、日本の一部世論には、対中経済交流に消極的世論もある。例えば対中ＯＤＡ提供への批判などである。しかし、日本の対中ＯＤＡは借款が大半であり、借款は低利といえど元利とも返還されるものであり、中国はこれについては確実な返済実績を示してきているのである。

（3）日本の対中ＯＤＡ供与問題

失われた一〇年などと表現される日本経済の長期低迷や莫大な国債残高に対し、中国経済の目覚ましい発展や中国の軍事費増大、或いは中国自身が行なう対外援助などもあり、対中ＯＤＡ見直しの論議が起こっている。議論のなかには誤解に基づいていると思われるものもある。

初めての円借款は大平内閣の一九七九年一二月に開始された。以来二〇年総額にして、二兆六八八五億円のＯＤＡが中国に対して提供されてきた。九九年も二〇五九億円が提供された。これを見直し、或いは削減せよと論ずる者の議論には、これがあたかも中国に無償で提供されているかのごとく認識していると思われる議論が見受けられる。

二〇年間の対中ＯＤＡのうち円借款つまり有償資金協力は、九一・三％、無償資金協力は四・四％に過ぎない。九九年についても二〇五九億

表8　中国の使用外資の主要国割合

	金額（億ドル）		構成比（%）	
	95年	99年	95年	99年
世　界	378.1	424.5	100.0	100.0
日　本	32.1	30.6	8.4	7.2
韓　国	10.5	12.7	2.8	3.0
米　国	30.8	42.2	8.1	9.9
独	3.9	13.7	1.0	3.3
英	9.2	10.4	2.4	2.4
仏	2.9	8.8	0.8	2.1
伊	2.7	1.9	0.7	0.4

（備考）実際使用金額
（資料）「中国統計年鑑」

円のうち有償資金協力が九三・五%であり、無償は二・九%に過ぎない。長期低利・一〇年据え置き、三〇年年賦償還といった有利な条件があるにせよ、元利共に返還される資金である。日本の不況は資金の投資先に優良プロジェクトを尋ねあぐねているのではないか。中国は優良投資先と見るべきではないか。

アメリカの中南米に対する、或いは西欧のアフリカに対するODAが無償資金協力が多いのは、優良プロジェクトが少なく資金返済のメドが立たないものが多いからとも言われる。その点で中国は優等生と言われる。むしろ中国に言わせれば円高の昂進で、ドル一八〇円時代の借款を、ドル一一〇円時代に返還始めるのであり、その為替負担を考えるならば、日本側が喜ぶべき筋合いかもしれない。

ODA借款の利用にはアンタイドの原則があると言うが、その資金で調達する器材資材が中国自国内で十分に調達出来る発展段階に来ているならば、日本からの調達率が低下するのは当然であり、中国に対しODAの謝意を求めるような姿勢は既に時代遅れの感を否めない。

もちろん日本・韓国がそうであったように、外国の資金援助から脱却し、資金供与国になってゆくのが望ましいのであり、中国もその途にあるのであるから、日本の対中ODAが減少して行くのも自然の趨勢であろうが、減少させるのが当然とか感謝されないのは不愉快といった感覚は既に過去の考え方と思われる。

ともあれ、二〇〇一年度の対中ODA一兆一五二億円が、二〇〇二年度には一兆円の大台を下回る予算となるようである。そして従来型の沿海部中心のインフラ整備から環境保全・内陸部民生向上・人材育成などが重視されるべきとの議論が提起されているが、ODAを無償援助と誤解しその削減を主張する人々によって、日本の対中経済交流の糸口や額や広がりが狭められることが危惧される。

(4) 日中経済摩擦について

㈶日中経済協会・特許庁・産業界等の調査によると、中国の偽造品・模造品は目に余るものがあるようである。ヤマハ発動機の事例などは手法の高度化、悪質化が指摘されている。これは日本において幽霊会社「日本ヤマハ」を商標登記し、中国内で国産品を販売する手口である。電動工具などでは日本のM社の商品として売られているが、九割が偽造品と言われている。問題はそれほど品質が向上し一般人には判別困難になってきていることであろう。農薬などは日本のその製薬会社の商標で販売されているものの九割が、偽造品と推定されている。日本側企業の懸念は市場の喪失・製造物責任の恐れ・ブランドイメージの崩壊などである。

二〇〇一年四月に日本政府はネギ・シイタケ・畳表の三品目について、緊急輸入制限措置を発動した。畳表等は、日本の商社が中国農民に委託生産させているようなもであるから、対日輸出出来ないと、中国内に需要はなく他の外国にも買い手はいないのであるから被害者は中国農民になりかねない。

しかし日本にも日本の言い分がある。これについては日本貿易振興会長が自らその言い分を新聞に発表しているので、その要点を紹介しよう。(8) まず、六月に中国が発動した対抗措置、日本からの自動車・エアコン・携帯電話の三品目に従来の関税に一〇〇%の上積関税を課すというのは、日中貿易協定第一条違反であるというのである。一条は最恵国待遇であるが、日本は中国のネギだけを対象に差別したわけではなく、六%の少量ではあるが、中国外からも輸入しており日本は一条に違反してないというのである。次にWTOにもし中国が加入しているならば、このような対抗措置は許されないというのである。すなわちWTOのルールは、最初の三年間は対抗措置をとってはならないとしているのに、中国は一ヵ月後には対抗措置を発動した。更に対抗措置の金額はセーフガードの対象額と実質的に等価でなくてはならないとWTOは規定しているのに、中国が日本に発動した三品目の報復額は、約二・八倍になるというのである。

最も重要な点はWTOでは自力救済は許されていない。自分の財産権が犯されたと思っても自力で報復してはならず、WTOの場でパネルを通して了承を得なければならないと日本は主張している。

日本は当初から中国のWTO加盟に協力的であった。日中間には特殊な「歴史認識問題」などがあり、二国間では話がこじれやすい。日本には、はっきり物が言えない雰囲気がある。偽造品問題でも、緊急輸入制限問題にしても、人民元固定レートの問題にしても、国際社会の場で了承を得て問題解決を図る上で中国のWTO加入を目前に迎えていることは歓迎されることである。

結びに

対外開放後二〇年、高成長を続ける中国経済は、今や工業製品輸出が九割を占める国となり、しかも伝統的繊維製品を越えて、機械・運輸設備等をより多く輸出する国となった。持続する高成長の下で一人当たりGNPも開放当時の一六倍にもなっている。外貨準備高も世界有数となり、スリーチャイナと呼ぶ中国・香港・台湾の準備高を合わせると世界一となっている。

このような中国経済を長期不況の底から立直れない日本からみると、ODAの経済援助を中国に供与するのも止めてはどうかの声も出でくることとなる。一体何時まで「発展途上国」扱いすればよいのかとの疑問も一部に出始めるほどの、中国経済の発展・変貌ぶりである。

これに対して江沢民国家主席は二〇〇一年九月日本の今井敬・経団連会長に次のように発言している。(9)「中国は発展すればするほどアジアの情勢、世界の情勢の安定を促進する力になる。GDPの絶対規模で日本は中国の四～五倍。仮に四倍としても、中国の人口は日本のおよそ一〇倍なので、一人当たりのGDPにすれば、日本は中国の四〇倍ということになる。決して悲観しているのではないが、一人当たりGDPで中国が日本の水準になるにはまだまだ相当な時間が必要だという事実を述べているまでだ」といっている。一人当たりなら、日本の四〇分の一の「発展途上国」であることを述べているのであるが、国としてのGDPの規模ならば日本の四分の一で、やはり中国は大国なのだとも聞える。

中国経済の強みはその労働力の量と質であろう。ある外資の経営者の発言によると、視力二・〇の女子工員を三〇〇人日本の十分の一程度の賃金で募集しても立ち所に数倍の応募があるというのである。そんな国はどこにもないというのである。中国に生産現場を移して行く企業が日本・台湾・韓国などで後を断たないのは当然であろう。

もちろん中国の労賃も上昇してゆくのはこれまた当然であるが、中国の奥行の深さは巨大であって、沿海部から内陸部に徐々に経済は発展してゆくであろう。建国五〇周年に当たり、一九九八年中国は北京と香港の九竜を結ぶ「京九鉄道」を開通させた。この鉄道は沿海部ではなく一歩内陸部を南北に縦断する鉄道である。さらに二〇〇〇年からは「西部大開発」を提起して、内陸部での外資優遇政策を展開し始めている。

中国の強みはまた、ロシアとの違いでもあろうが、郷・鎮企業つまり中小零細企業の広がり裾野の広がりである。日本も中小企業の系列化組織化の上に経済発展を見てきたのであり、中国の中小企業がレベルを高めてきつつある今、中国経済の前途はやはりただならぬものと思われる。

（1）二〇〇一年八月一〇日「日本経済新聞」
（2）二〇〇一年七月二七日「日本経済新聞」

（3）Chinese Economic Weekly 2001/3/29「九五期間の中国の外資利用情況」

（4）北京大学学報（哲学社会科学版）一九九三年第三期「中国走向市場経済的漸進改革」薛漢偉・孫代尭

（5）鄧小平の「南方講話」・「北京週報」一九九四年 No 6～7号

（6）二〇〇一年五月一八日「日本経済新聞」

（7）表5は、愛知大学とドイツ・ブレーメン大学との共同研究シンポ（九月）と日本現代中国学会に於いて一九九八年一〇月発表したものである。

（8）二〇〇一年八月五日・「産業経済新聞」・日本貿易振興会理事長・畠山襄「問題の多い中国の対抗措置」

（9）二〇〇一年九月一四日・人民大会堂での「二〇〇一年度日中経済協会訪中代表団・中国西部地区視察官民ミッション」会談記録 ㈶日中経済協会

第三章　アジアの経済的発展は何によったか？

――イノベーションと労働移動――

大西　威人

はじめに

二一世紀の世界経済を展望するにあたり、考察されるべき最大の要因のひとつは国境を越える人の移動であり、それは発展途上国から工業諸国への頭脳流出を伴っていると世界銀行は論じている。(1)他方また、次の二〇年間に最貧国（Least Developed Countries：LDCs）は外国へ向かう大規模な人口移動を経験することになろうと予想されてもいる。(2)世界の開発を志向する人にとって、世界的規模での人の移動は最重要な取り組み課題のひとつになってきている。かくて例えば、ＩＯＭの Brunson McKinley は「うまく管理された人の移動は人々の繁栄、発展、相互理解に貢献し続けよう」と論じ、この主張はＩＯＭの活動理念ともなっている。(3)ＩＯＭの基本的考え方は、アジア・アフリカの最貧国の頭脳流出を母国の発展を著しく損なうものとして重視し、これに対し「有能人材帰還（Return and Reintegration of Qualified Nationals）プログラム」[4]や「人的移動に関する技術協力活動（TCM：Technical Cooperation on Migration）」を提供すると共に、他方で同時に、非合法移動者を含む非熟練労働移動者に対する多様なプログラムもアジア・アフリカ中心に提供している。

このような取り組みが成功するかどうかはそれ自体興味深い問題であるが、このような最近の現象の生じる原因を考えてみると、背後に単純とはいえない関係をはらんでいる。たとえば人の移動の送出国の国別構成を見てみると、決して最貧国という理由によって人が移動しているわけではないことがわかる。政治的な事情からの移動も無視できない割合を占めている[5]。このことは近年の移動が決して単純な一国の経済発展問題ではないことを意味する。とはいえ当然のことながら個々の移動主体からみて経済的計算と無関係なものでもない。多くの研究は移動と経済的要因の連関の強さを示唆しているが、一見直接に経済計算とは無関係に見えるものでも背後に経済的要因を抱える例は少なくない。例えば、国際間労働移動は多くの場合家族引き寄せと関係しているが、これも単なる生物学的な制度的与件であるというにとどまらず、危険を分散し所得獲得源を多様化しようとする家族の経済的戦略とみなすこともでき、そしてまた信用市場へのアクセスが制限されていることへの対応策と考えることも可能かもしれない[6]。この意味でグローバルな経済世界でのできごとでもある。

更にまた、政策的対応上の便宜的区分としてならともかく、現実に存在する人の流れを管理しようとする際には、頭脳流出の問題を単純労働者の海外への出稼ぎと区別して別箇に対処できるものなのかということも問題であろう。いずれの流れも相互に連関する各国経済の発展および世界経済体制にとって、いわば盾の両面であろうからである。従来は単純労働の移動については、社会学的にはともかく経済学的な議論としてはあまり問題とされてこなかったのに対し、近年頭脳流出が経済発展にとって重要な問題として取り上げられるようになったのは、議論の進展というよりも最近の経済構造の変化と関係していると思われる。とはいえ開発の立場からの人の移動に対する管理の必要を唱える最近の強調点は主としてこの区分に係わっている。

受け入れ欧米諸国の事情からすれば、従来サービス部門及び輸入競争部門においてこれらの外国人労働者が雇用されてきた。第二次大戦後の高度成長期には広範な労働力不足が生じ欧米への人の移動が促進されたのであった。この状況下で多くの問題を生じつつも、労働送出国にとっては比較的大きな送金収入を得ることもできた。しかし近年に至ると欧米諸国の需要は情報通信産業を中心とする熟練労働にシフトする一方で、農業部門を中心に季節労働者の一時的出稼ぎも受け入れられてきた。このような動きの中で最貧国の頭脳流出が問題とされるようになってきたのである。最貧国の経済発展に有利な条件を確保するという立場からみれば、単純労働移動者についてはそついては労働条件等の面で自国民の保護に留意しつつ黙認あるいは制度化しつつ、熟練労働移動者にの流出阻止・国内確保を重要目標の一つとしようという対応が当然考えられよう。だとすれば管理の意味は、熟練度の相違によって、その内容をおおいに異なるものとすることになろう。しかしまた他方で、むしろ頭脳流出を積極化させようという考え方もありえよう。いずれにせよ人の移動と世界経済のなかでの発展戦略との整合性が問われるものであろう。このことはまた経済発展が究極的には何に拠っているかという認識を問うものでもある。

冒頭でみたように人の移動に関する近年の議論の一特徴として、これまでの「一般的な受け入れ」対「一般的な制限」という枠組みから、開発と人の移動の管理を結びつけようという考え方が明確に姿を現してきたことがあげられる。いまや自由貿易と資本の自由移動が、労働移動に代替することはほとんどできないという認識が先進諸国でも有力になりつつある以上(7)、このような議論の方向が生まれてきたことは当然の成り行きかもしれない(8)。しかしこのことは世界的規模で見れば、地域毎の対応の相違ももたらしている。そこで本稿では、まず労働需要構造の変化に関していわゆる近年の情報通信ネットワーク化について若干の考察を行い、次に人の移動の受入国議論の方向に対して幾分の示唆を得ることを目標とするものである。近年のいわゆる東・東南アジアの経済発展を担った人の流れを考察することによって、近年のいわゆるグローバル化の意味を探ってみよう。従って本稿は、アジア域内の労働移動の実際の流れをみて、そこから点をあてて、最後に送出側としては東・東南アジア諸国に焦点をあてて、である先進諸国において問題となっている各種の事情を検討し、

第一節　ネットワーク拡大的イノベーションと人の移動のグローバル化

「最新技術の人間的発展への活用」という表題をもつ二〇〇一年度版人間開発報告は、「技術のネットワークによって伝統的な発展の構図が移り変わる」というかなり楽観的な見通しを述べている。ここでは情報通信技術を担う人に対する需要の急増が、最先端の科学者や専門家をグローバルに移動させ、途上国における教育投資が産業諸国経済に補助金を与えることになっていることが指摘されるとともに(9)、他方でこの頭脳流出が途上国にとって経済利益にもなるとされる。なぜならこういった人の拡散そのものが資金の流れのネットワークを作り出し母国にとってビジネス機会や技能移転をもたらしうるからだという。このようにＵＮＤＰの立場は頭脳流出に対し決して否定的なものではいない。インドで典型的に現れたこの現象に対し、アジアでは従来からいわば頭脳の国民化にこだわってきた韓国・台湾でもインドに見習う向きがあることを指摘して、今後進展していく当然の流れと考えている(10)。

ＵＮＤＰは特に情報通信部門の発展に注目して、最近のめざましいイノベーションが経済のグローバル化・世

界市場の急速な統合をもたらしているという。[11] この部門は本来他部門よりグローバルな性格のものであるが、更にUNDPは人を貧困から救い上げるという点で技術と教育とは同じであるとし、技術のイノベーションが人間的発展に寄与する面を強調する。このような情報通信のイノベーションに対応して最先端技術専門家のグローバルな労働市場が生成し、たとえば合衆国は二〇〇〇年に技術専門家向けに毎年更に一九万五〇〇〇人の労働許可を認めることを立法化することになったが（約四割がインド人ソフトウエア専門家向け）、他方でそれは副次効果として新種のビジネスと頭脳拡散をもたらし、拡散したインド人の間にシリコンバレーとバンガロールを結ぶ強固な連関が作られ、彼らが母国で投資するような経済的ネットワークとなったという。このネットワークは人の海外分散を母国とリンクさせるものであり、こうしてできたシリコンバレー＝バンガロール連関は、インド人ソフトウエア・プログラマーをあたかも高級電子製品における「メイド・イン・ジャパン」のようなブランドにし、このネットワークが母国における高等教育研究組織の育成に資金面その他で貢献しているという。[12]

しかしインドの国内経済からみれば、必ずしもこのような事態が万事順調というわけのものでもない。たとえば一九九九年四月―二〇〇〇年三月におけるインドからのソフト輸出額は四〇億USドルに達した。八年連続五〇％を超える伸びを記録したわけだが他方で、以後の輸出増加のために必要な技術者がネックとなった。インドの企業にとってはソフト技術者確保に多大の困難が生じた。[13] またインドにおけるIT教育・訓練センターの設置にはインドの政府や各州も多大の財政的負担をしており、決して外国資金のみで運営されたわけではない。

UNDPのいうこのネットワークが、「前線事務所」である合衆国と「製造施設」であるインドを結んで迅速に労働力（技術者）を調達できる点で競争優位を謳歌してきたのであったとすれば、それはあたかも東南アジアの経済発展における世界経済前線地・香港と後背地工場・珠江デルタの関係のごとくである。その意味ではこのネットワークも、アジア全般に共通する世界経済の国境を越える市場経済的労働力移動再編の一環であるのかもしれない。少なくとも楽観的なＵＮＤＰのいうようにはこのネットワークが常に良い経済的条件に恵まれるわけではないことは最近の経済指標からも明確である。また再編という点では近年のグローバルな人の移動は決してこのような技術革新的イノベーションにかかわるものだけではない。

第二節　先進受け入れ国の近年の労働需要構造

（１）ＥＵ拡大に伴う人の流動化と「協同発展」

現在のＥＵにおいては、約四五％の人が既に自国には外国人が多すぎると感じている、という調査結果がある。(14)またＥＵは概して熟練労働者の域外からの動きにも警戒的である。スウェーデン首相は、ＥＵはもう外部からの熟練移動者はこれ以上不要で、ＥＵ内の流動性を高めることが重要だと述べている。(15)他方、フランスの「協同発展と人的国際移動に関する閣僚相互使節団（MICOMI：Inter-ministrial Mission on Co-development and International Migration）」は「協同発展（Co-development）」という考え方を定義して、「ヨーロッパにおける入国管理努力を、移動者が母国に留まって母国の発展を支えさせる為の援助努力に結びつけること」と論じている。これは海外にある移動者の共同体を母国の経済にリンクさせつつ国際移動を制御しようとする政策と考えられている。(16)

ＥＵのこうした姿勢の背景にはＥＵ拡大に伴う人の流入圧力がある。二〇〇一年三月のヨーロッパ委員会報告によれば、もし労働の自由移動が直ちに認められれば、二〇〇二年には中東欧諸国一〇カ国から現在のＥＵ加盟一五カ国へ向けて年間で三三万五〇〇〇人（この内労働者は七―一五万人）の純移動が新たに生じると見込まれている。[17] 一般的にはこの影響は大きくないだろうと報告されているが、同時にEU境界国のドイツ・オーストリアでは賃金低下・失業可能性増大の面で大きな影響があろうと予想されている。これに対し報告は、解雇された労働者に補助金を与えるなどして、労働の流動性を高めるように提言している。同時に中・東欧諸国にはかなりの地域格差が存在するので、EU統合は東欧内で都市農村間移動を引き起こすだろうから、離農者が自国の都市域で職を得られるように地域内労働可動性を促進すべきだと論じている。委員会はEU拡大に伴う人の移動への対策として、直ちに自由移動を承認することから最長七年の猶予期間を置くまでの幾つかの選択肢を考えている。[18]

いずれにせよEU拡大が労働市場にさしあたり不利な影響があると認識されており、それにもかかわらず移民制限を本格的にするべきだとは考えられていない。むしろ地域間・地域内の労働移動の流動化によって失業者は新しい職を得るべきであるというのが基本的立場であろう。いずれにせよEUにおいてこの問題は、マーストリヒト条約、シェンゲン条約等で決まっている労働の自由移動そして家族合流という従来の制度的枠組みに、更に制限事項をつけ加えるべきかどうかということに論点がしぼられよう。[19] この点で、移入民の熟練度に焦点をあてようという提案もOECD内にはあるが、既述のように一様な意見が形成されてはいないといえよう。一般的にはOECDは、途上国の市場を開放し、外国直接投資を促進することをもって基本的解決策としている。途上国の雇用機会を増やし、外国へ移動する誘因を減少させるというのである。更に貿易障壁の軽減は、外国人労働に依存する輸入競合部門の生産を減少させ人の流入の誘引力を減少させる。地域的な貿易協定がしばしば実際に国際労働移動圧力を減少させる手段として進められているのもひとつの方向である。

いずれにせよここでは旧社会主義圏崩壊以降の政治経済状況および母国とEU諸国の生活水準・雇用機会の相違が、国境を越える人の移動をもたらす圧力として基本的であり、EU自身の需要構造としても熟練労働力のみへの特定の対策を講じうるかという点においても微妙なものが存在している。

(2) 好況と合衆国への人の流入

これに対し、アメリカ合衆国はEUとは幾分異なる状況下にある。たとえばコンピュータのソフト技術者の需要のように、ビザ発給枠を拡大して入国を促進する必要がある一方で(この点ではEUのなかでもドイツは合衆国と同様である)[20]、特に人口減少に悩む都市は、労働不足を補い民族的多様性を増大させる移民流入を求める新戦略を採っている。[21] ブッシュ政権も近隣諸国との関係の最重要事項の一つとして移動労働者問題の正常化を考えていて、最近もメキシコとの間でこの問題の解決に力を注いでいる(文末注を参照)。

パウエル・アシュクロフトらによる委員会は三〇〇万人に上ると推定されているメキシコ人不法滞在者の一定部分に合法的永住権を与えようという一時的労働者プログラムを拡大しようとしている。しかしこの計画の実行は大きな困難を伴うと予想されている。[22] また世論も賛否が大きく分かれている。[23]

二〇〇〇年センサスが明らかにしたところによると、合衆国では非合法移入民の急増が一九九〇—二〇〇〇年を特徴付けているが、その重要な部分を占めるのが数百万人に及ぶヒスパニックの急増であった。[24] 彼らの多くは若年単純労働者であると考えられ、一九九〇—二〇〇〇年はこのようなヒスパニック単純労働者が南西部から他地域へ広がった時期であった。[25] 注目すべきなのはこの時期が同時に合衆国経済のかつてないほどの拡大期にあたっていたことである。これが一方で多くの移民をひきつけたことは疑いない。[26] しかし他方で逆に、「新しい移入民人口が多い州ほど景気上昇が著しい」ともいえるのであり、「人口の半分以上が他州あるいは海外で生まれた人からなる十数州は、若い年齢構成を持ち、経済的に活発である」ともいわれている。[27] また、この十年間に合衆国内の経済的繁栄地域が北東部から南東部・西部に地理的移動をしている。家計所得の多い地域は未だに東部諸州が中心であるが、北東部一帯で伸びが見られない。かくて合衆国の状況は、移入民の多い地域を中心に経済的繁栄がみられ、現在でも依然最大の労働移動受入国である、ということであろう。

経験的な研究においても、移動者の流入が失業率の上昇に結びつくことは認められていない[28]。また既住者の賃金率へ悪影響を及ぼす程度も、平均的にみれば少ないとされている。むしろ経済の状況変化の調整をスピードアップし、構造変化が既住者に及ぼすコストを和らげるものと積極的に評価されている[29]。

(3) 先進経済社会の高齢化による人の流入需要の切迫

先進経済は人口の高齢化による働き手の減少という問題を共通に抱えている。特にEU及び日本は今後五〇年間に大幅な人口減少が見込まれ（EUで一二%、日本一七%）、これを原因として先進経済諸国は生活水準レベルに悪影響をこうむることも予想されている（合衆国で一〇%、EU一八%、日本二三%）。こうした事態に対する解決策として、外国からの人の流入により人口を増加させ年齢構成を若返らせることが一つの選択肢として考えられる[30]。OECDは、多くのOECD諸国において移入民の年齢構成が既住者と大差ないこと、流入数は促進できてもその構成部分や流出は管理できないこと等をあげて、人口減少・高齢化対策として流入促進はそれ自体では解決策とは言い難いとしている。しかし欧米諸国に比べ人の移動の規模がかなり小さい日本の場合は、この点の検討は不可欠であり避けて通れないものでもあろう。例えば国連の調査によれば、労働人口（一五—六四歳）を維持するのに必要な人の移入数は、EUの場合過去十年の実績値とあまり変わらず、また合衆国はこれまでより少なくてよいのに対し、日本の場合は過去の実績と比較にならないくらい多くの流入を必要とするという状況にあるからである[31]。一九九五年の労働力人口は八七〇〇万人であったのに対し、二〇五〇年には五七〇〇万人に減少することが予想され、現在の水準を維持するためには毎年約六六万人の労働者を移入せねばならないことにな

る。またアジア諸国特にフィリピンからの日本の労働力輸入解禁（特に看護業務）に対する要望には大変強いものがある。(32)

第三節　東・東南アジア地域における労働力流動化

（1）東南アジアの発展地域における単純労働者の労働移動

シンガポールはいわゆるアジア危機以降も順調な経済発展を誇り、海外から多くの出稼ぎ労働者が集中するアジアの中心点となってきた（約五三万人の外国人労働者がおり、全労働力に占める彼らの割合は二割を占め世界で最も高い部類である）。しかし約七割のシンガポール人は海外からの人の流入を減らすべきだと考えている（Channel Newsによる世論調査結果）。他方で政府は国民の雇用は守るという条件付きながら従来通り海外の人材輸入政策の継続を確認している。シンガポールはアジアにありながら高度専門技術者をめぐってロンドン、ニューヨークといった世界主要都市と競争している。イノベーションを求めているという点では合衆国中心のネットワーク構造に組み込まれ、また隣接諸国からの際立った発展水準をしめしているという点ではＥＵに似ているかもしれない。しかし欧米諸国と決定的に違うことがある。それはアジアの経済発展全体の特徴とも言えるものだが、近隣地域からの家事労働者に大きく依存しているということである。(33)二〇万人の外国人建築労働者とともに彼らはシンガポールの西欧流の経済発展を支えている。

マレーシアもシンガポール同様に着実な経済成長を遂げている（一九九九、二〇〇〇年のGDP成長率はそれぞれ五・八％、八・五％。ただし次年度は減速が予想されている）。地理的に広範囲にインドネシア等の隣国と接しているマレーシアは、出入国管理を実効あるものとし外国人労働への依存を減らそうとしている。[34] これはひとつには毎年一・三二億USドルにも上る送金流出を抑えるためであるとも思われている。政府は結局非熟練出稼ぎ労働者の滞在期間を七年から三年に短縮したが、それはインドネシア、タイ、カンボジアからの出稼ぎ労働者にのみ適用された。シンガポールと同様マレーシアにも約一七万六〇〇〇人の家事労働者がいる。彼女らは多くはインドネシアから来ているがその保護も大きな問題となった。売春も含め非合法入国者に対する摘発は多数にのぼり、二〇〇〇年一月―一〇月で八万四〇〇〇人（インドネシア人六万六〇〇〇人、タイ人四九四四人、ビルマ人三三二〇人、バングラデシュ人二四〇〇人等）が送還されたが、公式の見積もりによっても約三〇万人の非合法移入者が存在する。ひとつにはマレーシアがアジア（中国、イラン、イラク、スリランカ、タイ）からオーストラリアへの移動の中継点となっているという事情もある。[35]

サバ・サラワク地域での非合法移動者問題は、シンガポールやマレーシアの経済指標に現れる東南アジアの経済発展が、実際は国境を越えるアジア内非熟練労働移動に強く依存しているという特徴を端的に表現するものである。政府は二〇〇一―二〇〇六年に六―七万ヘクタールのパーム油プランテーションを開発する計画を立てており、このことは七〇〇〇人の追加的外国人労働者（既にインドネシア人を主体とする三万人の外国人労働者がこの部門に存在するが）を必要とするだろうと思われている。サラワク地域においては約五万五〇〇〇人（五万一〇〇〇人がインドネシアから）の外国人労働者が雇用されているが、既に一九九九年度で二万〇四四一人が国外送還（約半数はフィリピンへ）されている。二、〇〇〇年度には更に急増の傾向をみせており、地域の労働者がこういった部門で働きたがらないことを考えれば、非合法外国人労働者問題はますます重要になると予想されている。サバにおいては特にこの問題は深刻である。サバの外国人出稼ぎ四〇―六〇万人中非合法のものは約一〇万人と推定される。政府は病気感染者（一九九八年四月から二〇〇〇年三月の二年間で約一万二〇〇〇人がＨＩＶ等に感染していることが判明）を中心に二万五〇〇〇人を送還する計画であるが、フィリピン政府との関係で難しいものがある。[36]

母国経済にとっても労働移動は重要で、たとえばフィリピンからの海外労働者はアジア経済危機以後もフィリピン経済にとって重要な位置を占めており、二〇〇〇年度で八四万一六二八人（七六％が出稼ぎ労働者、二四％が水夫）を数える。[37] 彼らの送金額は二〇〇〇年一月―一〇月で約四九億ＵＳドル（前年同期間より一六％減）であり一部の途上国のように国内経済規模に比して決定的なものとはいえないが、国内周辺農村部にとっては決定的な収入源となっている。アジア経済危機以降の人の移動の国民化傾向[38]の波やフィリピン国内の政治状況はフィリピンからの出稼ぎにも影響を与えているが、既述のように海外移動を今後も促進すると思われる重要因も存在する。

幾分無理をして図式化すれば、東南アジア地域においては多くの摩擦要因を持ちつつも、マレーシアはインドネシアを、シンガポールはフィリピンを主たる安価な労働力貯水池にして経済発展を図っている状況にあるといえよう。[39] 他方インドネシアからの出稼ぎ労働者は、南アジア諸国からの単純労働者とともにかねてから中東産油国へ家事労働者も含め多くの非熟練労働力を供給し、世界経済に対する安価な限界労働力としての性格を示している。[40] 西アジアの産油国をアジア経済に含めれば、アジア全域にわたる高度成長を支えた家事労働・建築労働の貯水池を構成しているのが多くのイスラム教徒を含むインドネシア・南アジア地域である。

（2） 南アジアと湾岸産油地域への労働供給

インドは近年ＩＴ技術者の最大の供給国として、以前からの合衆国市場のみならず、ドイツやシンガポールでも需要されている。インドは毎年一七万八〇〇〇人のソフトウエア技術者を生み出していて、このことはＵＮＤ

Pにみられるように近年の注目をひいている。しかし他方でインドをはじめ南アジアは中東への単純労働者（たとえばクエートのインド人二八万五〇〇〇人中一〇万人は家事労働者）の大量供給源ともなっている。東アジアのいわゆる経済発展はこの構造に幾分の変化をもたらしたとはいえ、基本的には現在も南アジアは中東産油地域に多くの出稼ぎを送り出している。[41] このいわばイスラム・ネットワークとでもいいうる経済領域においては、非合法労働も多く含まれ、本国の貧困とこの状況との連関は（家族のあり方も含め）市場経済の普遍性について限界を問うものとなっていると思われる。[42]

（3）東アジアへの流入傾向の継続

概してアジア危機以降も人の移動は若干の増加を示しつつ継続して存在している。アジア経済発展のひとつの中心地である香港にも人は絶えず集中しつつある。二〇〇〇年における香港の人口は、アジア危機以前の一九九六年に予測された数値を上回って増加し七〇〇万人に達しているが、この増加は主として移入民（うち約三分の一は中国本土から）によるものである。同時に香港からの移出は顕著に減少している。[43] 他方、セックス産業に従事する中国本土からの非合法移民が増加し、セックス貿易の急増は地域住民の反発を招いている。

台湾も増大する外国人労働者を制限して三〇万人以下に減らし、地域住民に雇用を与えようとしたが、[44] 家事労働者に対する需要は大きく、これを満たすものとしてインドネシアからの出稼ぎ女性が急増したのであった。またフィリピンからの出稼ぎを減らすために製造業、建設業での雇用が一時禁じられた（二〇〇〇年六月一日）が、台湾政府とフィリピンの間の政治的関係の経過の中で半年後には禁止は解除された。しかし出稼ぎ労働者の労働条件（特に休日及び超過勤務手当ての問題）を巡る両国間の軋轢は依然継続している。台湾には約八万人の本土中国人が居住しているが、約半数は非合法状態である。

韓国でも非熟練単純労働者の雇用は認められていないにもかかわらず、アジア危機を挟んで外国人居住者は着実に増大している[45]。最大は中国人（三〇％）である。約二六万人の外国人労働者のうち一六万五八九八人（二〇〇〇年八月）は非合法である。この内最大は中国人であるが、第二位はバングラデシュ人（一万三七四人）である。二〇〇〇年五月に与党は外国人労働問題の包括的な見直しを行った。現行の産業訓練生制度に代えて労働許可制を導入することを図った。産業に必要とされる外国人労働数を委員会で決めるというものである。外国人労働者は最大三年間合法的に労働できるとともに、労働権や法的保護を得るというものである。しかし零細企業連盟はじめ多くの経済組織がこの改革に反対し、この法案は支持を得られず棚上げとなった[46]。

第四節　近年の経済発展は周辺部労働移動によってもたらされた

従来の研究によれば、一般論としては人の移動は歴史上一貫して労働力市場に中立的な影響を与えたとされる[47]。とはいえ労働力市場そのものから幾分なりとも視野を広げ、人間社会の国民国家的編成に対し人の移動が提起する多くの根源的問題点を窺い見ることも重要であろう。欧米世界は海を渡る労働移動の大波の中で市場経済の発展、近代消費文明、国民国家政治世界を築き上げてきた。近年のアジアの経済発展及びアジアの労働移動は、この世界体制のなかで発展してきたものでありながら、西欧流の人の移動とは様相を異にする点も多い。目に見える相違点のひとつとしてしばしば論じられるのは、欧州からのアメリカへの移住が永住移民を多く含むものであったのに対し、近年のアジアにおける人の移動は合衆国とかオーストラリアへはともかくアジア内の動きとしては一時的な移動（出稼ぎ）であることがほとんどであることである。このことに関連して、出稼ぎ労働者からの送金がアジアの途上国のいくつかにとって経済の大きな部分を占めているという状況となっている。また出稼ぎ者は母国への送金のため多くを貯蓄している。(48) 更に、西欧の人の移動は、家族の呼び寄せ・合流が労働移動にとどまらない大きな人の流れをもたらしたのに対して、アジアではそうはならず、従って移動のスケールも比較的大きなものとは成りがたい。イノベーション・ネットワークともいえるシリコンバレー＝バンガロール連関はこのような相違を消滅させうるであろうか。

見逃せない重要性を持つもう一つの基本的な相違点として、アジアの近年の発展においては途上貧困国の女性労働への依存が顕著である点である。セックス産業等への女性の流出もさりながら、実に多くの若い女性が電子産業等の生産的労働に従事している。また直接に生産的ではないかもしれないが、アジアの虎といわれた国々への家事労働の提供は、開発志向国内の女性労働力を逼迫する生産的労働市場へ提供させるとともに、受入国の女性の家事からの解放による多くの市場機会を作り出した。アジアの奇跡といわれる経済発展も周辺諸国・周辺地域からの女性労働に多くを拠っているといっても過言ではないだろう。このような若年女性労働者は、旧（現？）社会主義国家においてもしばしば労働組合という言葉すら知らない。最近のこのような労働者の大群を、新しい労働者階級の出現であるという指摘も存在する。(49) 彼女らは地方からの出稼ぎ労働者であり組合も知らなければ、かつて国家企業から得ていた保障もない。本来多様な人間社会のあり方からすれば、このような女性の状況をもたらす現代世界の市場経済体制に対して、文化的・宗教的な面から根源的に対立的な見解が生じても不思議ではない。いずれにせよ現代アジアの経済発展そしてそれを担う人の移動は、イノベーションによる生産的なネットワークが創出されているという面を持つ一方で、無数の非熟練労働者のアジア全域での生産的・非生産的労働に支えられている。環境の破壊やＨＩＶの広がり等もこのような文脈の中でグローバル世界に姿を現している。

（1）世界銀行開発報告（一九九九／二〇〇〇年度版）

（2）ＩＯＭ（International Organization for Migration）

（3）"The Link between Migration and Development in the Least Developed Countries... IOM's vision and programmatic approach", 2001 International Organization for Migration (IOM).

（4）一九八三―九九年で一八五七人を帰国させた実績があるとはいえ、これは年間では一〇〇人強にすぎず、大量の頭脳流出に比べればたいしたものではない、とＵＮＤＰは評価している。"Human Development Report 2001 : Making new technologies work for human development", UNDP, 2001.（以下ＵＮＤＰと略す）。頭脳流出という点からいえば、従来最も打撃を蒙ったのはアフリカ諸国であった（例えば、一九六〇―八〇年でみればサハラ以南アフリカ諸国は高度熟練労働者の三〇%がＥＣ諸国へ流出した）といわれるが、絶対数ではアジア諸国が合衆国に失う専門職の流出が一番多い。たとえばフィリピンでは看護婦をはじめ多くの女性が教育訓練を受ける際には、最初から海外で働くことを目的としている。Stoker, Peter, "The Work of Strangers ; A Survey of international labour migration", ILO, Geneva, 1994.（大石奈々・石井由香訳（一九九八）「世界の労働力移動」築地書館）、一三二頁。ただし従来の合衆国移民の場合、移入民の約二五%は出身国に戻るとされている。Coppel, Jonathan Dumont, Jean-Christophe and Visco, Ignazio, 'Trends in Immigration and Economic Consequences', Economic Department Working Papers No. 284, OECD（ECO/WKP (2001) 10), 01-Feb-2001.

（5）Coppel et. al., op. cit. p.24. また世界全体の流れの中で国別の数字をとってみれば、中国が近年目を引く増加を（比率的には未だそれほど大きくないとはいえ）示している。

（6）Coppel et. al., op. cit. p.8, 13.

（7）Visco, Ignazio, 'Immigration, Development and the Labour Market', OECD, 2000, p.21.

（8）とはいえこのような方向は現在でも決して支配的なものであるとはいえない。たとえば、二〇〇一年五月一四―二〇日の第八回ブリュッセル国連最貧国会議においても一〇項目にわたる宣言のなかで、人の移動は何ら積極的に関説されていない。'Brussels Declaration', United Nations, A/CONF. 191/12, 2 July 2001.

（9） UNDP, op. cit., p.5. 例えば、最近では年間一〇万人のインド人専門家が合衆国のビザを取ると考えられるが、これはインドにとって二〇億USドルの損害と評価されている。

（10） 韓国や台湾はインドとは反対に、従来海外流出を促進するより帰国することを求めてきた（台湾青年国民委員会 The National Youth Commission、韓国理工研究所 The Korea Institute for Science and Technology）。また両国は学者・研究者の誘致に熱心で外国と競争できる条件を提示している。韓国では一九六〇年代には博士の学位を持つ科学者・技術者の一六％が合衆国から帰国したにすぎなかったが、一九八〇年代には三分の二が帰国するようになった。しかし最近では両国とも、帰国促進よりも国境を越えるネットワーク作りに熱意をいれているとUNDPは論じている。UNDP, op. cit., p. 92.

（11） UNDPはまた、いわゆるニューエコノミー論の出現にも示されるような合衆国の順調な経済成長をみて、ソロー・パラドックスの解決だとしている。すなわち、合衆国では二〇年間にわたり生産性の年間成長率が平均一％であったが、一九九五年以降は三％となりこれは二〇〇〇―〇一年の景気減速にもかかわらずその水準を維持している。他方EUや日本では生産性成長率は増加していない。この理由として、生産性を上昇させるのはコンピュータ産業の成長そのものではなく（コンピュータとインターネットは一九九〇年代中葉以降合衆国の伝統的な製造業やサービス業の生産性を向上させたが）、それは経済活動の行われ方全体の変化にかかわっているからだと論じている。それは具体的には労働が仕事の立地・タイプに即応して移動しているか、あるビジネスが失敗しても他のビジネスが立ち上がっているか、投資家は資金をアイデアの変化に即して移動させているか、組織間関係が再編されているか、組織が変化しているか、といったことがあげられている。そして合衆国では四社に一社がインターネットの出現に対応して組織変更を行ったと指摘する。UNDP, op. cit., p.27–36.

（12） UNDP, op. cit., p.38, 91.

（13）「日本経済新聞」二〇〇〇年八月一日参照。企業の対応としては、ストックオプション制度による自社株購入権提供や、工業所有権取得ごとのボーナス制度導入などの例が報じられている。当然給与も急騰し、年五割を超えるとされる。またバンガロールを州都とするカルナタカ州は約七〇〇〇万USドルのIT債を発行して訓練センターの資金としている。

（14）Visco, op. cit., p.10. 特にオーストリア、ベルギー、デンマーク、イタリア、ギリシャでは半数以上の人が外国人が多すぎると感じている。とはいえ大多数（八三%）は自国に外国人がいることに反対はしていない。

（15）Goeran Persson in March 2001, Migration News, April 2001(Vol.8 No.4). http://migration.ucdavis.edu/mn/archiv_mn/apr_2001-07 mn.html これによると、彼は「EUは一四〇〇万人の失業者を抱えており、EU諸国は高年労働者の労働力参入率を高めるべきである。五五—六四歳のEU居住者のわずか三八%が働いているだけである。」と述べている。他方、EU内の流動性が上昇することに関しては、その兆候が見られる。例えば、（旧東独地域の）ドイツ人労働者がアイルランドへ行くようなケースが報じられている。'German Surprise! Who are the Guest Workers?' in "The New York Times", May 21, 2001, by Edmund L. Andrews. ここでは、ドイツの失業率が西部で八%、東部で一八%に対し、オランダ（二・四%）・イギリス（四・六%）・アイルランドは人手不足であり、特にオランダのリクルータがドイツ人建築・工場労働者との契約を競ったり、アイルランドが電話センターにドイツ語を話せるドイツ人を求めたり、アイスランドが建築・農業労働者を求人する例が紹介されている。かつての欧州最貧国アイルランドは今や欧米会社向けの一大顧客サービスセンターとなっているとのことである。ただし報告者は、多数のドイツ人が移動するかどうかは疑問だとしている。

（16）Migration News, April 2001(Vol.8 No.4). Migration News によれば、「フランスの目的は、歓迎できない人の移動を減らす方法として開発を促進することにある。EUと移動者の母国間に二国間あるいは多国間協定ができて、移動者がヨーロッパにおいて事業を始めるのを手助けする公的機構が提供されるかもしれない。スペインとモロッコは最良の『協同発展』関係を作り出したと考えられている。」

（17）Ibid. 二〇〇〇年の時点でEUには八五万人（内労働者三〇万人）の中・東欧国民がいたが、非合法滞在者として更に五〇—一〇〇万人の東欧国民がいると考えられている。International Center for Migration Policy Development の推計によれば、既にヨーロッパへの移動においては非合法のほうが合法的なものより多く、年間五〇万人に達するとされる。Coppel et. al., op. cit. p.w1

(18) Migration News, op. cit.

(19) Visco, op. cit., p.23.

(20) ドイツは二〇〇〇年七月末からＥＵ域外出身のコンピュータ技術者に特別労働許可証を発行することになった。二万人に対し五年間の滞在許可の予定であるが、インドネシア人が第一号となった。ドイツでは約七万五〇〇〇人のＩＴ関連技術者が不足しているといわれる。前掲「日本経済新聞」参照。

(21) 'To Fill in Gaps, Shrinking Cities Seek a New Wave of Foreigners', in "The New York Times", May 30, 2001, by Eric Schmitt. ここでは一九九〇年代に九・五%もの人口減少を経験したピッツバーグが取り上げられている。「今日の地域経済は大きく人々とその技能にかかっている。そして人口減少地域では新規事業をひきつけるのが困難である」という意見がここでは有力で、「ほんの少し前までは、多くの市当局者が移入民を公共サービスの浪費者とみなし、労働者も彼等を仕事のライバルと考えていたが、一九九〇年代後期の経済ブームは全ての熟練度レベルにわたる移民労働を価値ある商品とし、また、外国生まれの居住者は典型的には若い大家族を伴っているので、中産階級が郊外に去って減少した都市隣人の保持に役立つと考えられるようになった」と論じられている。しかし同時に他方で、政府やビジネス界のトップは受け入れに熱心だとしても一般人は移民に諸手を上げて歓迎だというわけではない、という状況もここでは報じられている。

(22) 'No Agreement Yet With Mexico on Immigration Plan', in "The New York Times", May 30, 2001, by Eric Schmitt. ここでは、二〇〇一年九月における合衆国とメキシコの大統領会談においては、貿易・安全保障問題よりもこの問題が最重要であると論じられている。

(23) 全体としては半々であるが、肌の色によって賛否が大きく分かれているのも興味深い。白人は反対が多く（五三%）、非白人には賛成が多い（六二%）。また地域的には中西部で反対が多い（五八%）のが目立つ。西部では賛成（五六%）が多い。（二〇〇一年八月二二―二六日のＡＢＣＮＥＷＳによる抽出調査結果）。'Border Lines', in ABCNEWS.com, 2001/

08/29.

（24）Ibid. 一九九〇年と比べ、ヒスパニック人口は二二〇〇万人から三五〇〇万人に大きく増加したが、更に非合法外国人としての数で見ると、三〇〇万人から九〇〇—一一〇〇万人に急増している。ただし、一九九〇年のセンサスは非合法ヒスパニックをかなり過小評価していたといわれている。

（25）この一〇年間のニューヨーク州の人口増は四%であったが、うちヒスパニック人口の増加率は二五%以上であった。シカゴもこの間四%の人口増大を経験したがヒスパニック人口は三〇%以上の増大を示した。他方南部の三都市、マイアミ、ロサンジェルス、サンアントニオにおいては最大の人口集団になりつつある。マイアミの増大については、政府の援助政策（the Cuban Refugee Program）によるところが大きいと思われる。Ibid.

（26）三〇五〇万人に及ぶ外国生まれの合衆国居住者の四〇%にあたる一三三〇万人は一九九〇年代に合衆国に来たのであり、この結果合衆国における移民の比率は一九三〇年代以降で最大の一一%となった。'Census Data Show a Large Increase in Living Standard', in "The New York Times", Aug 06, 2001, by Eric Schmitt. ただし、総じてこの期間に合衆国の生活水準は大きく上昇したとはいうものの、この間月当たりのローン支払い平均額（メジアン）もかなり上昇し、一三〇七ドル（二〇〇〇年度）となっている。さらにサンプル調査の結果によると、核家族形態にも注目すべき変化が生じている。すなわち、四二%のおじいちゃんは孫と同じ家に住み、このうち三分の一以上のおじいちゃんは五年以上も孫の世話をしているとのことである。この調査を見る限り、合衆国の経済状況は決して単純に繁栄を謳歌したというものではないとも考えられる。

（27）William H. Frey (University of Michigan) in Ibid. 彼は、逆に大部分の住民が自州で生まれた州は出稼ぎが少なく経済的に何十年間も停滞している、とも述べている。

（28）Coppel et. al., op. cit. p. 15. EUにおいても短期的に見れば失業率が上昇するが、長期的には全体的な失業率は低下するという研究が紹介されており、外見上の違いはEUと合衆国の労働市場の弾力性の相違がEUの調整速度を遅くさせているためであると論じられている。Ibid.

（29）ただし、このことによって労働移動が市場の弾力性に取って代わると主張されているわけではない。Coppel et. al., op. cit. p. 15–16. 賃金率への影響としては、合衆国においては、人口比で一〇％の移入民の増加は既住者賃金を最大一％引き下げるのみである、との見積もりが紹介されている。しかし他方で熟練度別にみれば、非熟練賃金に対してはかなり引き下げに作用するのに対し熟練度の高い既住労働者賃金に対してはむしろ上昇するほうに作用した（一九八〇年代の合衆国およびドイツ）とも評価されている。

（30）Coppel et. al., op. cit. p. 20–21. ただし、ここでの生活水準の低下の数値については、世代間依存度を変えないで現在の生産性が継続すると仮定した場合に比べての想定値である。年齢構成への効果については、現在新規流入者の中位（メジアン）年齢は平均三〇歳であり、ＯＥＣＤ諸国全体の住人のそれは三六歳である。人口増加への外国からの流入の効果という点では、ＥＵは過去十年実際にこのような状況であった。

（31）United Nations, "Replacement Migration : Is it a Solution to Declining and Ageing Populations?", 2000, New York. Coppel et. al., op. cit., p. 23.

（32）法務省は二〇〇〇年三月に介護サービスの外国人労働者、農業・ホテルサービス・海産物加工業の訓練生、特別な技術分野の外国人労働者を許可し、交換留学生制度を拡充することを提案した。また日系アジア人を高齢者の介護活動にあてようということで二〇二五年までに五二〇万人が見込まれた。

（33）少なからぬ（五〇家族中三八家族）家族は家事労働者がいないと一ヶ月たりともやっていけないと述べている。一〇万人にのぼる彼らに代るものはなく、この数は更に増加すると見込まれている。Battistella, Graziano , 'Migration 2000 in Asia : A Year in Review', in "Asian Migrant", Vol.14 No.1, Jan.–Mar. 2001, Scalabrini Migration Center, Quezon City, p.15.

（34）Battistella, op. cit., p. 12. 具体的には副首相が製造業者に対して労働集約産業から撤収することを求めると共に、マレーシア人用の一三八種の仕事（治療関係、機械技術者、音楽家、ガソリンスタンド従業員、運転手、給仕、全てのセールス職）に外国人労働者を雇用することを禁じた。また外国人労働者の最長滞在期限を七年とした。マレーシア雇用者連盟はこの決定の再考を求め、ホテル、観光、レストラン、小売、貿易、サービス業部門で国内労働者に切り替えるのに十分な時間を要求した。九月にはタイ、カンボジア、インドネシアからの出稼ぎ者に対して就労禁止は解除された。またマレーシア労働組合会議は政府に対し、出稼ぎ労働者の就労規制を必要時にのみ行ない彼らに十分な保護を与えるよう要望した。Ibid.

(35) 中東地域からオーストラリアへの人のながれの中継点としてはインドネシアもある。インドネシアは南ジャワに非合法通過移動者の手続きセンターを作るというオーストラリア基金の提案を拒否した。インドネシア政府によれば、三万人の非合法外国人が存在するが、たいていは東南アジアからである。非合法労働者は漁業会社、娯楽センター、鉱山、製造業で雇用されている。Battistella, op. cit., p. 12.

(36) アブサヤフ事件によって約七万人の労働者がフィリピンに送還されたが、これはフィリピンからは報復と見なされている。フィリピン政府は出稼ぎ労働を認知しており、二〇〇〇年をフィリピン人海外労働者の年と宣言している。労働雇用省は、二〇〇〇年三月に議会労働雇用委員会に対し一九九五年法を修正する原案を提出して、経済発展の達成手段として海外での雇用を促進させ、熟練労働者のみを海外派遣するという従来の指示を撤廃しようとしたが、この法案は下院で成立しなかった。Battistella, op. cit., p. 15.

(37) Battistella, op. cit., p. 14.

(38) これについてはさしあたり拙著(二〇〇一)「世界経済のミッシング・リンク労働移動」阿吽社、第七章を参照。

(39) 人の移動という点ではタイもマレーシアに似ている。タイでは一九九九年の外国人労働制限によって外国人労働は一八部門三七地域に制限されている。とはいえ多数にのぼる(一〇〇万人といわれる)非合法移動者が存在することは変わっていない。二〇〇〇年一月—一〇月に一八万五〇九九人の外国人労働者(ほとんどはビルマ人)が逮捕されたが、彼らは送還されてもすぐ戻ってくると信じられている。Battistella, op. cit., p. 16. またここでは密入国が組織されたビジネスになっている。ギャング達は労働者を二つに分ける。一つはサービス部門に安易な職を求めるもの、もう一つは労働者として働きたいものである。前者は旅行者のふりをしてエアコンつきのバンでバンコクに運ばれ、各人一万バーツを支払う。後者は五〇人の集団となってトラックで運ばれ各人四〇〇〇—五〇〇〇バーツを支払う。ギャング達はまた周辺国からの通過移動者を助けたり、女性・児童のセックス産業への媒介役も果たしている。Battistella, op. cit., p. 16–17. 非合法労働者に代えて地域の労働者を雇用するという政策は成功していない。労働省によると、タイ人労働者は賃金を完全に支払われ超過手当ても得られるのに、非合法労働者が行っていた工場仕事の訓練が終了するまでに八割のものは辞めてしまうとされる。他方、二〇〇〇年度で約二一万人が海外で働いている。一九九九年度の彼らの送金額は約一五億USドルである。

(40) 人的資源省によれば、サウジアラビアの労働者中三割は正しい手続きなしに派遣されており、三割は一切の説明を受けていず、五割は給与支払いを遅延されている。香港へ家事労働者を送る代理店は政府所定の金額以上の契約料を課している、等々。Battistella, op. cit., p. 11. インドネシアは一九七三—九八年に移住プログラムによって約九一五万人を人口稠密地域から少ない地域へ移動させたが、それは地元民との間に深刻な問題を生じさせた。このプログラム自体は終了を宣告されているが、現在の多くの悲惨な状況の主因の一つである。

(41) 東アジアの経済発展に伴う人の移動の構造変化については、さしあたり前掲の拙著、第七章を参照。バングラデシュからマレーシアへは約二五万人の移動者が存在する。他方インドに対しても毎年三〇万人の非合法入国者がある。バングラデシュでは少女（五〇〇〇—六〇〇〇タカで買われ、売春婦としてインドへ送られる）や子供（五万タカで売られ、駱駝騎手として働くためにアラブ諸国に売られる）が売買されてもいる。

(42) サウジアラビアは七二〇万人の移動労働者を持つ中東最大の労働輸入国であるが、非合法滞在者も多数にのぼる。二年間（一九九八—九九年）に一六五万八八三一人を送還し、八七万五四四八人を合法化したとされる。雇用者が出稼ぎ労働者に依存するのを防ぐため、非合法労働者を雇用したものは重税をかけられる。アラブ首長国連邦では労働力の多くを外国人に依存しているが、その度合いは大きくなっている（一九九七年の六〇％から八五％へ）。非合法労働者も二四％の増加を示している。家事労働者も多数にのぼり、雇用者の年間支払額四八〇〇ディルハムに対し、二〇万人以上の家事労働者（平均一家族当たり二人の家事手伝い）が存在する。

(43) 香港ではアジア危機の直後に（主としてフィリピン人の）外国人家事労働者の大幅な（二〇％）最低賃金のカットが提案された。紆余曲折の後、一九九九年に五％の引き下げが行われた。しかし二〇〇〇年にはこれも凍結されることとなった。

(44) 労働問題審議会（CLA：The Council of Labor Affairs）は二〇〇〇年三月に、過去二年間に一％の労働者解雇を行った製造業者および建築プロジェクト運営者が外国人労働者を雇用することを禁じると通達するとともに、外国人看護人の雇用を政府指定の三二の病気のうちの一つを患っている患者にのみ限定した。五月には、製造業部門の外国人を一万五〇〇〇人削減すると通達した。しかし他方では、家事手伝いの需要が増大して出稼ぎ者数は三〇万人以上のままであった。二〇〇〇年末において三二万六五一五人とされている。タイ（一四万一一八〇人）、フィリピン（九万八一六一人）、インドネシア（七万七八三〇人）、ベトナム（七万七四七六人）からが中心である。特にインドネシアからは前年度比八九％の増大であり、その八一％は看護業務および家事労働に従事するものであった。Battistella, op. cit., p. 7-8.

(45) 一九九五年二六万九〇〇〇人、一九九六年三一万五〇〇〇人、一九九七年三八万六〇〇〇人、一九九八年三〇万八〇〇〇人、一九九九年三八万人、二〇〇〇年五〇万二五九一人。Battistella, op. cit., p. 9.

(46) 労働生産性を上げないで労働費用を上昇させ韓国企業の競争力を損なうという理由からであった。Battistella, op. cit., p. 10.

(47) Stalker、前掲書、五六頁。

(48) 発展途上国にとって、海外からの送金は先進国からの資金還流の大きな部分を占めてきた。一九九八年時点では、三〇カ国から五〇〇億ＵＳドルが送金され、これはＯＥＣＤ諸国からの公式海外援助のネット総額に匹敵する。Visco, Ignazio, 'Immigration, Development and the Labour Market', p. 20. また一九八〇年代中東におけるバングラデシュからの労働者は月額二〇〇ＵＳドル（所得の七—八割）を貯金したという。Stoker, op. cit., 136-9頁。

(49) 'Workers' Rights Suffering as China Goes Capitalist', in "The New York Times", Aug 22 2001, by Erik Eckholm. 記者のインタビューに拠れば中国の沿岸部の外資企業で働く女性の場合、一日一二時間以上働き一二人以上が一部屋に詰め込まれているという。また電子関係や玩具関係で働いている少女の場合、月給二四—三六ＵＳドルを得るために休日なしで一日一〇—一二時間も働いているが、彼女らはこの労働条件が労働規則（四四時間労働、四八ＵＳドルの最低賃金）を侵害していることを知らない。また苦情をいえば解雇されるのを恐れている。一九九〇年代に中国の労働組合員数は一億三〇〇〇万人から九〇〇〇万人に減少したといわれる。概して西欧系会社の工場における労働条件は平均以上であるが、香港・台湾・韓国系及び中国私有企業の工場においては劣悪である。

注・本稿は二〇〇一年九月一一日のNYテロ以前の状況を素材としている。

第四章　「危機」後の東アジアにおける制度構築
――社会保障を中心に――

佐藤　元彦

はじめに

通貨・金融危機から経済危機へと進展したいわゆるアジア危機は、マクロ経済的には収束する兆候を示しているが、しかし、そのような収束から持続的「人間発展」(Human Development) への軌道に東アジア経済が戻っていくためには、マクロ経済の今後の安定と成長を支えるミクロ面での制度の革新が強力に進められていく必要がある。この点に関してとりわけ重要だと思われるのは、「東アジアの奇跡」を牽引した企業(集団)の管理・経営体質の強化(モラルハザード抑止など)[1]と社会保障(Social Security)の整備であろう。本論は、このうちの後者に焦点を当てて、危機後の東アジア経済の制度的条件について考察しようというものである。

本論の構成は以下の通りである。まず、アジア危機の悪影響を最も深刻な形で受けた諸国を念頭に置きながら、社会保障のこれまでの状況を分析し、同時にその問題点を整理する。次いで、社会保障の整備に向けた今後の方向性について考察を進めるが、その際には、先進諸国における経験を特に念頭に置く。もっとも、その意図するところは、先進諸国と同様な形での社会保障の整備を目標にするということではない。むしろ、先進諸国で提起された問題点を踏まえながら、さらには、グローバリゼーションの進展という今日的状況を念頭に置きながら、目標としての人間発展に沿った社会保障とはどのようなものであるかを考察することにある。

なお、ここで、社会保障という概念について、近年多用されるようになっている類似概念の社会的セーフティネット（Social Safety Net、以下ＳＳＮと表記）との関連性を含めて、若干の注を予め付しておきたい。まず、社会保障とは、近代国家を単位とする経済発展とそのなかでの近代的労使関係の形成に基づいたＳＳＮと考えることができよう。このことは、社会保障制度がＩＬＯとの連携を深めながら整えられてきたことに集約して示されていると言える。周知のように、社会保障についてのＩＬＯの定義では、社会がその構成員に対して、一連の公的手段を介して供与する保護、とかなり一般化された形で社会保障が認識されているが、ＩＬＯの加盟当事者が何よりも国家であることを踏まえると、ここでの社会とは国家であり、公的手段についても国家を中心にしたものと了解されよう。他方、社会保障が念頭に置いている状況についても、疾病、出産、労働災害、失業、高齢、死亡などによって稼得がなくなる、または大幅に減少する、といった極めて一般的と言えるものであるが、しかし、このような状況に対応した制度構築においては、中央政府、雇用者、被雇用者の三者による協議が実質的な推進力になってきた。つまり、社会保障が対象としてきたのは、近代的労使関係が成立している社会だと解することができる。以上のように、社会保障は、各国家がその国民、特に近代的労使関係の当事者である人々に対して、国家的手段を介して供与する保護と理解できる。別言すれば、国家を構成していない人々や近代的労使関係とは無縁の人々は、このような社会保障の対象にはなり得ないし、実際にそうであったと言える。

表1　アジア危機直前の政府社会保障関係支出とILO102号条約批准の状況

		政府の社会保障関係支出		ILO102号条約批准状況（1996年末時点、○：批准済　×：未批准）								
		対歳出（%）1996年	対GDP（%）1996年	2 医療	3 疾病	4 失業	5 老齢	6 業災	7 家族	8 母性	9 廃疾	10 遺族
〈東アジア〉	日　本	37.4	14.1	×	○	○	○	○	×	×	×	×
	韓　国	21.2	5.6	×	×	×	×	×	×	×	×	×
	フィリピン	(2.5[1)])	n.a.	×	×	×	×	×	×	×	×	×
	タ　イ	11.9	1.9	×	×	×	×	×	×	×	×	×
	マレーシア	13.4	2.9	×	×	×	×	×	×	×	×	×
	インドネシア	9.8	1.7	×	×	×	×	×	×	×	×	×
	シンガポール	(1.8[1)])	3.3	×	×	×	×	×	×	×	×	×
〈南アジア〉	スリランカ	16.1	4.7	×	×	×	×	×	×	×	×	×
	インド	n.a.	1.8	×	×	×	×	×	×	×	×	×
〈中南米〉	メキシコ	22.6	3.7	○	○	×	○	○	×	○	○	○
	コスタリカ	42.6	13.0	○	×	×	○	○	○	○	○	○
	ブラジル	36.7	12.2	×	×	×	×	×	×	×	×	×
	ボリヴィア	29.3	7.0	○	○	×	○	○	○	○	○	○
	アルゼンチン	41.2	12.4	×	×	×	×	×	×	×	×	×
	チ　リ	45.6	11.3	×	×	×	×	×	×	×	×	×
	ウルグアイ	67.8	22.4	×	×	×	×	×	×	×	×	×
〈北米･欧州･オセアニア〉	カナダ	40.1	17.7	×	×	×	×	×	×	×	×	×
	アメリカ	48.8	16.5	×	×	×	×	×	×	×	×	×
	イギリス	54.9	22.8	○	○	○	○	×	○	×	×	○
	フランス	55.3	30.1	○	×	○	○	○	○	○	○	×
	ドイツ	52.1	29.7	○	○	○	○	○	○	○	○	○
	オランダ	51.4	26.7	○	○	○	○	○	○	○	○	○
	デンマーク	52.5	33.0	○	○	○	○	○	×	×	○	×
	スウェーデン	50.0	34.7	○	○	○	×	○	○	○	×	×
	フィンランド	53.8	32.2	×	×	×	×	×	×	×	×	×
	スイス	49.3	25.9	×	×	×	○	○	○	×	○	○
	ギリシャ	67.4	22.7	○	○	○	○	○	×	○	○	○
	ニュージーランド	(39.3)	19.2	×	×	×	×	×	×	×	×	×
	オーストラリア	41.5	15.7	×	×	×	×	×	×	×	×	×

注）1）1997年

出所）政府社会保障関係支出：ILO、*World Labour Report 2000*（またはIMF、*Government Finance Statistics Yearbook 1999*＝括弧内）
ILO102号条約批准状況：http : //ilolex.olo.ch : 1567/english/newratframeE.htm

表2　失業関連社会保障制度の東アジアにおける整備状況（1997年）

	失業保険給付	退職手当[1)]	社会保障基金加入者[2)]
韓　国	あり	n.a.	38
台　湾	なし	n.a.	n.a.
香　港	なし	2	n.a.
フィリピン	なし	3	24
タ　イ	なし	6	16
インドネシア	なし	4	12
マレーシア	なし	n.a.	48
シンガポール	なし	0	80

注）1）月給の何ヵ月分かを示す。
2）被雇用者総数に対する比率（%）。

出所）Eddy Lee、*The Asian Financial Crisis : The Challenge for Social Policy* (ILO, 1998) p. 52 および US Government/Social Security Administration、*Social Security Programs throughout the World 1997* (http : //www.ssa.gov/statistics/ssptw/1997/English).

ところで、以下で詳述されるように、アジア危機が提起したのは、まさに、このような性格の社会保障では十分な社会的保護が達成できなかったという問題であった。だとすれば、社会保障の脱構築が必要だということになり、概念的にもそれに沿った見直しが求められるだろうということである。これに対して、最近になって多用されるようになっているＳＳＮは、その前に伝統的という形容詞が付して使用されることも少なくない点が示しているように、近代国家成立以前から存在していた、あるいは国家以外の公的手段による社会的保護を含意する概念だと言える。そして、このような性格の故に、近代的労使関係が支配的でないような社会にあっても存在してきた、しばしば互恵性を伴った救済・保護措置を包含するものと了解できよう。国籍と近代的労使関係に規定されないこのような概念は、従って、国家的近代的社会保障を超えて社会的保護を考察しようとする際には有用である可能性を否定できない。

とはいえ、目指すべき方向性が、家族やコミュニティなどによる伝統的ＳＳＮへの回帰であるとはやはり言い難い。むしろ、アジア危機が提起した社会的保護上の課題を意識しつつ、ポスト・モダンの社会的保護のための制度構築について考察を進めることこそが、これからの重要な課題だと言える。このように、社会保障もＳＳＮ

もポスト・モダンの社会的保護を表現する概念としては必ずしも適当とは言えないが、本論では、社会保障という概念を便宜上用いて、当該諸国における社会的保護上の課題と展望について考察したい。

第一節　アジア危機が提起した社会保障上の課題

本論が対象としている経済を含めた発展途上経済をめぐるこれまでの開発／発展のディスコースにおいて、決定的に欠落していると言えるのは、即効性のあるリスク対応としてどのようなものがあるのかという問いに対しての備えであろう。これまでの発展途上経済をめぐる議論は、マクロ成長論的視角のものであれ人間発展に重点を置くものであれ、専ら中長期的な展望の下に展開されてきた。これに対して、一九九七年央にタイを震源として始まり、その後インドネシア、フィリピン、韓国、さらにはロシアやラテンアメリカにまで伝染したとされる、いわゆるアジア危機は、足の速いリスク軽減・回避措置の制度化がきわめて重要であることを示した。「奇跡」的成長の中で、必ずしも事前に予測し得ない経済的社会的危機に対しての備えが軽視されてきたことを、アジア危機は正面から衝いたとも言えよう。この節では、タイとインドネシアを中心に、アジア危機発生以前の東アジア地域の社会保障の状況を俯瞰し、問題の所在を確認したい。

東アジアの社会保障に関してこれまでもしばしば指摘されてきたのは、まず第一に、中央政府の社会保障関係費の水準が低いということである（表1を参照）(2)。先進諸国のみならず、ラテンアメリカ諸国と比較しても、経済全体に占めるその負担はかなり小さいと評価することができる(3)。その背景には、言うまでもなく、国家的な社会保障が未整備であるという点が最も関係している。危機が発生した一九九七年時点での失業者向け社会保障制度の整備状況をまとめた表2には、そうした点が端的に示されているが、例えば、一九九六年一二月にOECD加盟を果たすことになる韓国ですら、失業者に対する給付制度が導入されたのはようやく一九九五年七月のことであり、しかも、その制度の下では従業員数が三〇名以上の事業体しか対象にされなかった。パートタイマーを含めて全ての失業者に適用されるようになるのは、危機後(一九九八年一〇月)のことである。(4)

一方、タイでは、一九九〇年七月に(新)社会保障法が制定され、その中で失業手当が労働者の権利として定められた。しかしながら、手当を受給するに当たっての条件や手当の内容などに関する関連法や細則が定められなかったため、同法で定められた他の六つの手当は支給が開始されたものの、失業手当の支給は大幅に遅れ、危機発生以前に支給されることはなかった。危機発生後に制定された労働者保護法(一九九八年一一月)によって、ようやく失業手当支給のための枠組みが示された。インドネシアでも、一九九二年の共和国法第三号に基づいて社会保障制度の整備が進められたが、しかし、そこには失業への対応は含まれておらず、失業手当の制度化は、現在もなお着手されていない。

このように、失業手当が制度化されていなかったというのが、危機発生以前の東アジアの一般的状況であった。この点を含め、ILO102号条約の定める社会保障の九つの基礎分野の一つですら批准していた政府が、日本を除く東アジアには皆無であったという事実は、未批准が直ちに制度不在を意味するものではないにせよ、社会保障の整備に向けた動きが当該地域でいかに鈍かったのかを、端的に物語っていると言える(前出の表1参照)。(5)

もっとも、年金や健康保険、労災補償などについては、比較的早期の制度立ち上げが見られない訳ではなかった。韓国の場合にも、年金制度が最初に導入されたのは一九六一年であり、労災補償制度も一九六四年には創設された。また、健康保険制度も一九七七年にスタートしている。しかしながら、こうした制度の整備は、「開発独裁」政権の正統性を強化するために進められた面を否定できず[6]、また、実効性は必ずしも高くなかったと言える。さらに、年金制度に典型的に示されているように、公務員や軍人を対象としたものが先行し、国民全般をカバーした制度がかなり後になって整備されるといった傾向も看過できない[7]。こうして、制度の立ち上げこそ遅くはなかったものの、国民に対する社会権保障という観点での制度の実質的整備は、やはり遅れてきたと言わざるを得ない。

しかしながら、以上のような半面で、東アジアにおける社会保障に関して看過できないのは、伝統的でインフォーマルな組織・制度が果たしてきた役割である[8]。例えば、危機後のタイでは、政府や外部からの援助をただ待っていたのではなく、コミュニティや地域組織が有効に機能したと評価されている[9]。国家統計局〔NSO〕が家計に対する危機の影響についてまとめた報告書によれば、タイ全体で二七・七%の家計がコミュニティや隣人からの援助を受けたとされている。なかでも村・地域の組織からの援助が大きな部分を占め、NGOから援助を受けたとする世帯は逆に非常に少なかったとも報告されている。一方、コミュニティや隣人から援助を受けたとする世帯の比率は、東北部で四〇・八%と最も高く、逆にバンコクおよびその近郊では一割程度と非常に低くなっているともいう。このような地域による違いを、産業化・都市化に伴うコミュニティ解体と関連づけて理解できるかどうかはともかくとして、危機による世帯への悪影響が非政府の組織・制度によって緩和・解消されようとしてきた実態があることは興味深い。他方、業種・職種という点では、農業経営（自己所有の農地を主とするもの）世帯、一般従業員世帯でコミュニティや隣人から援助を受けたケースが多く（いずれも三分の一以上）、非農業自営業世帯や商・サービス業従業員世帯では少なかったと報告されている[10]。

以上とは対照的に、問題の緩和・解消を政府との関係においてはかろうとする動きは鈍かった。例えば、政府にローンを申し込んだ世帯は、タイ全体で一一・七%にとどまった。また、政府の公共事業に職を得たとする世帯も五・三％に過ぎなかったという。[11]

タイと同じような状況は、インドネシアでも報告されている。例えば、一九九八年一〇月から同年一二月にかけてジャカルタ、バンドン、スラバヤ、ウジュン・パンダンで、労働集約的産業の従業員を主に対象として実施された調査では、失業者の三五％が（拡大）家族からの援助を受けたとされている。[12] 国連が危機後にインドネシア支援のために設立したＵＮＳＦＩＲ〔国連インドネシア復興支援機関〕の報告書も、伝統的組織や拡大家族が自然のセーフティネットとして機能したと報告している。[13] これに対して、政府の対応策は、特に省庁間でのコーディネーションの悪さの故に、むしろ危機による悪影響をさらに悪化させたと評価されている。そのため、インドネシアの支援に乗り出したＮＧＯの中には、外国のドナーに対して公的ＳＳＮプログラムへの援助を止めるよう要請したものすらあったという。[14] 確かに、例えば、危機後の雇用創出プログラムとして四つの柱が設定されたが、それらは三つの省によって担われ、相互の調整が乏しかった。その結果、それぞれのプログラムの目標と対象が絞りきれず、投入された資金も効果的に利用されなかった。[15]

以上からも分かるように、アジア危機による地域社会や個々の家計レベルでの悪影響は、伝統的でインフォーマルな組織・制度によって事実上緩和がはかられてきたと言える。公的社会保障制度には還元できないＳＳＮが広範に存在するという、福祉オリエンタリズム（Welfare Orientalism）の指摘は、[16] その意味では確かである。しかしながら、問題は、そうした福祉オリエンタリズムによっては、当該地域の住民の今後の人間発展は決して十分には保障され得ないということである。それは、伝統的な組織・制度によって緩和・解消された今回の危機による悪影響の内容が限られているということ、さらには、その範囲が決して広いものではないということに端的に示されていると言える。既述のように、タイのバンコクとその近郊では、伝統的組織・制度による支援が相対的に限られていたということは、まさにこの点を示唆するものであるし、インドネシアについても、伝統的組織・

制度が機能せず、高利貸からの不当な利子率での借り入れに依存をせざるを得なかった失業者が少なくなかったという報告が注視される。影響が個別的に及ぶものであれば、そうした伝統的組織・制度による対応は効果を発揮しようが、地域全体に及ぶなど広範囲の危機に対しては、それらの有効性はきわめて限定的である。[17]

換言すれば、即効性があり社会的に埋め込まれた人間発展を目標とする制度の構築に当たっては、福祉オリエンタリズムは十分に満足のいく回答を用意していないということであろう。それでは、西欧の福祉国家で具現化されたような、国家を中心とした公的社会保障を整備するという考え方はいかがであろうか。福祉オリエンタリズムから西欧的な福祉ユニバーサリズムへの転回が、答えとなるのであろうか。次節では、この点を明らかにするために、西欧の福祉国家が抱えている現代的課題を検討してみたい。

第二節　福祉ユニバーサリズムの教訓と東アジアへの適用可能性

冒頭でも触れたような西欧における二〇世紀中葉からの国家（中央政府）による社会保障制度の整備は、多言するまでもなく、近代国家の基礎固めと冷戦への対応という歴史的な背景を抜きにしては理解できない。かつては様々なエージェンシーによって担われてきたSSNが、国家（中央政府）というエージェンシーによって集権的に管轄されるようになったこと、[18] および、そのような形での社会保障制度の確立が社会主義／共産主義に対するオールタナティブを示すという意味をもっていたということは、いずれも福祉国家の歴史性を理解する上で重要なポイントである。別言すれば、そのような歴史的背景が変化した時には、社会保障制度の再編成が遠からず大きな課題となろうということだが、経済発展の基盤が急速に脱国家化し、冷戦終結宣言を経た今日的な状況の中で、「福祉国家の危機」をいかにして具体的に克服するのかが問われている。

ところで、「福祉国家の危機」が提起してきた問題は、大まかに二つあると言える。まず第一は、中央政府の財政負担の増大である。社会保障の枠組みの中でカバーすべきサービスが多様化した結果、他方で、その財源となる税収が特に第一次オイルショック以降の低成長を背景に伸び悩んだことで、中央政府の慢性的財政赤字という問題が深刻化した。既出の**表1**では、東アジア地域の政府の社会保障費用負担が小さいことが指摘されたが、そこで対比のために併載されている先進諸国についての高い数値は、高いからよいといった具合に単純に評価ができない。

第二に、公的社会保障の充実がむしろ企業家精神や労働意欲の減退を招いてきたのではないかという問題提起がある。社会保障サービスが一方的な移転という形をとり続けてきた結果として、それにいわば寄生する動きが受け手の側に強まったのではないかというのである。そして、このような動きが生産性の停滞をもたらし、低成長からの脱却を遅らせてきたとされた。公的社会保障は、社会権という人権と密接な関連性をもって整備されてきたにも拘らず、むしろ人権の実現とは異なった方向に社会を導いてきたとの指摘も、このような問題認識を背景にしている。

ところで、人間発展実現のためのSSNという本稿の問題関心からは、以上の二つには実は共通した問題提起が含まれているということができる。それは、公的社会保障が経済的負担としてのみ結果しているということ、(19)別言すれば、経済や社会の活性化をもたらすという社会保障に本来的に負託されたもう一つの側面の実現がなされていない、あるいは十分ではないということ、である。人権としての、あるいは人間発展のための公的社会保障が当初の目論見であったにも拘らず、その実現がおぼつかない状況があるとすれば、始めるべき作業は社会保障のあり方の脱構築であろう。さらに言えば、ＳＳＮは中央政府あるいは何らかの公的権威によって、それが統治する範囲の民衆に一方的に移転することとしてのみ考えるべきなのだろうか、ということである。

「第三の道」論などとの関連で近年改めて注目を集めているワークフェア（Workfare：Work＋Welfare）の考え方は、実はこの問題に対する一つの回答として理解することができるかも知れない。被雇用者としてであれ、自営という形であれ、働くことへの動機づけに公的扶助を結び付けたこの考え方は、社会保障を負担としてではなく人間への投資として位置づけ直し、「福祉国家の危機」からの脱却を可能にする具体的契機を提供していると言える。サッチャーリズムやレーガノミクスに代表されるような新自由主義の「冷徹な」構造改革に対して、ワークフェア論は、「人間の顔を伴った」（with a human face）構造改革というオールタナティブとしての可能性を示しつつある[20]。

とはいえ、そのような方向性が東アジア、とりわけアジア危機の深刻な悪影響に見舞われた諸国にとってどこまで有効なのかは、また別の問題だと言える。この点に関連した最も大きな問題は、それら諸国における大規模なインフォーマル部門の存在である。同部門に関する統計の整備を精力的に進めてきたＩＬＯによれば、タイの全体の雇用に占める同部門の比率は、一九九四年時点で七六・八％、都市部だけについても四七・六％とかなり高いものであった。また、インドネシアについては、製造業部門において、全体の雇用に占めるインフォーマル部門の比率は一九九五年に二〇・六％であった[21]。

インフォーマル部門をどのように定義するかをめぐってはなお論議が尽くされていないが、基本的に合意が見られることの一つとして、法制度が及ばない部門であって、公的な保護の対象にも、逆に規制の対象にもならない（但し、フォーマル部門の発展を阻害すると判断された場合を除く）という点、また、個々の活動主体がバラバラに存在をしていて部門としての統合性がない、組織化が見られないという点があげられよう。これに対して、先進諸国での不完全就業者や失業者は公的保護の対象として認知されてきたという意味で、また、形態の違いはあれ労働者側の組織化が進められてきたという点で、社会的保護上の課題は全く異なっている。ワークフェア論に基づいた政策が事実上インフォーマル部門就業者に役立つ面があるにせよ、近代的労使関係が就業人口の殆どを覆い、事実上全国民を対象とする社会保障制度が敷かれてきた国と、そのような制度が一部にしか適用されてこなかった国との間の、社会的保護を進めていく上での課題の違いの大きさはやはり否定できない。

とりわけ、就業構造上インフォーマル部門がフォーマル部門における失業者・不完全就業者群と連続している実態を考慮すると、フォーマル部門での失業者に対する社会保障（例えば、失業手当給付制度）の整備を進める一方で、インフォーマル部門の実態に即した社会的保護措置を講じていく必要がある。インフォーマル部門が、なによりも「働く貧困者（the working poor）」によって構成されている実態を踏まえるならば、そこでの経済活動を強化・発展させるような、別言すれば、「保護的な」短期的リスク対応にとどまらず、中長期的に経済活動を安定させていくような「促進的な」措置の整備が、社会保障上の課題として取り組まれていく必要がある。(22) さらに、インフォーマル部門での経済活動が生業としての側面が強いことを考慮すると、その際に特に重要だと考えられるのは、地域を単位としたあるいは地場に立脚した社会保障であろう。フォーマル部門を対象とした社会保障は、産業や職種の別という観点から整備されてきたが、そうしたアプローチはインフォーマル部門に適合的であるとは思われない。(23)

他方、貧困な世帯や危機による悪影響を被った世帯にとって、海外出稼ぎが重要な対応になっているという事実も、東アジアにおける社会保障を展望する上では極めて重要である。一九九八年にタイ政府によって発表された失業緩和政策に、海外出稼ぎの奨励が含まれていたことは、海外出稼ぎ者に対する社会保障を誰がどのように整備していくのかという問題が今後避けては通れなくなっていることを、改めて示した。労働力輸入国であると同時にその輸出国でもあるタイは、アジア危機後に不法外国人労働者を追放する一方、国内失業緩和策の一環として、タイ人の海外出稼ぎを奨励したのである。とはいえ、タイ政府の対応の中には、出稼ぎの奨励こそ含まれていたが、出稼ぎ先での労働、生活に対するSSNは含まれてはいなかった[24]。それは、労働力輸入側と輸出側のいずれが責任を持つべきことなのか、それとも双方が対応すべきことなのか。こうした基本的な事項ですら、現行の国家を単位とする社会保障では対応できないという現実がある[25]。さらには、各国間で社会保障の整備のされ方に小さからぬ差があるとすれば、その平準化をはかる必要性はないのか、という問題もこのことに関連して考えられなくてはなるまい。

もっとも、これらの問題は、何も東アジア地域に限定されたものでない。グローバリゼーションの進展に伴って労働力の国際的流動性が増大する中で、社会保障のグローバル化、あるいはグローバリゼーションの社会化が必要だという議論は、既に有力になりつつある[26]。

第三節　東アジアにおける社会保障の方向性――むすびにかえて――

これまでの考察から、福祉オリエンタリズムの克服と西欧型社会保障の脱構築、また、グローバリゼーションへの対応が、当該諸国を含めた東アジアにおける社会保障の方向性を考える上で、最低限前提とすべきことが明らかになった。それでは、具体的にどのように今後の方向性を考え得るのであろうか。

出発点とすべきは、やはり社会保障上のニーズとは何であるかという点であろう。西欧型社会保障の最大の問題点は、社会保障が供給サイド主導で整備されてきたことにあると言えよう。別言すれば、その対象は、あくまでも「受け手」という主体性が軽視されがちな存在であった。社会保障のニーズ自体が国家によって規定され、しかも国家内で一元化されてきたということが、この点を端的に示している。このような社会保障が社会的保護の面でそれなりの成果を残してきたことを否定できないにせよ、「利用・選択者から創造・形成者へ」の転換[27]は、市民権の確立という意味でもまずは必要である。

第二に、このことに関連して、社会保障の対象を（労働者・勤労者ではなく）市民という観点から再構成する必要があろう。その際に特に重要なのは、インフォーマル部門に対する社会保障をいかにして進めていくのかという点である。同部門を対象とした社会保障をめぐっては、既に前節でもアプローチのあり方についてコメントを付したが、近年注目を集めているマイクロファイナンス（マイクロクレジット＋マイクロセイヴィング＋マイクロインシュアランス）は、この問題に取り組むための有力な手がかりとなろう。もっとも、着目すべきは、ニーズに合致した金融サービスということにとどまらない。超零細企業金融（microenterprise finance）といった形でそうした人々の経済活動を中長期的にも発展させる可能性を秘めている点に加えて、マイクロファイナンスの制度づくりにおいて、参加者が共通の目的の下に新たな社会（ネットワーク）を形成し、それが社会的不遇者のリスク対応、社会的保護の強化をもたらしてきたという点が、きわめて注視される。社会保障を市民の社会形成とリンクさせることは、国家的社会保障の脱構築をはかる上できわめて重要である。

第三に、以上のような動きが進めば、社会保障のニーズの多元化と、従って対応の再編成は不可避となろう。（ＩＬＯ102号条約に示されているような形での）ニーズの分野別化と分野毎の対応というこれまでの仕組みでは、こうした変化に適合できないと考えられる。人間発展を基点にした場合には、特に分野別対応の脱構築、対応の統合化を視野に収める必要性が出てくる。

なお、ニーズの多元化は、他面において、対応の個別化への需要を高めるかも知れない。個々のニーズに合わせたきめ細かな対応をしようとすれば、どうしてもある程度までその個別化は避けられまい[28]。とはいえ、ここで留意すべきは、個別化の徹底は、逆に社会的保護の弱体化をもたらしかねないという点である。むしろ、第二の点に関連して示唆したように、ヴィジョンを共有できるような新しい公空間の主体的形成が重要なのであって、それに適合した社会的保護の仕組みとは何かが議論されなくてはならないであろう。分権化は必要だが、どのような形でそれを進めていくのかについては、新たな社会編成についての議論が不可欠である[29]。

この論点に関連して、貧困対策、福祉対策などの公共政策において必ずといって議論になるターゲッティングの問題をめぐって若干のコメントを付しておきたい。問題（例えば、貧困）をできるだけ費用効率的に解決しようとすれば、問題とする事象を可能な限り厳密に限定して、そこに向けて有効な政策を集約的に実行するというのが、これまでの一般的なアプローチであった。マイクロファイナンスにおいて、貧困層以外の人々がメンバーとなっていることを遺漏として問題視し、貧困層により効果的かつ安価にターゲットするための方策を考案する必要があるなどといった議論は、その一例と言える。だが、ある地域社会の中で、マイクロファイナンスに加入できる者と加入できない者が事前的に明確であるということによって、その地域社会の分断状況が強化され、発展がかえって妨げられるといった可能性についても留意する必要があろう。貧困者や不遇者に対するその地域社会自体の対応力を強化する（新たな公空間、公社会の創造を含む）方向での施策の方が、そうした人々をいわば政策的に隔離して支援する対症的公共政策よりも有効である可能性が高まっている。政策的にはそうした人々を隔離することが可能だとしても、それらの人々に対する公的政策の効果が外部性を免れないとすれば、具体的な社会生活空間を基礎とした対策が必要になってこよう。人間が個人としてだけでは生きていけない、何らかの社会の一員としてのみ生きていけるとするならば、非歴史的非空間的な属性ではなく、社会として意味のある場あるいは空間に視点を置いた総合的政策が重要だと言えるのではないだろうか。

最後に、経済発展の基盤の脱国家化が東アジアにおいては特に急激に進展しているという意味では、社会保障をトランスナショナルな視点から制度化する作業は不可避である。特に、先にふれた移民に対する社会保障の制度化は緊要であり、既にある国際法上の手続きの徹底化を含め、例えばアセアン、ＡＰＥＣといった地域的な枠組みのなかで、市民の社会的保護という観点から社会保障を強化していく動きが必要である。

（1）危機の原因としていわゆるクローニズムをあげるかどうかはともかくとしても、その克服においてコーポレート・ガヴァナンスの重要性を指摘する議論は実に多い。例えば、東京三菱銀行調査部（編著）（一九九九）『アジア経済・金融の再生』東洋経済新報社、第二章を参照。

（2）Kwong-leung Tang (1999), Social Welfare Development in East Asia. を含め、様々な研究者がこのような指摘をしている。

（3）公的社会保障に関してラテンアメリカ諸国と東アジア諸国とを比較し、その対照から、経済発展とＳＳＮの関係についての興味深い問題提起を行っているものとして、宇佐美耕一（二〇〇一）「発展途上国の社会保障：特集にあたって」『アジ研ワールド・トレンド』第六五号、二～三頁を参照。ちなみに、このペーパーでは、「ラテンアメリカ（特に先発国）ではその経済発展水準と比べて早熟な社会保障制度の発展がみられたのに対して、東アジア諸国は高度成長を経た後に社会保障の整備が開始されるという遅咲きの発展がみられた」（二頁）とされているが、Deyo や Holliday は、高度成長を遂げた東アジア経済では、社会保障の整備が人的資本の発達を促し、それが労働集約的成長を大きく支えたとし、高度経済成長と社会保障の両立にこそ（ラテンアメリカとは対照的な）東アジアの特質が見られると論じている（Frederic C. Deyo (2000) "The Political Economy of Social Policy Formation : East Asia's Newly Industrialized Countries" in, Richard P. Appelbaum & Jeffrey Henderson (eds.), States and Development in the Asia Pacific Rim Sage, ch.11, Ian Holliday (2000) "Productivist Welfare Capitalism：Social Policy in East Asia", Political Studies, Vol. 48, No. 4, pp. 706-723)。「社会保障の整備」の内容をどう把握するかによって、その開始の時期についての認識が異なってくるということだが、本文ですぐ後に記述されるように、社会保障制度の立ち上げ自体は比較的早い時期に見られたものの、国民全般を対象とする制度の整備は、やはり一九八〇年代後半以降に着手されたと言える。なお、アジアよりもラテンアメリカで社会保障が先んじて整備されてきた背景を分析したMesa-Lagoは、ラテンアメリカに社会保障整備の上で有利にはたらいてきた条件として、人口の規模が小さく密度も低い、都市化が進んでいる、GDPに占める農業部門の比重が低い、医療施設・人材が整っている、識字率が高い、等々をあげている（Carmelo Mesa-Lago (1992) "Comparative Analysis of Asia and Latin American Social Security Systems" in, I.P. Getubig & Sonke Schmidt (eds.) Rethinking Social Security APDC, ch. 4)。ラテンアメリカにおけるSSNの現状と課題については、さらにIDB [Inter-American Development Bank] (2000), Social Protection for Equity and Growthが包括的で参考になる。

（4） このような適用対象の拡大は、段階的になされた。まず、一九九八年一月の時点で従業員数一〇名以上の事業体にまで拡大され、この二ヵ月には従業員数五名以上の事業体までが対象範囲に含められた。そして、本文でも述べられているように、同年一〇月には、あらゆる事業体の従業員（もっとも日雇い従業員は除く）が失業手当の対象とされた。この間、失業手当の規模や支給期間についても拡充が進められたが、その詳細と分析については、Dong-myeon Shin (2000) "Financial Crisis and Social Security：The Paradox of South Korea" International Social Security Review, Vol. 53, No. 3, pp. 83-107やHuck-ju Kwon (2001) "Globalization, Unemployment and Policy Responses in Korea", Global Social Policy, Vol. 1, No. 2, pp. 213-234が参考になる。

（5） 表1には、すべての東アジア諸国が網羅されていないが、この点は、総理府社会保障制度審議会事務局（編）（二〇〇〇）『社会保障統計年報（平成一一年度版）』四二四頁によって確認できる。

（6） 韓国についてのこのような側面については、Huck-ju Kwon (1999), The Welfare State in Korea：The Politics of Legitimization Macmillanを、また、台湾に関しては、Yuen-wen Ku (1997), Welfare Capitalism in Taiwan：State, Economy and

Social Policy 1895–1990 Macmillan をそれぞれ参照。

（7）　一九六一年にスタートした年金制度は公務員のみを対象とするものであり、この二年後には、軍人を対象とした年金制度が創設された。国民全体を対象とした年金制度はようやく一九八八年に整備されている。

（8）　K. Subbarao et al. (1997), Safety Net Programs and Poverty Reduction World Bank, ch. 1 は、この点に関する包括的サーベイを行っており、参考になる。さらに、Ian Gough (2000), "Welfare Regimes in East Asia and Europe", paper presented at Annual World Bank Conference on Development Economics, Europe 2000 も参照。

（9）　Srawooth Paitoonpong et al. (2000), Social Impacts of the Asian Economic Crisis in Thailand, Indonesia, Malaysia and the Philippines, TDRI [Thailand Development Research Institute], p. 86. なお、タイにおいて、公的社会保障よりも伝統的組織・制度によるＳＳＮの方が大きな役割を果たしてきた実態については、Napat Sirisambhand (1996), Social Security for Women in the Informal Sector in Thailand, FES [Friedrich Ebert Stiftung] Bangkok Office. で行われている事例研究が参考になる。

（10）　NSO [National Statistical Office] (2000), A Study on the Impacts of the Economic Crisis on Households 1999 NSO, p. 12 および Tables 5.1, 5.2, 5.3.

（11）　Ibid., p. 11.

（12）　Paitoonpong et al., op. cit., pp. 159-161.

（13）　UNSFIR (1999), The Social Implications of the Indonesian Economic Crisis : Perseptions and Policy UNSFIR, p. 89.

（14）　Paitoonpong et al., op. cit., pp. 157-158.

（15）　Aris Ananta & Reza Siregar (1999), "Social Safety Net Policies in Indonesia", ASEAN Economic Bulletin, Vol. 16, No. 3, pp. 344-359. なお、四つの柱とは、熟練失業問題解決プログラム、危機の影響・雇用問題解決プログラム、労働集約的公共事業プログラム、労働集約的林業プログラムであり、最初の二つはマンパワー省、三つ目は公共事業省、最後のものは林業省によってそれぞれ担当・実施されてきた。

（16） Roger Goodman et al. (eds.) (1999) The East Asian Welfare Model: Welfare Orientalism and the State Routledge, Huck-ju Kwon (1999) "East Asian Welfare States in Transition" IDS–Bulletin, Vol. 30, No. 4, pp. 82-93. これらによれば、福祉オリエンタリズムの特徴は、①社会保障・福祉サービスの供与とそのための資金調達はコミュニティや家族、さらには企業などに大きく依存する一方で、中央政府はそれらのエージェンシーを制御する立場にある、②このような特性の故に、社会保障・福祉制度は統合的ではなく分断的である、③分断的であることが背景となって、社会保障には再分配機能を期待し難い、さらには④社会横断的な勢力の結集が妨げられ、社会保障・福祉制度をめぐる政治は保守的政治勢力によって主導されがちである、⑤それ故、社会保障・福祉プログラムは「上から」導入されることが多く、民衆の需要が踏まえられることは少ない、などであるという。もっとも、こうした福祉オリエンタリズム論が念頭に置いているのは、日本、韓国、台湾、香港、そしてシンガポールの事例であり、しかも儒教的家族主義との関係性が踏まえられている。本論で考察しているタイやインドネシアは含まれていないという訳だが、しかし、儒教が支配的ではないにせよ、家族やコミュニティなどの伝統的な非政府組織が社会的保護の上で極めて重要な役割を果たしてきたという意味では、これらの東南アジア諸国を含めて福祉オリエンタリズムとしても問題はないと考える。ちなみに、東北アジアの社会福祉と東南アジアのそれを別々に分析したGoughによれば、形成過程にこそ違いが見られるものの実態には殆ど差がなく、欧米と比較する上では両地域を一緒にして東アジアとしても問題がない、としている（Ian Gough, op. cit.）。もっとも、その一方で、福祉オリエンタリズム論は、（東）アジアにおける社会保障・福祉制度の多様性を軽視しており、もっと綿密なタイプ分けが必要だとの批判がある（代表的なものとして、Ian Holliday, op. cit. を参照）。

（17） これらの他に指摘し得る福祉オリエンタリズムの問題点としては、（注（16）でふれた再分配機能の弱さを背景にして）既存の社会的経済的格差を固定化する可能性がある点、また、既存の家族制度を前提にする限り、家族の中で構成員に対してケアを施すのは女性でありがちなので、女性に対して大きな負担を強いることになるというジェンダーに関わる点がある（Roger Goodman et al. (eds.), op. cit., pp. 17-18）。なお、このジェンダー関連の問題点については、Bina Agarwal (1991), "Social Security and the Family: Coping with Seasonality and Calamity in Rural India", in, Ehtisham Ahmad et al.

(eds.) Social Security in Developing Countries, Clarendon Press, ch. 5でも詳細な分析がなされており、参考になる。

(18) 社会保障のタイプ分けとしては、Esping-Andersenによる三類型（Gosta Esping-Andersen (1990), The Three Worlds of Welfare Capitalism, Polity Press）などがよく知られているが、きわめて大雑把には、制度的なもの（イギリスなどのケース）と残余的なもの（アメリカが典型的ケース）に区分できよう（この分類については、R. Pinker (1971), Social Theory and Social Policy Heineman, Educational Books を参照）。ここで念頭にあるのは主に前者であるが、後者の場合にも、国家による社会保障が前提となっていて、それを補完する形で非政府の組織（ヴォランティア団体など）によるSSNがはりめぐらされているという意味では、国家による社会保障制度を否定的にとらえてのものでないことは明らかである。

(19) 例えば、イギリスでの救貧思想の基底には、貧民が経済社会の発展の足かせになっているので、そうならないように隔離した上でトレーニングを施すという考え方があった。SSNについては、市場の機能不全によって発生する社会問題への対応という側面が一般的には指摘されるが、しかし同時に、それによって市場機能をスムーズにするという側面（市場補完機能とでも呼ぶべきもの）があることも否定できない。この点に関連しては、金子勝（一九九九）『セーフティーネットの政治経済学』筑摩書房、特に第三章、および橘木俊詔（二〇〇〇）『セーフティ・ネットの経済学』日本経済新聞社、第一章が参考になる。

(20) ワークフェア・プログラムが貧困緩和・解消にとって含意するところについては、Timothy Besley & Stephen Coate (1992), "Workfare vs.Welfare : Incentive Arguments for Work Requirements in Poverty Alleviation Programs", American Economic Review, Vol.82, No.1, pp. 249-261, Pranab Bardhan & Christopher Udry (1999), Development Microeconomics, Oxford University Press, ch.11, Martin Ravallion (1999), Appraising Workfare Programs, Inter-American Development Bank を参照。なお、ワークフェア論に対しては、失業者による非効率的・非生産的所得維持活動に批判的な観点からの立論である、社会的排除に対する「一方的な」アプローチであって社会的統合に向けた動きにはなっていない、かつてのワークハウスと同様の「社会的統制の抑圧的な手段」でしかなく市民権の確立には結びつかない、などといった批判も提起されている (Sandro Cattacin et al. (1999) "Workfare, Citizenship and Social Exclusion", in Jet Bussemaker (ed.), Citizenship and Welfare

State Reform in Europe Routledge, ch. 4)。

（21） 以上のデータは、ILO (2000), World Labour Report 2000 ILO, Statistical Annex, Table 7 による。

（22） ここでの「保護的（protective）」および「促進的（promotive）」の概念は、Jean Dréze & Amartya Sen (1991), "Public Action for Social Security: Foundations and Strategy", in, Ehtisham Ahmad et al. (eds.), op. cit., ch. 1 に負っている。

（23） この論点を含めインフォーマル部門を対象にした社会保障のあり方については、フォーマル部門を対象とする公的社会保障の制度的拡張によっては、インフォーマル部門における社会保障の整備という課題には対応し切れないとし、当事者自身による保険スキーム等の制度立ち上げを視野に収めた Wouter van Ginneken (1999), "Social Security for the Informal Sector: A New Challenge for the Developing Nations", International Social Security Review, Vol. 52, No. 1, pp. 49-69 が示唆に富む。他には、Roger Beattie (2000), "Social Protection for All: But How?", International Labour Review, Vol. 139, No. 2, pp. 129-148 や ESCAP (2000), Economic and Social Survey of Asia and the Pacific, ESCAP, ch. 3 を参照。

（24） 以上のタイ政府の対応とその問題点については、Thailand Development Research Institute [TDRI] (2000), Social Impact Assessment: Synthesis Report, TDRI を参照。なお、総労働人口に対する外国人労働者数の比率は、一九九六年時点で、シンガポール二五・〇%、マレーシア一九・七%、香港一〇・〇%、タイ三・八%、台湾三・〇%、韓国一・〇%などとなっており、アジア危機を契機に、労働許可の取り消しや本国送還などがこれらの国・地域では相次いで実施された。その詳細については、Md. Mizanur Rahman (1999), "The Asian Economic Crisis and Bangladesh Workers in Singapore [Working Paper No. 147], Dept. of Sociology/National University of Singapore や Asia and Pacific Migration Journal, Vol. 7, Nos. 2-3 (1998) [Special Issue on "The Impact of the Crisis on Migration in Asia"] を参照。

（25） 周知の通り、移民労働者の扱いについては「均等待遇」とすべきことが、ＩＬＯによる一連の国際条約（第一九号、第九七号、第一一八号、第一四三号）によって定められてきた。また、一五七号条約（一九八二年）では、労働者とその家族は居住地の如何に拘らず社会保障九部門に対する権利を保全することができる、とされている。一方、一九九〇年には、国連で「あらゆる移民労働者とその家族の権利保護に関する条約」が採択されている。しかしながら、これらはいずれも、批准国数が不足していて発効していないか、あるいは発効していても実効性を伴っていないというのが実情である。

（26） 例えば、A. de Swann (ed.)(1994), Social Policy beyond Borders, Amsterdam University Press や Bob Deacon et al. (1997), Global Social Policy Sage, Bob Deacon (2000), Globalization and Social Policy UNRISD, Amartya Sen (2000), "Work and Rights", International Labour Review, Vol. 139, No. 2, pp. 119-128, Nicola Yeates (2001), Globalization and Social Policy Sage, 岡伸一（二〇〇〇）「『国際社会保障論』の構築」『週刊社会保障』第二〇九七号二四〜二七頁などを参照。

（27） Andrea Cornwell & John Gaventa (2000), "From Users and Choosers to Makers and Shapers : Repositioning Participation in Social Policy", IDS–Bulletin, Vol. 31, No. 4, pp. 50-62.

（28） 個人の社会保障上のニーズを出発点として、社会保障・福祉の構成（ミックス）、ポートフォリオを考えようとする研究がしばしば見受けられるが（世界銀行で進められているSRM [Social Risk Management] に関する研究はその典型と考えられる）、それらの最大の難点は、個々人が社会的存在であるということが考慮されていない、別言すれば、各人にとっての構成（ミックス）やポートフォリオがどのような社会的枠組みによって可能になるのかという問題が軽視されているという点にある。

（29） 足立正樹（二〇〇〇）「社会保障における国際比較研究の意義と課題」『海外社会保障研究』第一三〇号、三〜一〇頁での「……まず個人的自己責任の原理（個人主義）が破綻してその修正が必要になり、次いで国家による全面的保障の原理（単一モデル型アプローチ）が維持できなくなったところで、社会の存続のために何らかの中間的な組織による共助の原理を持ち込まなければならなくなっている……近代という時代が個の解放を根底におきながら、社会観としての個人主義と全体主義のいずれかに極端に傾くことを特徴としていたとすれば、ここには明らかに近代とは異質の原理が芽生えつつあるということができるだろう。」（七頁）との指摘は、以上と同趣旨のものと了解できよう。

【付記】本稿は、もともと愛知大学経済学会の『経済論集』第一五四号に掲載されて拙稿「危機後東アジアにおける社会保障」にほぼ全面的に依拠している。

第五章　キャッチアップ型工業化の限界
――グローバル商品連鎖の視点から

原田太津男

はじめに

本稿は、グローバル商品連鎖（Global Commodity Chains：GCCs）アプローチにもとづいて、北東アジアの新興工業化地域（ＮＩＥｓ）と（シンガポールをのぞく）ＡＳＥＡＮとの工業化の経験を比較しつつ、東アジアにおける工業化過程を考察する試みである。[1]ここでの焦点は企業の生産ネットワークと市場構造の考察にあるが、なかでもＯＥＭ（Original Equipment Manufacturing：相手先ブランド生産）、ＯＤＭ（Original Design Manufacturing：自社デザイン生産）、ＯＢＭ（Original Brandname Manufacturing：自社ブランド生産）に注目してみたい。通例、これらについては技術移転のメカニズムとしてのみ論じられがちだが、本稿では、むしろ企業の生産ネットワークのどこに企業活動が位置するか、という観点から論じられることになる。

さて、この工業化過程は、通説では、諸国民経済の「キャッチングアップ（追跡）」過程として理解されている。諸国の経済発展パターンは、同質的な発展軌道に従い、「雁行形態」の編成をとって後続国が先行する諸国の開発経験を模倣していくものである（あるいは、そうなるのが望ましい）、とされている（Bernard 1995a：171）。

しかしながら、われわれはこの単純で非歴史的な歴史観を超える必要がある。それにはまず、静態的な比較優位の自動的なシフトというよりは、むしろ多様で複雑な歴史的背景のもとにおける企業群の（シュムペーター的な用語法による）イノベーションを通じた戦略的な「競争優位」、あるいは「絶対優位」の継続的な獲得（創出）と廃棄として、この「キャッチングアップ」過程を理解しなければならない。さらに、その過程が、企業の生産ネットワークを基本的な単位として実現されるという認識が決定的に重要である。

本稿は、三節構成をとる。第一節は、理論的概観である。新古典派経済学、シュムペーター、そしてネオ・シュムペータリアンの議論を整理した後、グローバル商品連鎖アプローチについて説明を加える。ここで重要な係争点となるのは、比較優位か絶対優位（競争優位）か、価格競争力か構造的競争力か、ＧＣＣｓにおけるイノベーションとは何か、といった論点である。

第二節では、とくに韓国半導体産業ならびに台湾コンピューター産業によって採用された、ＯＥＭ、ＯＤＭ、ＯＢＭ戦略に焦点を当てる。韓国ではチェボル（chaebol：財閥）、台湾では中小企業というように、依拠している支配的な産業組織形態がどれほど異なるにせよ、かれらは、イノベーションとマーケティングにたいする十分な力をもてないまま、再三再四、高い市場参入障壁にぶつかってきた。こうした難点を克服するために、両国がとった戦略が、ＯＥＭベースの輸出向け生産であった。近年では、世界市場において自社ブランド製品を手がけることができるようになったものの、それを維持・発展させること、ならびに他の途上国がこの段階に参入することがきわめて困難であることが指摘される。

それでは、ＡＳＥＡＮはアジアＮＩＥｓと同じ道をたどるだろうか？　この問いにたいするわれわれの答えは、第三節で明らかにされる。短期間のうちに、一次産品の輸出からハイテク製品の輸出に一足飛び（leap-frogging）することは、アジアＮＩＥｓ以上にＡＳＥＡＮにとってより困難な課題となろう。マクロ経済統計によれば、ＡＳＥＡＮの輸出品目は急激に高度化しているように見えるが、これは米系・日系、さらには華人系企業によって構築された地域的分業への包摂の結果にすぎない。これを国民経済のダイナミクスとそれを生み出す国家・国民的努力に還元することは、一種の二分法的思考（国内・国外）に依拠するかぎりで有効であるにすぎない。われわれに要求されているのは、企業生産ネットワークのダイナミクスと東アジアの政治経済環境の変動を二重に把握することなのである。

最後に、以上の節で論じた諸点をとりまとめ、将来にありうべき政策的方向を指摘しよう。一九九七―九八年のアジア通貨危機以降、東アジア地域は、社会・経済的な苦境に陥って苦しんでいる。諸政府がＩＭＦから受けたアドバイスといえば、輸出を振興し外貨獲得に血道を上げよ、というものであった。しかし、これが健全な経済開発の正しい政策的なガイドラインとなるのだろうか？　各国の努力にもかかわらず、ＡＳＥＡＮ地域には国内企業間の結びつきがしっかりと根付いていないがゆえに、本来ならば、それを基盤として達成されるかもしれない、国民的キャッチングアップが生じる見通しが暗いのである。

第一節　グローバル商品連鎖論――シュムペーターを超えて

(1) シュムペーターあるいはネオ・シュムペータリアンの意義と限界

伝統的な貿易論における価格競争力と比較優位に代えて、ＯＥＣＤが提唱し、重視しているのは、「構造的競争力」と「絶対優位」の二つの概念である(2)。

前者の考え方にたてば、企業の競争力は、明らかに企業家や経営陣の成功したマネジメントの実践から生じる一方で、国民経済の生産構造、技術的インフラストラクチュア、そして「外部性」を決定する他の要因の強さや効率性から生じるものとみなされる。ここでいう外部性決定要因とは、企業が依拠している、経済的・社会的ならびに制度的枠組みや現象のことであるが、実質的には、これが国内企業の生産的・競争的な傾向を促進したり、阻止したりする背景にある (STI Review 1986: 86, 87)。

後者によれば、「開発のどの時点・局面においても、貿易のいくらかの部分（しばしばかなりの部分）が比較優位というよりは絶対優位に依拠してなされており、その結果、貿易構造ならびに貿易相手との財の交換パターンの双方における二重のアシンメトリーが生まれるような、国際貿易のシステムが存在している」ことになる (*ibid*., 101)。とりわけ技術移転についていえば、イノベーション能力にかんする先進国と途上国間における絶対的格差が最も決定的な要因の一つである。ここでいうイノベーションとは、狭義のそれではなく、先駆者Ｊ・

A・シュムペーターの用法に従うものである。

周知のように、その記念碑的な著作『経済発展の理論』(一九一二年)において、経済発展というダイナミックな歴史的過程にたいする深い洞察を加えたのは、先駆者シュムペーターであった。経済学説史にたいするかれのすばらしい貢献は、そういった過程のもつ対象と担い手を問うた方法にある。カントナーとハーヌッシュ(一九九四)は、この点を以下のように簡潔に説明している。

シュムペーターの変化という概念の対象は、イノベーションであり、開発の始動者は、イノベーションを提供する企業者である。イノベーションは、新結合の成功として定義される。この定義でシュムペーターが包含しようとしたのは、次の五つのケースであった。つまり、新製品あるいは新たな品質を備えた製品(プロダクト・イノベーション)、新たな製造過程(プロセス・イノベーション)、新市場へのアクセス、原材料や半製品の新源泉の開発、そして新しい組織構造の実現である(Cantner and Hanusch 1994:274-5)。

われわれのイノベーション理解はシュムペーターに依拠するものである。この広義のイノベーション理解にたてば、後にみるように、技術移転の本質を「新結合」同士の相互作用過程として検討していくことが可能となる。残る課題は、「誰が担い手なのか」という主体問題である。

開発過程を促進する主体にかんして、シュムペーターが主張しているのは、それは、つねに、想像力、創造性、そして他人にたいする権力欲といった特質を備えたリーダーである、ということである。循環的なフローを打破し、何か新しいことを実現しようという企業者の動機づけは、(一時的な)利潤やイノベーション

> から生まれる疑似レントによって、規定されている。かれの行動は創造的だがリスクに富んだものである。このようにして新しいものが生み出され、古いものは破壊される。シュムペーターの企業者とは、かくして、創造的破壊の過程に深く関与しているものなのである（*ibid.*, 274–5）。

シュムペーターのいう「創造的破壊」とは、かれのもっとも有名な用語の一つである。一個人としての企業者というかれの描写は、一組織として、さらには企業組織のネットワークとして拡張した場合に、東アジアの発展を理解するのに有益となるように思われる。

しかしながら、いわゆる「シュムペーター・マークⅠ・Ⅱ」問題（Malerba and Orsenigo 1995：47）[3]における理論的な矛盾にくわえて、シュムペーターの研究だけでは、現代のイノベーションと技術移転の本質を説明するのに十分ではない。

フリーマンがいうとおり、

> かれは経済統計をほとんど活用せず、かれ自身が強調しようと砕身したことだが、かれはただ主要な問題のいくつかを明らかにする最初の試みをおこなったにすぎない。かれは周辺部地域、つまり現在でなら「第三世界」と呼ばれる地域にほとんど関心を示さなかった。たしかに技術競争の役割を強調したけれども、かれは実際のところは自分の分析を国際貿易や技術の国際的普及の事例に拡張しなかった。かれはけっして自分のモデルを定式化しなかった。もしそれがあれば、自分の理論の豊穣さを増すことが十分できたであろうが、かれの仮説の一貫性や諸結果を吟味することはなかった。さらに、産業、技術、そして科学にたいする政府の政策、あるいは大学、政府機関、産業間の研究開発の関係についてほとんど何も触れなかった。最後

に、より理論的な根拠に基づいて言えば、イノベーション、経済ダイナミクス、そして技術進歩の部分的な独占的占有にかんする見解と、均衡が依然としてワルラス的な用語法で定義されうるという他の見解にみられる矛盾をかれのなかで解消させるのは困難である（Freeman 1988：5–6）。(4)

こうした限界を超える一つの理論的な方向性は、ネオ・シュムペータリアン（あるいは進化経済学）のアプローチに見いだせる。

「いったん利用可能になれば自由に移転可能になる」分離可能な知識として技術を取り扱う新古典派を批判し、ネオ・シュムペータリアンは、技術進歩の累積的過程は「歴史が重要だ」という意味において、進化的なものであると主張する。つまり、技術変化のペース、一般的な方向性、特殊な分化状態、イノベーションの探索過程が指導される様式、多様な知識ベースとの結合の強さ、支援し内在する制度、そしてイノベーションからえられる利益が利用されうる度合いに、技術進歩の過程は依拠しているのである（James 1994：318–9）。

かれらは、むしろ、国際貿易の量とパターンが、リカード的な比較優位とならんで、技術に決定される競争力の絶対的相違の双方に依存していると強く主張している。ネオ・シュムペータリアンの立場は、戦略的通商政策の発想を包摂しているが、さらにこれを超えでて、経済的インセンティブの改善、教育改革、そして基礎的なR&Dにたいする公的支援を推奨するのである（James 1994：319）。

言い換えれば、ネオ・シュムペータリアンは、フリードリッヒ・リストを始祖とする「イノベーションの国民的体系（National System of Innovation/National Innovation System：NIS）」に深い関心を寄せている（Freeman and Soete 1997：295）。フリーマンの定義によると、イノベーションの国民的体系とは「公的ならびに民間部門における制度のネットワークを指し、その活動や相互作用が新技術を創始し、輸入し、部分修正し、そして普及するものである」（Freeman 1987, ただしMckelvey 1994からの再引用）。

たしかに初期局面での東アジアの工業化は技術的なキャッチアップのための国際援助と並んで、国家的政策の援助に支えられた。大部分の政府は、自由輸出並びに貿易区（FEZ/FTZ）といった、外国企業の投資に好適な環境を確立するために、また、国立の先端部門研究開発センターを建設するために、多大な努力を積み重ねてきた。言うまでもなく、政府支援がなければ、こうした国ぐには、高い経済成長を達成することはできなかった。

ネオ・シュムペータリアンのアプローチは、企業行動の本質、公的・民間部門の役割、そしてそれらの相互作用の様式、経済発展の経路依存的な過程などについて、新鮮で豊かな考察を多面的に加えた。しかし、イノベーションの国民的体系といったタイプの理論的枠組みは、技術的なキャッチアップ過程を「国民国家同士の競争」に還元して捉えがちである。より端的に言って、「製品と国民経済双方の興亡が緊密に結びついた過程として」政治経済を理解する傾向にある（Bernard and Ravenhill 1995a : 184）[5]。

（2） グローバル商品連鎖（Global Commodity Chains：ＧＣＣｓ）アプローチ

われわれは、東アジアの経験にイノベーションの国民的体系が存在しない、と考えているのではなく、そうした「方法論的ナショナリズム」[6]に影響された立場からは、たとえば、国民的体系と地域的な政治経済の関係、あるいは企業ネットワーク間の複雑な相互作用を完全に説明しきれない、と考えている。一製品の生産が一国内で完結しない現実があるにもかかわらず、そしてまた、狭義の生産過程そのものだけが経済余剰の源泉でないにもかかわらず、一製品の生産と一国経済の動向を一致するものとして考えることができるのか、まずは問われなければならないだろう。

こうした考察を加えるにあたって、本稿でわれわれが注目するのは、ゲレフィのグローバル商品連鎖（ＧＣＣ

表1　主要な第三世界地域がグローバル経済において果たした輸出上の役割（1965—95年）

	一次産品輸　出	輸出加工組み立て	部品供給下請け	相手先ブランド供給（OEM）	自社デザイン　生　産（ODM）	自社ブランド名生産（OBM）
北東アジア	X	X	X	X	X	X
東南アジア	X	X	X			
ラテンアメリカとカリブ海諸国	X	X	X			
南アジア	X	X				
北アフリカ	X	X				
サハラ以南アフリカ	X					
中東	X					

出所：Gereffi 1997 に筆者が加筆修正。

s）アプローチである。

この商品連鎖という一種独特な概念は、もともとはホプキンスとウォーラーステインが生み出したものである。オリジナルの定義は、「最終的に、完成製品にいたる労働と生産過程のネットワーク」（Hopkins and Wallerstein 1986：156）というものであったが、この定義からもわかるように、マルクス主義的な生産的分業への偏向が否めず、またその生産観もかなり抽象的な分析にとどまり、肝心要の市場分析が不完全（モノと労働からなる世界市場?）という難点を抱えていた。ゲレフィは、「今日NICsが支配的な地位を占めるような輸出志向製造業にとっての商品連鎖はたいへん複雑であるから、われわれは、ホプキンスとウォーラーステインによって提唱されたモデルを拡張する必要がある」と考えて、モデルの拡張と精緻化に乗り出したのである。(7)

かれの商品連鎖の「拡張モデル」、つまりグローバル商品連鎖論においては、まず、アジアNIEsの生産と輸出の間の連関を説明するために、商品連鎖の生産段階から販売に至る後方ならびに前方連関が重視され、四つの主要部門が区別された。(a)原料供給、(b)生産、(c)輸出、(d)マーケティングと小売部門というこの区分は、もし経済余剰（あるいは付加価値）がグローバル経済のもとでどこに集中しているのかを突き止めようとする試みにとって、重大な意義をもつ。一般的に言って、中心国における販売者・小売業者に生じる経済余剰は、国内よりむしろ海外で生産が行われる場合、はるかに大きいものとなる（Gereffi 1994：45–6）。

かれは貿易の連鎖を、(a)一次産品輸出、(b)輸出加工組み立て、(c)部品供給下請け、(d)相手先ブランド生産（OEM）、(e)自社デザイン生産（ODM）、(f)自社ブランド生産（OBM）という、六つの輸出の役割・段階として整理した（表1をみよ）。OEMのもとで、多国籍企業は後発企業の生産した製品を大量に購入した。そして有名な海外ブランド名のもとで製品を売ることが可能となり、後発企業はマーケティングと販売に多額の投資をしなくてもよくなった。むろん、あらゆる後発企業がアジアNIEsと同じく高度な輸出能力を備える段階に達することができるわけではない（Gereffi 1994：55–6；Hobday 1996：192）。

さらに、かれがGCCsのガバナンスに即した理念型として導入したのが、「生産者主導型商品連鎖（Producer-driven Commodity Chains：PDCCs）」と「買い手主導型商品連鎖（Buyer-driven Commodity Chains：BDCCs）」の区別である。両者は、国際資本の古典的な三概念（産業資本・商業資本・金融資本）で問題となる担い手にもとづく、部門別の特徴によって分類されている。PDCCsは、（後方ならびに前方連関を含む）生産ネットワークの統合を図るさいに、巨大な、たいていは超国籍的なメーカーが中心的な役割を果たすような連鎖である。これは、自動車、飛行機、コンピューター、半導体、そして重機といったような資本集約的または技術集約的産業の特徴である。

他方、BDCCsは、「巨大小売業者、デザイン業者、貿易業者が、さまざまな輸出国、とりわけ第三世界に位置する、分散化した生産ネットワークを確立するにあたって、中軸的な役割を果たす産業にみられる。貿易主導型工業化のこのパターンは、織物、靴、玩具、生活日用品、消費者向け電化製品、いろいろな工芸品のような、労働集約的な消費財生産産業に共通の特徴である」（Gereffi 1997：52–3）。

この区別は、実際のところ、東アジアにおける輸出主導型経済発展の過程においては、重なり合い、時には対立しあうネットワークとして現れる。「生産者主導型ならびに買い手主導型商品連鎖は、アジアの地域分業の各層で共存していた。その地域のあらゆる国々が輸出志向型戦略を追求してきたが、そこに含まれるタイミング、製品、その結びつき方は、地域によって異なっていた」(Gereffi 1996：88)。

たとえば、日本はまず、ＢＤＣＣｓ（アパレルや靴など）において、一九五〇―六〇年代にアメリカ向けの輸出基地の役割を果たすところから始まり、一九七〇年代にはＰＤＤＣｓ（自動車、電気機器、コンピューターなど）に転換した。そして総合商社などを利用してアジアＮＩＥｓに移管しつつ、日系多国籍企業は、東南アジアにＰＤＤＣｓを導入し維持するさいの主要な担い手となった。アジアＮＩＥｓの場合、一九六〇―七〇年代に欧米系企業によるＢＤＣＣｓにおいて輸出基地の役割を果たしつつ、ＢＤＤＣｓにおけるＯＥＭに移行した。後述するとおり、その際、多国籍企業ではなく自国所有企業が輸出の担い手と中心となった点が、東南アジアとの相違であった。七〇年代から八〇年代初頭にかけて、電子機器と自動車の分野でＰＤＤＣｓにおける輸出基地の役割を果たしたのが、東南アジアである。それは、日米欧の多国籍企業を原動力として進展した。これに対し、通貨の切り上げ、賃金の高騰などによってコスト優位という競争力を喪失しつつあったＮＩＥｓからのＢＤＤＣｓの移転が、ＡＳＥＡＮにおける八〇年代後半からの特徴である（*do.*）。(8)

続く二つの節では、このゲレフィの提唱したアプローチを念頭に置きながら、技術移転と技術の高度化による、ＮＩＥｓとＡＳＥＡＮ諸国の輸出志向工業化にかんする歴史的経験を比較していこう。

第二節　ＯＥＭからＯＢＭへの技術的イノベーション――韓国と台湾

（1）市場参入障壁と技術移転問題

ホブディによれば、技術移転には一〇のメカニズムが存在するという。①直接投資（ＦＤＩ）、②合弁事業、③ライセンス供与、④相手先ブランド生産（ＯＥＭ）、⑤自社ブランド生産（ＯＢＭ）、⑥下請け、⑦国内外の買い付け業者、⑧インフォーマルな手段（海外での研修、雇用、退職）、⑨海外での取得と証券投資、⑩戦略的技術提携である。場合によっては、こうした形態は、表2で示したように、相互作用する場合もある（Hobday 1995：35）。

東アジアの文脈では、平川が指摘したとおり、東アジアの経済発展と技術発展には二つの注目すべき点がある。一つ目は、生産と輸出の間に必ず見られる時間的ずれがほとんどない、という点である。二つ目は、アジアＮＩＥｓにおいて先端技術の分野でさえ有力な現地の地場企業や財閥の急速な成長が達成されていることである。かれは、この同時達成の主要な側面として、国際下請けとＯＥＭ／ＯＤＭに注目している（平川 1998：93 頁）。

ホブディは、輸出市場でキャッチアップし、競争するためには、東アジアの企業は二つの極端な後発企業の障害を克服しなければならない、という。第一に、イノベーション、研究開発の国際的な中心地からかけ離れているという障害を乗り越えなければならない。第二に、先進市場、ならびにイノベーションに必要な消費者・生産者の結びつきからの距離を克服しなければならない。簡単に言えば、かれらは研究開発とマーケティングの能力

表2　後発企業の移行：OEM、ODM そして OBM(a)へ

	技術の移行	市場の移行
OEM	標準財・単純財の組み立ての学習	海外の多国籍企業／買い付け業者パッケージし、ブランド名をつけ、配給する
ODM	地場産業がデザイン 製品イノベーション技術の学習	多国籍企業が購入し、ブランド名をつけ、配給する
OBM	地場企業が複雑な製品をデザインし、かつ R&D を実施	多国籍企業が PPVA(b) 地場企業が配給を組織し、自社ブランド名をつけ、PPVA(c)を獲得

注：(a). エレクトロニクス製品、および靴や自転車のようなその他急速に成長する輸出市場に適応する、また台湾はもちろん他のドラゴン（NIEs）諸国にも適用する。
(b). 生産後の付加価値の付与（PPVA：Post-production value-added）。
(c). 自転車では、エレクトロニクス製品とは異なり、台湾はＯＢＭに転換した。
出所：Hobday 1995 : 114. ただし、平川 1998：99頁の邦訳を参考にした。

に欠けるということである。こうした後発国の困難を克服してはじめて、企業は輸出での成功を収めることができるのである（Hobday 1995 : 187）。

とくに電子産業では、技術は継続的に変化しているが、それは、そうした技術に統合されている部品や最終製品レベルでもいえることである。不十分な技術的基盤、海外でのブランド認知度の低さ、国際的なマーケティングの経験不足などを背景に、上記の克服目標は、他の産業以上に達成困難となるし、かくして、東アジア企業に別のやり方をとる余地がなくなっていくのである。プロセスならびに製品技術と海外市場へのアクセスの双方を獲得する最良の方法は、多くは合弁事業の形態をとるか、ＯＥＭであると言われている（Bloom 1993 : 120）。

さらに重要なことに、技術的・市場的能力を習得するための経路は、往々にして、ＯＥＭ／ＯＤＭのシステムしか存在しなかった。主要顧客への生産能力の売り上げを増やすために、合弁事業での生産計画は実行されたが、その結果、後発企業が学習費用を顧客と分担することができた。三〇年以上もの間、海外に輸出し、国際市場の動向に注意を怠らず、技術にたいする地場企業の投資を指導するための多様な制度的メカニズムを、後発企業は開発・利用してきた。電子、半導体、あるいはコンピューターといったハイテク産業においては、ＯＥＭほ

ど重要なものは他になかった（Hobday 1995：192）。

（2） 韓国電子産業の事例

(1) 技術力の急速な獲得を可能にした一般的な条件

キムによると、初期局面において韓国の技術進歩を促進した九つのマクロ的・一般的諸要因があったという。①人的資源開発、②長時間労働をいとわない勤労態度、③直接投資や外国からのランセンシング獲得より、むしろターンキー方式の工場あるいは資本財輸入を通じた技術移転（のちにこれが韓国企業のリバースエンジニアリングを通じた技術習得の主要な源泉となった）、④厳格な製品仕様を何とか満たすよう強制することによって、多数の部門の生産者に支持された学習機会を提供した米軍への物資調達計画、⑤韓国軍向け生産に対する民間部門の高い依存、⑥輸出代替や輸入代替向けに、韓国政府がいわゆる「戦略的」産業を指示したこと、⑦大企業あるいはチェボルが成熟技術における規模の経済を達成し、また、これらの「戦略的産業」を発展させ経済をリードするようする道具としたこと、⑧アメとムチとを使って、韓国政府が企業をコントロールしたこと、⑨一九六六年に設立された韓国科学技術省（ＫＩＳＴ）といったような科学技術のインフラが整備されたこと。これは、成熟した技術をもつ産業の開発を促進するにあたって重要な役割を果たした。その語の正確な意味における「Ｒ＆Ｄ」は成熟した技術を模倣する段階の韓国経済にとっては重要ではなかった。事実、諸産業はＲ、Ｄ、そしてＥ（Engineering）の進展順序を逆転させたのである（Kim 1993：358–364, 366）。

(2) 政治社会的環境の変化

一九八〇年代後半、韓国の経済と社会は、深刻な事態に見舞われていた。まず最初に、一九八五年、半導体メーカーは、グローバルな半導体市場における景気の波にひどく苦しんでいた。半導体装置、とくに64ｋＤＲＡＭに対する需要は、韓国メーカーが製造を始めようという矢先に、価格下落とともに落ち込んでしまった。

第二に、一九八七年初頭から、労働組合、野党、多様な宗教グループ、そして学生活動家といった、社会のあらゆる部面から、民主化と自由化を求める精力的な声があがった。多くの労働をめぐる討議が生じ、また一九八八年に韓国の賃金水準は急上昇した。これにつづいて生じたのが、高インフレだった。さらに韓国の賃金水準は、台湾よりも約三〇％割高になった。同時期に労働生産性がかなり上昇しないと、賃金上昇によって韓国の輸出競争力は明らかに削がれることになる。

第三に、一九八八年以降の国際環境は、アメリカによる互恵的貿易に対する圧力が高まったが故に、また、多くの先進国の輸入制限、そしてウォンの切り上げによって、韓国にとってかつてほど有利ではなくなった。

(3) 転換期にある韓国の消費者向け電子産業

サムソン、金星、そして他の韓国製造業に向けられた反ダンピング行動によって、カラーＴＶ、ＶＣＲｓ、電子レンジの米国市場向け輸出に対して自主規制が強いられるようになった。その状況は、産業発展の同じ行程を歩み始めた、タイ、マレーシア、その他別の国々の生産者によって悪化した（Bloom 1993：123–4）。

韓国の輸出業者に追加的な圧力をかけたのは、ＡＳＥＡＮに展開していた日系企業である。一九八五年のプラザ合意以降、激しい円高を背景に、多くの日系電子産業企業は、海外生産、とくにＡＳＥＡＮ諸国での生産に乗り出していた。これらの企業が始めたのは、海外生産基地からの輸出であったが、このことが韓国企業の競争力を著しく損ねたのであった。

こうして、韓国の消費者向け電子産業は転機にあった。研究者によっては、一九八八年には、ＯＥＭが全電子製品輸出の六〇—七〇%を占めていたと推計しているし、同様に、韓国海外貿易協会（KFTA）によって一九九三年に実施された調査では、欧州向け全輸出（非電子製品を含む）の六一%がOEMベースによるものであった。しかし、それ以降、サムソン電子や金星といった韓国電子産業企業は、市場参入問題を克服するために、海外生産の一部を（たとえば、米国、メキシコ、そして欧州に）移転した。また、コスト上昇圧力を回避するために、ASEANからの投資と事業展開を開始したのであった（*ibid.*：124）。

(4) 半導体産業の成長

このようにして、一九七〇年代以降、韓国の主導的な輸出産業であった消費者向け電子産業は、その地位を半導体あるいはIC産業に譲り、一九八五—九二年の間に、後者が主要な電子製品輸出品の首位に取って代わったのである。

この移行を主導したのは圧倒的にチェボルであった。一九七〇年代までの促進努力とはきわめて対照的なことに、一九八〇年代に政府がとった計画と政策手法は、本質的に「指示的」なものであった。要するに、そうした計画にその政策ターゲットを活発に取り込むというより、むしろ国家はただガイドラインを設定するということを意味した。しかも、こうした政策の大半は、国家によって直接にというよりむしろ民間部門によって求められたものである。多くの場合、国家はすでに実施中の民間の計画をただ是認したにすぎない（Hong 1997：99）。

サムスン、現代、そしてLGは一九八〇年代初頭から半導体生産を開始した。それらの中で技術の高度化を一歩リードしたのはサムスンである。サムスンは一九八三年後半に64kDRAMを開発し、一九九五年には256MDRAMを生産できるに至ったのである（*ibid.*：100）。

韓国企業が成功した歴史的背景として見逃せないのは、米系・日系企業ネットワークの動向であった。米系企業は一九八〇年代にＤＲＡＭ市場から徐々に撤退していたし、日系企業が米国市場において「公正市場価格」のターゲットとなっていたために、その間隙を縫う形で、韓国半導体企業は、初期において産業基盤を確立し、マーケット・シェアを確保することができたのであった。くわえて、韓国におけるＤＲＡＭの開発は、他の一般的な条件に依存していた。まず、ＤＲＡＭ産業への新規参入には、工場と装置に大規模のＲ＆Ｄと投資を必要とした。第二に、この産業においては製品のライフサイクルが極端に短いがゆえに、急速で柔軟な技術イノベーションシステムを確立し、いそいで減価償却資金を準備する必要があった。第三に、これらの状況が企業間の戦略的提携を促進した。開発途上国におけるトップ企業にとっては、広範な初期投資支出を回収する必要が大きかったそうした企業は、その製品群のすべてを生産するわけではない。これらのなかには、ＯＥＭの形態で外部調達されるものもある（Kim 1997：162–63）。

技術移転の観点からすれば、韓国半導体産業には三つの明確な特徴がある。第一に、半導体に関連した技術移転の大半は、米系企業によるものだった。次に、米国における韓国企業のＲ＆Ｄ拠点が重要な役割を果たした。最後に、技術移転は、ＯＥＭと結びついたものだった（*ibid.*：167–8）。

ＯＥＭの事例をいくつかとりあげてみよう。一九八五年には、サムスン電子はインテルとの技術移転契約を締結し、その製品はインテルにＯＥＭベースで輸出された。金星エレクトロンもまた日立と技術移転契約を締結したが、その１Ｍ（一九九八年）と４ＭＤＲＡＭ（一九九〇）生産がＯＥＭベースで日立に輸出された。現代は、ＴＩ（テキサス・インスツルメント）向けに２５６ｋＤＲＡＭのＯＥＭ生産を始めた。近年こうした企業は、もう一歩進んで、米系ならびに日系企業とＯＥＭベースの複雑な契約を取り結ぶようになった（Hong 1997：101, Kim 1997：168）。

最後に大企業の所有問題にふれておこう。韓国半導体企業は自国企業（主としてチェボル）によって所有されているのであって、かつては法規制が存在したにせよ、外国企業によって所有されているのではない。ASEAN諸国は外国企業の所有に関するいくつかの規制を撤廃しつつあるが、これについては次節で検討しよう。

(2) 台湾におけるコンピューター産業の事例

(1) 特徴

一九八〇年代後半以降の台湾のコンピューター産業の発展は、明白な特徴をいくつかもっている。

第一は、複数の企業群によるダイナミクスの存在である。この構造は、コンピュータ・ハードウェアの製品ライフ・サイクルが変わりやすく短期的であるという性質に、うまく適合していた。それに加えて、前方—後方連関の形成が発展する傾向があった。たとえば、キーボードでは、後方連関は、多くの新規のサプライヤーとともに構築された。多くの現地企業が技能習得を行った結果、今度はそれがより多くの外国のバイヤーと多国籍企業を引きつけたのである。これらのさらなる対外投資の増大を「対外連関効果」とよびうる。

この過程がつづいていく中で、前方連関それ自体によって、より多くの新規参入者がさらに大きな後方連関を形成した。前方ならびに後方連関の連続した波が、キーボード、PC、消費者向け電子製品、コンピュータ・マウス、ファックス、計算機、そして、他の製品において、最終的に産業クラスターを形作ったのである(Hobday 1996:123–5)。

次は、組み立て、製造やデザインのような技能の開発である。それは消費者向け電子製品の業務を遂行しているうちに習得された。たとえば、以前のTVまたはVTRメーカー(Tatung、SampoとTeco Electric & Machinery)が参入障壁を克服して、コンピューター製造と設計を行うことは困難ではなかった(佐藤1990:148–9頁)。

もちろん、海外の多国籍企業による生産は、台湾パソコン産業の初期の発展局面で重要な役割を演じたが、国内企業のパソコン生産は、一九九〇年までに海外子会社を上回った。長い目で見ればより重要なのは、多国籍企業による部品外注とOEMのための現地企業との契約である。一九九五年までに、台湾はコンピューター生産と輸出において世界第四位になった。台湾の会社は、モニター（世界市場の五六%）、マザーボード（同八〇%）、電源スィッチ（同三二%）、イメージ・スキャナ（同六一%）、マウス（同八〇%）とキーボード（同五二%）の生産において、世界のトップにあった。かれらは、ノート・パソコン（二八%）において第二位につけ、世界のデスクトップ・パソコンの八%を生産した。生産高がこれらの各カテゴリーでいち早く増大する一方で、労働集約型の製品については、中国と東南アジアにおけるオフショア生産がますます拡大している。これらの製品には、モニター、マザーボード、バッテリー、グラフィックス・カード、マウスとキーボードを含まれる（Kraemer et al. 1996：236）。

(2) 輸出の集中とOEMへの偏重

輸出の高い集中は、台湾のコンピューター産業のもう一つの特徴である。台湾の全ハードウェア生産の九三%は、輸出向けである。OEMにも偏重がみられるが、それは一九九一年に総パソコン生産高の三一%を占めていたのに対し、一九九二年には四六%までに増加した。一九九一年には、台湾のパソコンとモニターの輸出が四九%が、自社ブランドであり、四六%は、OEMベースで多国籍企業に輸出された。そして、残り五%は、台湾で製造している外国所有企業による売り上げであった。ここから判明するのは、どれほど台湾が多国籍企業との結びつきに依存しているか（五一%の輸出は、多国籍企業によるあるいはそれを経由したものであった）と同時に、どれほど国内企業が関与しているか（九五%の輸出品は、国内企業によって生産された）ということである。

OEM生産で果たす台湾の役割は、大きなものである。台湾企業が製造過程と製品設計技術を向上させたため

表3　コンピューター製品米系・日系ＯＥＭ購入企業と台湾供給企業（1993―95年）

OEM 購入企業	供給企業	製品
Apple	Acer Tatung	Powerbook145 Monitors
AST	Compal Compal	Monitors Notebooks
キャノン	Acer	PCs
Compudyne	Twinhead	Notebooks
DEC	Compal	Notebooks
Dell	Inventec Compal	Notebooks Notebooks
富士通	Acer	Motherboards
Hewlett Packard	Twinhead	Notebooks
日立	Acer	Monitors
IBM		Monitors Motherboards Motherboards
三菱	Acer	Notebooks
NCRFIC	Motherboards	
NEC	Elite Group Tatung GVC FIC	Motherboards Monitors Motherboards Motherboards
Packard Bell	Tatung Inventec GVC	Desktop PCs Notebooks Desktop PCs
シャープ	FIC Twinhead	Notebooks Notebooks
TI	FIC Acer	Notebooks Notebooks
Zenich	Inventec	Notebooks

出所：Hobday 1996 : 126 ; 高岡 1997 : 213 より筆者作成。

に、低賃金労働という当初の多国籍企業の進出動機は一変した。一九九〇年代初頭までに、大部分の世界の主要コンピュータ・ブランドが、台湾製品に冠せられることになったのである。台湾は主なパソコン・ブランド（たとえばアップル、コンパック、デル、ＩＢＭとパッカード・ベル）のために、かなり多額のＯＥＭ生産を行っている。これら各メジャー企業向けの生産額は、年平均約四億ドルに達する。それに加えて、台湾は、米国と同様に、欧州と日本の主要コンピューター企業を含む、グローバルなパソコン産業向けの、世界を代表するＯＥＭサプライヤーなのである（Hobday 1996 : 127 ; Kraemer et al. 1996 : 236–37）。

そして、表3が示すとおり、ＯＥＭ生産が多数の製品と会社に広がっており、ここからも、台湾のパソコン産業の広がりと深さが伺われるのである（Hobday 1995 : 127 ; Kraemer et al. 1996 : 236–7）。

(3) 世界市場における競争力の改善――ＯＥＭからＯＤＭへ

台湾メーカーは、急速に変貌を遂げつつある技術のグローバル市場環境に適合するために、機敏でなければならない。かれらは自らの製造能力を向上させた結果、パソコンと部品に新機能を追加設計することが可能となり、製品の性能向上が可能となった。台湾では、製造のコンセプトから大量生産の実現までに要する時間は、世界最短の九〇日である。台湾の製造業者は、また、海外の競争相手が製造に販売間接費用の二五―三〇％はかかるのに対して、その一〇％以下で業務を行うが、それは、一部には、台湾企業が優れた供給基盤もちながら、限られたレベルの研究開発とマーケティングしか行っていないからである。後者は、価格競争で有利に働くが、販路とＯＥＭ生産の形で外国企業にたいして依存している証拠である。

人手不足と賃金上昇の問題を解決するために、台湾メーカーはオートメーションと先進生産技術へ移行しつつある。台湾企業はまた、韓国電子産業と同様、労働集約型の製品の生産をオフショアで行おうとしている。労働コストの格差は、台湾企業が中国本土に進出する要因の一つにすぎない。むしろ注目すべきは、中国本国は、エンジニアとコンピュータ・プログラマの大きい供給源となっているという点である。オフショア生産は、一九九五年の総生産高の二四％を占めたが、一九九七年には三三％となる見通しである。このオフショアに向かう動向は、アジアの全コンピュータ・メーカーの間で起こっているものであるが、まずは、国内の労働と施設コストの上昇、世界市場におけるパソコンの価格競争に応じて生じたのであった。

台湾のコンピュータ・メーカーは、新しい競争方法を模索し続けている。三つのトレンドが、とりわけ重要に見える。それは、製品多様化、フルサービスのOEM（またはODM）、そして合併である。

台湾企業は、製品と市場において多様化している。AcerはTIとのジョイントベンチャーでDRAMSを製造し、マザーボードの業界リーダーであるFICはノートパソコンを作り、Elite Groupはスキャナと（三菱とのベンチャーで）半導体に目を向け始めた。スキャナ・メーカーであるUMAXがマックOSのライセンスをとり、マックOS搭載機市場に参入し始めた（その後、アップル社は方針転換し、他社製品にマックOSを供与しなくなったが）。他の企業は、新しい市場に進出していっている。最も顕著なのは、Acerである。世界的なマーケティング・ネットワーク（たとえば、メキシコでは首位）を発展させて、今世紀末までに、現地株式市場で二一の子会社を上場する予定である。（「21 in 21」計画）。

多数の主要日系企業が台湾での外注ならびに台湾企業とのOEM関係を進展させ始めた動向をうけて、台湾はまた、そのOEMと部品供給を多様化してきた。富士通は、一九九五年に台湾での国際的仲介事務所を設立して、一九九八年間に二〇億米ドルのハードウェアを調達する予定である。エプソン、NEC、シャープと日立は、すべて台湾企業とのOEM関係をもっている。実際、Acerが自社ブランド戦略を推進する一方で、Mitacのような他の会社はOEM生産に再度集中している。台湾企業はまた、フルサービスのOEMとODMの方へ向かっている。OEM生産は、新しいデザインをもつ台湾の会社に接近し、生産を請け負わせる米会社を巻き込んで展開した。台湾のOEMトップ企業（例えばFIC、Mitac、Acer、その他）は、現在、デザイン、販売ならびにサービスを統合する能力を拡張しつつある（Kraemer et al. 1996：237–9）。

第三節　地域生産ネットワークの出現――ＡＳＥＡＮ経済の包摂

（1）一九八五年以降の東アジアにおける政治経済環境の変貌

アジアＮＩＥｓと（シンガポールをのぞく）ＡＳＥＡＮを比較した場合、無視できないのは、新しい工業化の波が生まれつつある歴史的環境の相違（あるいはタイムラグ）である。経済自由化のイデオロギーが支配的になるにつれて、東南アジアの輸出志向工業化への移行とともに、地場経済への国家介入が減少した。これは、これに先立つ北東アジアの経験とは対照的に、ＡＳＥＡＮのような後発工業化諸国にとって、グローバルな経済環境は、一九六〇―七〇年代に韓国と台湾が直面したのと大いに異なったものとなった。たとえば、ポスト冷戦期においては、米国はもはや一九八〇年代後半までのアジアＮＩＥｓの場合とは異なって、ＡＳＥＡＮからの輸出製品に対して市場を進んで開放する気もなければ、二国間の貿易収支アンバランスに耐える気もない（Bernard & Ravenhill 1995a：199–200）。

こうした政治経済的環境の変化を背景に、ＡＳＥＡＮ諸国のキャッチアップに対する限界が生み出されてきた。それは、まず企業所有から生じる。韓国や台湾は自国企業を所有できたのに対して、多くのＡＳＥＡＮ諸国は所有できなかった。ここから第二の問題、資本と技術の対外依存偏重が生まれた。韓国と台湾は、主として工業化の初期局面に、ＦＤＩと技術の大量流入をうまくコントロールした。これに対して、ＡＳＥＡＮ諸国はかなり積極的に外資導入を進めており、多くの場合実質的なコントロールを放棄している。かれらはハイテク産業の段階に急速に進化したように見えるが、それは、これらの産業が米系、日系、ならびに華人系生産ネットワークに包摂された（あるいは参入した）ためであった。

（2）日系企業によって構築されたヒエラルキー的な地域生産ネットワーク

プラザ合意の交渉以降、相対的に短期間のうちに東アジアの分業において、注目すべき変化が生じた。それは、製造過程の超国籍化と地域化がいっそう進展したということである。最初は日系企業から、つづいてアジアＮＩＥｓ（とくに韓国と台湾）から東南アジアと中国沿海州向けのＦＤＩが増加したために、地域内分業が進展した。こうした変化の結果、生産単位が企業間同盟の複雑なネットワークで結ばれる新しい組織が出現したのだった。地域的政治経済は、今や、相互に関連した製造部門のクラスターからなっている。これは、個々別々の「諸産業」というよりも「複合体」といったほうが適切であろう。日本でのイノベーションのまわりに構築されるヒエラルキー的なネットワーク（ゲレフィのいうＰＤＣＣｓならびにＢＤＣＣｓ）のなかで、生産が行われる機会がますます増大している。しかし、同時に、上述の通り、これらのネットワークは、このリンケージを利用できる他国に本拠地のある企業に対して、技術的および技術強化の機会を提供する（Bernard & Ravenhill 1995b：103）。

ここで重要なのは、どの付加価値生産部門をどこに配置するか、にかんする企業の戦略である。企業は付加価値連鎖に沿って付加価値部門の何を海外生産を振り分けるかを決定する。組み立て型産業の企業は、最近の多国籍企業であれ従来の国際的企業であれ、国際競争力を強化する方法として、生産ネットワークとこれらの付加価値活動を結びつける。規制緩和、貿易障壁の除去、資本移動の増加といった要因のために競争激化に直面して、これらの企業は、ある一つの立地または生産単位内でかつては垂直に統合されていた付加価値活動を解体・再構築し、生産効率の向上を追求しているのである。

一企業内であれ提携企業間であれ、こうした国境をこえた貿易リンケージによって、生産ネットワークは創出される。なぜならば、仕上げ、組み立て、またはマーケティングの形でさらなる価値が付加される他の地域に向けて、生産地から、組み立て型産業の多くの中間製品は出荷されなければならないからである。この生産の再配置を可能にしているのは、電子工学と情報技術における企業特有の能力である。それによって、多くの部品の生産と貿易を調整し、最終製品を組み立てることができるのである（Dobson 1997：9–10）[10]。

こうした相互作用する諸力が働いた結果、日本、韓国、そして台湾からの対外投資が劇的に急増した。周知のとおり、一九八六―八九年において他のアジア諸国に対して日本が行った対外投資額は、一九五一―八五年の累計を上回った。一九八七―八九年の間に、日系企業はアジアＮＩＥｓに三〇億ドル以上を投資した。その二七％は電気機械の生産に向けられた。単一の部門としては最大の投資先であった。さらに三六億ドルが、インドネシア、マレーシア、フィリピンとタイ（ＡＳＥＡＮ４）に投資された。電気機械はここでもまた、全体の投資の三分の一を占め、最も重要なセクターとなった。

これらの数字から、日本のアジア向け投資先に起こっている重要な変化を部分的にであれ理解することができる。一九八八年に、ＡＳＥＡＮ向けの日本の投資は、初めて、アジアＮＩＥｓ向けを上回った。それは主として、世界市場向けの日本の消費財の海外生産がＮＩＥｓからＡＳＥＡＮに移転したからである。他方で韓国と台湾に向かった新しい日本の投資は、現地市場向け生産に集中していた。

東アジアの絶対的な投資規模の変化と同じくらい重要なのは、新しい輸出志向と部門への配分である。北東アジアから以前に行われた大部分の投資は、母国での利用のために原料を採掘し加工する部面、あるいは現地市場向けの輸入代替型製造業に向けられたが、新しい投資は主に輸出向けの製造部面に向けられた。以下でみていくとおり、これらの特徴を最もはっきりと示す事例が、一九八〇年代後半以降のマレーシアの輸出志向型（または外国投資主導型）工業化であった（Bernard and Ravenhill 1995b：105）。

この地域経済統合は、擬似的な水平統合である。つまり異なる商品や一製品の部品生産を様々な国の間で分割しているものである。それはただ、企業間のみならず企業内分業にも依存している。日系企業は、また、製品の洗練度にもとづくグローバル分業を確立するために、技術的な専門知識と労働コストの格差を利用していると考えられる。アジア地域へのFDIの巨額の流入は、相補的な企業内貿易のネットワークを形成する。たとえば、日本の親会社は高速の、ヨーロッパの子会社は中速の、そして、中国の子会社は低速の複写機を生産する、といった具合にである（Dobson 1997：9）(11)。

（3）　国内経済内における前方および後方連関の欠如――マレーシアでの輸出主導型成長の帰結

マレーシア経済は、過去三回、巨額のFDI流入の波を経験した。一九七二―七四の間、一九八〇年前後、そして一九八〇年代後半からアジア危機以前までの三期である。日系企業に関していえば、第三の波は、主に次のような特徴をもつ。①日本とアジアNIEs（主に台湾）によるFDIのシェアの急増、②四つの機械関連産業（電子・電気機器、輸送、そして一般機械）への集中的流入、③多くの日系企業の操業が近年（一九八七―八九年）確立されたこと、④日本の生産立地の再配置、⑤その主な目的は、製造能力の強化におかれたこと、⑥輸出志向型生産は、マレーシアの金融面での規制撤廃方針によって加速したこと、⑦それらの産業の高い資本集約度は、たびたび最新の工場と施設の形をとったこと、⑧投資規模の増大は、それに見合った雇用を創出しなかったこと、⑨それにもかかわらず、主に労働集約型の組み立て型産業の操業が継続したこと、⑩その特徴は、外国所有のあるいは外国所有の合弁企業のシェア拡大、そして五〇／五〇の合弁またはマレーシア人所有会社のシェア縮小で

表4　電子部品生産における日本製造業のシェア（1996年）

	シンガポール		タイ		マレーシア	
	総生産額 100万 S＄	日系比率 %	総生産額 100万 Bt	日系比率 %	総生産額 100万 Rg	日系比率 %
スピーカー	40	100	1500	90	266	28
可変抵抗器	—	—	331	100	280	100
固定抵抗器	90	70	130	100	321	93
アルミ電解コンデンサー	150	100	1310	80	420	98
セラミックコンデンサー	290	100	1242	100	350	90
トランス	100	100	2860	70	350	80
コイル	50	100	970	80	235	99
コネクタ	360	5	1450	100	160	90
スイッチ	—	—	1000	100	150	100
小型モーター	220	95	7500	90	1150	100
磁気ヘッド	10	100	2650	100	250	100
スイッチング電源	60	100	1900	100	400	100
水晶振動子	13	100	2520	60	840	100
タンタルコンデンサー	—	—	1710	100	—	—

出所：JETRO 1998 : 129
原出所：『東南アジア電子工業の動向調査報告書1997年度版』（日本電子機械工業会）

ある（青木 1993：29–39 頁）。

それに加えて、第三の波の間、消費者向けまたは工業向け電子製品メーカー、そして自動車メーカーといった日系の組み立てメーカーは、多くの部品サプライヤーと一緒に、マレーシアに進出し、部品供給の地域的ネットワークと並んで国内ネットワークを構築してきた。たくさんの日系組み立て製造業者が地場部品メーカーからますます部品を入手するようになったが、これらの部品の大部分は、マレーシア系でなく日系の地場企業から、ほとんど企業内貿易をつうじて確保された。まさにマレーシアの地場企業が低級部品を供給している場合ですら、実際の担い手は、マレーシアと台湾あるいはシンガポールとの合弁企業である。これは、ここでの技術移転が量質両面で制約されたものであったことを意味する（カンパネリ 1998：185 頁）。

これらの供給ネットワークは、アジア域内中に広がった。たとえば、松下の場合でいえば、各国には、輸出向け生産を行うための特定品目が戦略的に割り当てられた。マレーシアにおいてはカラーテレビと電気アイロン、シンガポールでは半導体、フィリピンでは乾電池、フロッピー・ディスク、電気コンデンサといった具合にである。より機能的なレベルでの統合は、日産、トヨタ、三菱といった自動車メーカーによって着手された。たとえばトヨタでは、インドネシアがガソリン・エンジンと型抜きの部品に特化し、マレーシアはハンドルのリンクと電気系統の備品に向かい、フィリピンは変速機を生産する、そして、タイはディーゼルエンジン、成形部品と電気系統の備品を製造する。トヨタはそれらの部品から自動車を組み立てて、グローバルな計画にもとづきながら、日本、米国、アジア地域内で販売を行う。明白なことだが、日系電子製品メーカーは、アジア地域でその部品供給を支配している。表4をみてみよう。われわれは、大部分の中心的な電子部品が日系企業の完全な支配下にあると言うことができる。[12]

輸出志向型生産はマレーシアで顕著であるが、それは一九八五年に米ドルに対して円が切り上げられた後、加速した。一九八八年に、たとえば、政府に認可された投資プロジェクトの八四%は、輸出向けであった。一九九〇年初頭に、マレーシアで操業している一八三の日系企業の間で、八二の企業（四四・八%）が一〇〇%を輸出し、一二三の企業（六七・二%）が生産五〇%以上を輸出した。皮肉にも、こうしたトレンドは、国家の施策（たとえば一九八六年の「投資促進法」）によって支持されたのである（Bernard and Ravenhill 1995b：105；青木 1993：107–9頁）。

アジアNIEsとは対照的に、東南アジア諸国の政府は国内市場を保護しなかった。そして、急速な経済成長は、対外的なリンケージを深めるけれども、これらの経済と国内分業はバランスの欠如という特徴をもつことになった。輸出向けの製品がふえればふえるほど、資本財または中間製品がマレーシアには輸入されなければならない。製品（電子製品、電気機械と衣料）輸出の六六%は、その投入財の五〇%以上が輸入されたものであった。

つまり、輸出向けの輸入は五〇%をこえていた。このように、かれらの富は国内経済を迂回し、後方だけでなく前方連関が発生しえない。言うまでもなく、これはまた、貿易収支悪化の原因ともなる（青木 1993：128–30）。

結論

本文に述べたとおり、アジアＮＩＥｓとＡＳＥＡＮ諸国の経済構造には広範囲にわたる相違が存在するように思われる。二つの地域が類似した輸出主導型開発戦略を選んでいるようにみえるけれども、その基本的な内的・外的な経済構造は大いに異なっている。

アジアＮＩＥｓは競争的輸出製品への偏重構造を改善するべきであり、より民主的なやり方で輸出品目を多様化すべきであろう。特定の種類のハードウェアを効率的に製造できるようになったにせよ、かれらには有益で魅力的なソフトウェアの生産能力が必要である。

ＡＳＥＡＮ諸国は、このままでは、長期にわたって外生的なショックに脆弱なままであろう。アジア通貨危機は、「東アジア型開発モデル」の終焉を意味する。これこそが、通貨危機からえることのできる、苦渋に満ちているが貴重な教訓の一つである。

現在の問題を解決するために、ＡＳＥＡＮ諸国は、より国内経済志向が強い開発戦略を選ぶことが必要である。この転換は難しいが、その実現の努力は、世界銀行またはＩＭＦが推奨している新自由主義的な政策よりも、はるかに健全な路線にたったものといえるであろう。

（1） 本稿は、拙稿 “The Limits to Catching-up : OEM, Market Structure and Production Networks in East Asia” (Hozumi &

Wohlmuth (eds.)(2000) に所収）に加筆修正したものである。

（2） 伝統的な国際貿易理論においては、様々な精緻化とバリエーションを生み出しながら、相対価格と比較優位の一方ないしは双方のみに圧倒的な重要性が置かれてきたし、競争力は、要素賦存によって形成される比較優位と関連づけられてきた。たとえばＯＥＣＤの研究では、こうした理論的偏向が以下のように手厳しく批判されている。

「長期にわたって世界経済にしめる諸国の位置を説明する場合、基本的な原理となってきたのは、自然資源、安価な労働と豊富な資本といった『要素賦存』であった。主により有利な要素賦存によって実現された相対的なコスト優位という狭義の比較優位は、多くの現実的な問題をいっそう曖昧にし、多くの議論に疑似技術的な偏向をもたらしたように思われる。

さらに、この単純なアプローチは一連の非現実的な仮定と結びついている。それは、たとえば、国内市場・国際市場双方における市場構造の最も代表的な形態としての完全競争であったり、諸国間の同質的な生産物であり、生産要素の国際的な非可動性であり、またとりわけ貿易に直接・間接に影響をもたらす領域における政府活動の不在などである」（STI Review 1986 : 100）。

（3） これは、ネルソンとウィンター（1982）ならびにカミアンとシュワルツ（1982）によって命名された問題点である（Dosi & Orsenigo 1988 : 19)。シュムペーターのイノベーション理解は、『経済発展の理論』と『資本主義、社会主義、民主主義』の時期で大きく異なっている。「かれの関心は、イノベイティブな企業者からR＆D研究所におけるイノベーションに、暗黙の知識から成文化された知識へ、低い参入障壁から高い参入障壁へ、そして小企業から大企業へと移ったのである」（Sturgeon 1997 : 3)。

（4） さらにいえば、シュムペーターのイノベーションたいするアプローチは、アダム・スミスの「需要中心」アプローチに対比して、「供給中心」アプローチと呼ぶことができる。シュムペーターに欠けていたのは、イノベーションと市場構造との関係にたいする理論的関心である。現代産業の分析には、生産イノベーションに着目するのみならず、マーケティングによって組織化された需要の役割や、生産以外の多くの市場（創造）的活動の関与を無視することができない。

（5） NIS理論の特徴は、第一に、イノベーションが経済成長と福祉にとって不可欠であり、それが相互に影響を及ぼす社会的に埋め込まれた過程とみなす点にある。第二は、国民経済に焦点を置き、経済構造と制度の特定の側面が、学習とイノベーションの明確な可能性をもたらし、そうして一国の技術的（あるいは経済的）パフォーマンスを形成する、と考える点である。この内生的要因重視（internalist bias）の立場から、グローバリゼーションに対応して強い国民的システムをもつ必要が大きくなっており、相互作用する学習にはユーザーと生産者の国民的協調関係が重要だと考えるが、こうした国際的側面を軽視する弱点をもっているかぎり、途上国の分析には有益とはいえない。というのは、途上国は、きわめて多様な経済構造をもち、経済制度が脆弱で不安定であり、国内の知識ベースが貧弱で、不安定なグローバル通貨・金融市場にたいして脆弱である、といった状況を与件としており、であるがゆえに、学習過程を深化させるための知識（技術）習得は海外から行われる必要があるからである。国内のクラスターに頼るだけでは、技術獲得と高度化の道は閉ざされるが、対外依存への偏重は安定した経済政策の運営を国民国家に許さない、という姿こそが、途上国の隘路なのである（Ernst 2000：2–4）。

（6） ここでいう「方法論的ナショナリズム」の特質とは、(a)内的要因と外的要因を個別に取り扱い分離する、(b)不利な外的効果を抑制し、有利な外的変化の利益を支配する（内的な）国民的能力のせいで、経済的なパフォーマンスの相違が生まれると考える、(c)それは国民的要因に言及することで国民経済のパフォーマンスを説明しようとする枠組みであるが、国民国家は、選好、能力、戦略的環境の刺激や機会にたいする反応を有する合理的個人のようなものだと考えられている、という点にある（Gore 1996：2–5）。

（7） ただし、ゲレフィのGCCsアプローチもまた、世界システム論と共通の弱点を抱えている。たとえば、国際金融に対する一貫した議論を欠いているのである。この点も含めて、商品連鎖ならびに生産ネットワーク論のさらに詳細な検討が必要ではあるが、この課題は別稿に譲るとしよう。ここでは、同様の関心をもつ価値連鎖アプローチと簡単に比較対照するにとどめたい。

表5　価値連鎖 対 生産ネットワーク

	定義	構成要素	別称
価値連鎖	最終段階にいたる、またはそれを支える生産的（つまり付加価値を創出する）諸活動の連続局面	様々な担い手が関与したりしなかったりする一連の経済活動	・サプライ・チェーン ・商品連鎖 ・生産連鎖 ・経済活動連鎖 ・生産パイプライン
生産ネットワーク	企業集団をより大きな経済単位として結びつける、一連の企業間関係	企業間関係の特質と程度	・価値ネットワーク ・サプライ・ベース

（出所）Sturgeon 2001 : 11

（8）尹は以下のような重要な指摘を行っている。「近年、多国籍製造業も製品開発と戦略的マーケティングという価値連鎖の最も付加価値の高い段階に特化する戦略を採用し、ＰＤＣＣとして組織された国際分業体制はＢＤＣＣ的なものに変容しつつある。韓国や台湾に見られるＯＥＭ／ＯＤＭ依存型の工業製品輸出は、このＰＤＣＣのＢＤＣＣへの変容のなかで実現できた。……

対照的に、東南アジア諸国、とりわけタイ、マレーシア、インドネシアでは、国際競争力のある資源産業は存在するものの、幼稚産業保護的な輸入代替工業化は十分な成果をあげることはできなかった。そのため、これら諸国の輸出志向工業化は輸入代替の失敗の上に成立しており、その担い手も輸出加工区に進出した外資系企業である。この『輸入代替なき輸出』は、国内より国外との後方連関を強化する『飛び地（enclave）』型発展を生み、内需型産業の地場資本と輸出向け生産の外資という国内リンケージの欠如した著しい二重構造がこの地域の経済構造の特徴となっているのである」（2002 : 7–8頁）。ただし、尹は、本稿以上に、この生産ネットワークの参入に果たす国家の開発戦略を重視している立場をとっている。

（9）経済活動の組織化が原料から最終製品の間でどのようになされているかを概念化することは、理論的にきわめて重要な意義を有している。一連の経済活動を組織する仕組みのことを本稿では仮に「市場構造」と呼んでおくことにしよう。言うまでもなく、これは、競争状態にもとづく伝統的分類、つまり完全競争市場か独占市場か、とは異なる市場構造の理解である。ブラウンはゲレフィよりさらに詳しく「貿易に関与している個人や企業の連鎖」の内容を列挙している（Brown 1993：65–6）。かれの関心は、南の生産者から北のアグリビジネスあるいは多国籍企業（とくに仲介業者）へと「付加価値」が統合されて流出することに向けられている。われわれは、企業間競争の原点が付加価値の争奪にあり、狭義の生産のみに付加価値の源泉があるわけではない、と考えている。現代産業の特色（たとえばサービス化と呼ばれるトレンド）からすれば、いっそうこうした理解が不可欠になるだろう。

（10）　われわれは、いくつかの指標から、日系企業の子会社のうち、アジア地域に広がる少なくともいくつかの諸産業については、日本の国内企業とは対照的に、低い付加価値率と労働生産性という特徴がある、と結論することができる。通産省（1998）をみよ。

（11）　地域生産ネットワークには、階層的あるいは垂直的、水平的ネットワークの二つがある。東アジアの地域的な政治経済におけるＰＤＤＣｓとＢＤＤＣｓの相互作用を説明するために、ゲレフィはネットワーク異種同型論という仮説を提唱している。商品連鎖のこの二類型は、アジア地域分業の重なり合いと競合を生み出している。「ＰＤＣＣｓは、中核企業とその子会社の間の階層的な関係を垂直的で投資基盤のネットワークへと転化させる。これとは逆に、ＢＤＣＣｓにおける中核的な商社は、契約関係あるいはＯＥＭ関係への特化を水平的で貿易基盤のネットワークに移行させるのである」（Gereffi 1997：67–8）。

（12）　本稿では十分に取り扱うことができなかったが、日系企業・米系企業・華人系企業のネットワーク間の競合と確執が東アジア諸国に経済発展の機会を提供すると同時に、その制約をもたらしている。さしあたり、Borrus（1997）、尹（2002）を参照のこと。

参考文献

青木健（1993）『輸出志向工業化戦略—マレーシアにみるその光と影』ＪＥＴＲＯ。

——（1998）『マレーシア経済入門』日本評論社。

Bernard, M. (1991) "The Post-Plaza Political Economy of Taiwanese-Japanese Relations", *Pacific Review*, 4 : 4.

——（1994a）"The Pattern and Implications of Transnational Production in Eastern Asia", *Eastern Asia Policy Papers, University of Tronto-York University Joint Centre for Asia Pacific Studies*.

——（1994b）"Post-Fordism, Transnational Production, and the Changing Global Political Economy" in Stubbs, R. and Underhill, G. R. D. (eds.) *Political Economy and the Changing Global Order*, New York : St. Martin's Press.

Bernard, M. and Ravenhill, J. (1995a) "Beyond Product Cycles and Flying Geese : Regionalization, Hierarchy, and the Industrialization of East Asia", *World Politics* 47.

————（1995b）"The Pursuit of Competitiveness in East Asia : Regionalization of Production and Its Consequences" in Rapkin, D. P. and Avery, W. P. (eds.) *National Competitiveness in a Global Economy*, Boulder : Lynne Rienner.

————（1996）"States, Social Forces and Regions in Historical Time : toward a Critical Political Economy of Eastern Asia", *Third World Quarterly*, 17 : 4.

Bloom, M. D. H.（1993）, "Globalization and the Korean Electronics Industry", *Pacific Review*, 6 : 3.

Borrus, M.（1997）"Left for Dead : Asian Production Networks and the Revival of US Electronics" *BRIE Working Paper* 100.

Brown, M. B. (1993) *Fair Trade : Reform and Realities in the International Trading System*, London : Zed Books.

Contner, U. and H. Hanusch (1994) "Schumpeter, Joseph Alois" *in The Elgar Companion to Institutional and Evolutionary Economics (L ~ Z)*, Aldershot : Edgar Elgar.

G・カンパネリ (1998)「広範な産業移転から生まれる技術移転」岡本義行編『日本企業の技術移転—アジア諸国への定着』日本経済評論社、所収。

Dobson, W.（1997）“East Asian Integration : Synergies Between Firm Strategies and Government Policies” in Dobson, W. and Yue, C.S., *Multinationals and East Asian Integration*, Ottawa : International Development Research Centre.

Dosi, G. and Orsenigo, L.（1988）“Coordination and Transformation : an Overview of Structures, Behaviors and Change in Evolutionary Environments”, in Dosi, G., Freeman, C., Nelson, R.,Silverberg G. and Soete, L., *Technical Change and Economic Theory*, London : Pinter.

Dosi, G. and Soete, L.（1988）“Technical Change and International Trade” in Dosi, G. et al.

Ernst, Dieter (2000) “Global Production Networks and the Changing Geography of Innovation Systems : Implications for Developing Countries” *East-West Center Working Paper Economic Series* No. 9.

Freeman, C.（1988）“Introduction” in Dosi, G.et al.

Freeman, C. and Soete, L.（1997）*The Economics of Industrial Innovation (3rd edition)*, Cambridge : MIT Press.

Gereffi, G.（1997）“The Reorganization of Production on a World Scale : States,Markets, and Networks in the Apparel and Electronics Commodity Chains” in Campbell, D., Parisotto, A., Verma, A. and Lateef, A. (eds.) *Regionalization and Labour Market Interdependence in East and Southeast Asia*, London : Macmillan.

————（1996）“Commodity Chains and Regional Divisions of Labour in East Asia” *Journal of Asian Business*, 12 : 1.

————（1994）“Rethinking Development Theory : Insights from East Asia and Latin America” in A. Douglas Kincaid and Alejandro Portes (eds.) *Comparative National Development : Society and Economy in the New Global Order*, Chapel Hill : U.P.North Carolina.

Gore, C.（1996）“Methodological Nationalism and the Misunderstanding of East Asian Industrialization”, *UNCTAD Staffpaper Series* No.111

原田太津男（1997）「東アジア地域主義の政治経済学：地域生産ネットワークの形成と展開」『中部大学国際関係学部紀要』一九。

Hatch, W.and Yamamura, K.（1996）*Asia in Japan's Embrace : Building a Regional Production Alliance*, Cambridge U. P.

Henderson, J.（1997）"Changing International Division of Labour in the Electronics Industry", in Campbell, D., Parisotto, A., Verma, A. and Kamien, M. and Schwartz, N. (1982) *Market Structure and Innovation*, Cambridge : Cambridge U. P.

平川均（1998）「国際技術移転論と東アジアの技術発展」佐藤元彦・平川均編著『第四世代工業化の政治経済学』新評論、所収。

Hobday, M.（1995）*Innovation in East Asia : the Challenge to Japan*, Cheltenham : Edger Elger.

Hong, S. G.（1997）*The Political Economy of Industrial Policy in East Asia : The Semi-conductor Industry in Taiwan and Korea*, Cheltenham : Edward Elgar.

Hopkins, T. and Wallerstein, I.（1984）"Commodity Chains in the World Economy Prior to 1800", *Review* 10.

Hozumi, T and Wohlmuth, K (2000) *Schumpeter and the Dynamics of Asian Development*, Hanburg : LIT.

James, D. D.（1994）"Technology in Development Policy" in Hodgson, G. M., Samuels, W. J. and Tool M. R.(eds.), *The Edgar Companion to Institutional and Evolutionary Economics (L~Z)*, Aldershot : Edgar Elgar.

JETRO（1998）*ASEAN in Figures*, JETRO.

金鐘杰（1997）「韓国電子・電機産業の『構造転換』」島田克美ほか編『現代アジアの産業発展と国際分業』ミネルヴァ書房、所収。

Kim, L.（1993）"National System of Industrial Innovation : Dynamics of Capability Building in Korea", in Nelson, R. R.(ed.) *National Innovation Systems : A Comparative Analysis*, New York : Oxford U. P.

Kraemer, K., Dedrick, L., Hwang, J. C., Tu, T. and Yap, C.（1996）"Entrepreneurship, Flexibility, and Coordination : Taiwan's Computer Industry", *Informational Society*, 12 : 3.

Malerba, F. and Orsenigo, L.（1995）"Schumpeterian Patterns of Innovation", *Cambridge Journal of Economics*, 19.

McKelvey, M.（1994）"National Systems of Innovation", in Hodgson, G. M., Samuels, W. J. and Tool M. R. (eds.), *The Edgar Com-*

panion to Institutional and Evolutionary Economics (A~K), Edgar Elgar.

Nelson, R. and Winter, S.（1982）*An Evolutionary Theory of Economic Change*, Cambridge, Ma：The Bellkap Press of Harvard U. P.

M・L・シュレスタ（1996）『企業の多国籍化と技術移転』千倉書房。

佐藤幸人（1990）「台湾：新段階に入った技術発展」谷浦孝雄編『アジアの工業化と技術移転』アジア経済研究所。

STI Review（1986）“Science, Technology and Competitiveness”, *STI Review* (OECD), 1.

Sturgeon, T. J.（2001）“How Do We Define Value chains and Production Networks?” *IDE Bulletin* Vol. 32：3.

――――（1997）“Turnkey Production Networks：A New American Model of Industrial Organization?” *BRIE WorkingPaper* 92A.

高岡宏道（1997）「台湾パソコンの輸出拡大とOEM戦略」島田ほか編、前掲書所収。

通産省（1998）『通商白書平成10年度版』

尹春志（2002）「アジア危機・生産ネットワーク・国家の役割：開発主義パラダイムをこえて」佐藤元彦ほか『アジア型開発モデルの再考』中部大学産業経済研究所マネジメント・ビュー7、所収。

執筆者一覧

保住敏彦（愛知大学経済学部教授）
武田信照（愛知大学経済学部教授・愛知大学学長）
カール・ボールムート（ブレーメン大学経済学部教授）
四倉和子（KPMG コンサルティング株式会社アナリスト）
佐藤元彦（愛知大学経済学部教授）
ハンス・H・バス（ブレーメン州立経済工科大学航海学・国際経済学部教授）
奥野博幸（愛知大学経営学部教授）
嶋倉民生（愛知大学現代中国学部教授）
大西威人（近畿大学商経学部教授）
原田太津男（中部大学経営学部教授）

愛知大学国研叢書第３期第５冊

シュムペーターと東アジア経済のダイナミズム
——理論と実証

2002年10月25日　第１版第１刷

編者

愛知大学東アジア研究会

発行人

酒井武史

発行所　株式会社　創土社

〒105-0031　東京都中野区上鷺宮5-18-3
TEL03（3970）2669　FAX03（3825）8714
装丁　神田昇和
印刷　新栄堂
ISBN4-7893-0017-X C0022
定価はカバーに印刷してあります。